U0910231

中国历史文化大讲堂·文博系列

刘　毅　总主编

中国古代紫砂器

李敏行　著

南开大学出版社

天　津

图书在版编目(CIP)数据

中国古代紫砂器 / 李敏行著. —天津：南开大学出版社，2010.5

(中国历史文化大讲堂.文博系列)

ISBN 978-7-310-03395-9

Ⅰ.①中… Ⅱ.①李… Ⅲ.①紫砂陶—简介—中国—古代 Ⅳ.①K876.3

中国版本图书馆 CIP 数据核字(2010)第 053569 号

南开大学出版社出版发行

出版人：肖占鹏

地址：天津市南开区卫津路 94 号 邮政编码：300071

营销部电话：(022)23508339 23500755

营销部传真：(022)23508542 邮购部电话：(022)23502200

*

河北昌黎太阳红彩色印刷有限责任公司印刷

全国各地新华书店经销

*

2010 年 5 月第 1 版 2010 年 5 月第 1 次印刷

787×1092 毫米 16 开本 14 印张 2 插页 354 千字

定价：26.00 元

如遇图书印装质量问题，请与本社营销部联系调换，电话：(022)23507125

总 序

《中国历史文化大讲堂·文博系列》第一批推出《中国古代陶瓷器》、《中国古代青铜器》、《中国古代玉器》、《中国古代书画》、《中国古代紫砂器》、《中国古代佛教文物》、《中国古代建筑》和《中国古代陵墓》，共八种。它们是关于上述诸门类文物及文化遗产的概述性著作，大都是以各位作者各自的授课讲义为基础整理修订而成，其基本属性是大学本科专业教材。

南开历史学科有重视教材建设的优良传统。积极倡导创办博物馆学专业的郑天挺教授曾经在1960年代初担任全国文科教材历史组的主要负责人，主持史学教材选编工作；本专业的首任主任王玉哲教授不仅有专著《中国上古史》传世，还在1980年代末组织骨干教师编写了国内第一部中国古代物质文化史教材——《中国古代物质文化》，在国内各高校文博考古专业中产生了广泛的影响。教材编纂的耗时费力是有经历者所共知的。一部好的教材，应该高屋建瓴，具有完整的知识体系、合理的编排结构；对于原始数据的利用，应该是在消化吸收的基础上，以清晰合理的思路来统帅编排，使之条理化、系统化；行文要符合教材的特点，深入浅出，并尽量适应读者群的需要；还特别要注意学术观点的普适性（不一定都是作者本人或作者所赞同的），而很多涉及的问题也不能深入展开，只宜点到为止；一些新兴的学科门类或分支的教材，还具有很强的原创性，与专著几无差异。同样地，一部好的教材，应该是进入不同学科领域的最佳引路者，有些不但能使读者得其门径，还可能会使之受益终身；教材的编纂，能够不断促进教学内容的更新，使课程体系乃至整个专业的学科体系进一步完善；教材建设是学科发展的基础性工作之一，也是专业建设水平的重要标志。

南开大学文物与博物馆学科发端于1960年代初，1979年9月重新组建博物馆学专业，隶属于历史系。1980年秋季开始面向全国招收本科生，是全国同类专业中创办最早的。专业创办之初，在课程设置、讲授内容等方面均无成宪可循，文物考古类课程则先后聘请北京故宫博物院、中国历史博物馆（现中国国家博物馆）、天津艺术博物馆（现天津博物馆）等单位的有关专家讲授。到上世纪80年代中后期，本系教师已经相继自己开设出“中国古代物质文化史”、“中国考古学通论”、“中国古代青铜器”、“中国古代玉器”、“中国古代陶瓷器”等课程，它们以及稍后的“中国古代陵寝制度研究”、“中国古代佛教文物”、“中国古代书画”、“中国古代建筑”等，有不少在高校相同或相近专业中都属首创。今年是南开大学文博专业正式创办 30 周年，通过 30 年间几代教师的不懈努力，文博类课已经在南开大学栽植成功，师资队伍建设也取得了明显的成果。

受中国文物研究传统的影响和中国博物馆发展现状的制约，文物考古类课程在各高校文博专业课程中都占有很大比重，南开大学文博专业也不例外。这类课程一直是我们的教学重点，讲义等基本教学数据也最为完整。这套《中国历史文化大讲堂・文博系列》虽然不完全是教材，但它们毕竟是以讲义为基础编纂而成，其突出特点是知识体系完备，言简意赅、深入浅出。时下坊间有关文物考古鉴赏类、知识普及类图书不少，但精品不多。教材比专门考古报告的不同之处，是它的全面性和突出重点、简明扼要；而比普及信息类书籍的不同之处，是其科学严谨，在资料翔实可靠、准确深刻等方面，更为一般介绍性著述所无可比拟。

《中国历史文化大讲堂・文博系列》的构想最初由莫建来先生提出，后经反复协调筹划，决定由我组织先期编纂第一辑八册，作者以本系教师为主，也有现在其他单位工作的原本系博士生和研究生。希望这八册只是一个开端，这套丛书今后能够继续编辑出版；其内容将不再局限于不同门类的文物，形式也将不仅局限于教材；除本系教师以外，作者还将逐渐扩大到其他曾经在南开文博系（专业）工作过和学习过的人，以及所有南开文博的有缘者。

刘　毅

2010 年 1 月 1 日

目 录

绪论　宜兴紫砂的研究方法

关于宜兴紫砂的研究，过去甚少在研究方法上有所着墨，更遑论形成一套众所认可且行之有效的研究方法，这实是长时间以来，宜兴紫砂研究无法突破某些瓶颈窠臼的根本原因，对于想要了解、探索宜兴紫砂的入门者而言，首要条件亦是先了解其研究方法。

一、以古陶瓷的研究方法为主，同中有异

对于古代器物的研究，现在主要是以考古学中的类型学方法为基础，根据发掘出土的带纪年或有层位年代之器物来排序，加以分期断代，以此作为后续研究的基础。若进一步将研究的范围锁定在古陶瓷，除了借由类型学来确认其器型的演变之外，对于胎、釉特征的分析、归纳则是研究古陶瓷年代、产地时的另一大关键要素，作为古陶瓷中的一员，古陶瓷的研究方法大体上自然也适用于宜兴紫砂的研究。具体而言，参照古陶瓷研究方法来研究宜兴紫砂，其主要方法以及与一般古陶瓷研究的异同，可以作如下归纳：

1. 墓葬及窑址的考古发掘，是建立研究标尺的绝对优先材料。

此与古陶瓷的研究完全相同，由此建立紫砂器年代先后的初步标尺。这在目前的研究中虽然没有疑义，但是对于出土器极为有限的宜兴紫砂而言，要注意的是，虽然出土实物具有无可逾越的绝对客观和真实性，但不能仅以考古发掘中没有可以印证的出土器物，就全然否定一些文献或者传世器物的真实性。此外，在整体上，明清紫砂工艺的下限一直延续到民国初年，因此，对于清中期以后的宜兴紫砂研究基本无法利用此研究法则。

2. 部分相对没有争议的传世器，是建立研究标尺的必要补充材料。

如果仅凭借有限的出土器，并不足以串连成一个较为完整有序的紫砂器研究标尺，因此，对于传世器的鉴别与研究，即使无法做到如同出土材料一样的毫无争议与绝对客观，回避这个问题则更是使宜兴紫砂的研究无法开展。现今有些研究者，因为传世器无法绝对明确年代真伪，而采取避重就轻，不评论、不探讨的态度，事实上，真理是可以越辩越明的，有争议也好过根本不探讨。对于传世器的研究，只要研究的方法、态度科学严谨，较好程度的“相对客观”仍然可以达到。因此，部分传承有序的海内外各处博物馆及私人藏品，如台北和北京两地故宫的清宫旧藏紫砂器，也是建立研究宜兴紫砂标尺时，不可或缺的材料。

3. 经由初步确立的出土及传世器所建立的器物标尺序列上，进行紫砂器胎土和器型、制作工艺、装饰技法及纹样的研究，并在研究中反复验证此标尺序列的合理性。

及至目前为止，对于宜兴紫砂研究最薄弱的部分，是对紫砂器胎土的研究，甚至从未被视为是研究宜兴紫砂的方法。对于陶瓷器的研究，不可能不论及陶瓷器的胎釉特征，将相同的研究方法对应到宜兴紫砂，研究紫砂的胎土就如同研究瓷器的釉面是一样的。诚然，有时紫砂胎土的分辨确实存在很大的难点，但是，“不易分辨”绝不等同于“无法分辨”，以和紫

砂器年代相当的德化白瓷而言，即使不同时期的釉质差异很微妙，对此不熟悉的人不易分出其中的区别，但是不能因为差异微小就此否定这不是鉴别器物的要素。虽然在古陶瓷的研究方法上，其分期断代主要仍以类型学对器型演变的排序为主，但若是明清时期的瓷器，情况也并非如此，以青花瓷而言，不同时期青料呈色所反映的时代特征并不亚于器型，同样具有演变规律，因此，对于宜兴紫砂的研究，胎土是一个不可忽视，不可偏废的研究要项。

器型演变的研究，虽然可以参照类型学的办法，但是在实际操作中也无法完全遵行，首先就是标本代表性的问题，在紫砂器型的排比中，器型很多，但在某时期往往只有一二例，所以普遍存在“型多式少”的情况，因为在紫砂器的造型上，个人创作的影响因素较其他种类的陶瓷器更强烈，因此最终难以将紫砂器型的演变，整理成完全意义上类型学的分型分式，然而，如果以类型学的排比方法去考察某一器型在前后时期的变化，仍然对紫砂器型的研究颇有助益。

无论是器型、制作工艺、装饰技法及纹样，都是需要细致比对的工作，也是验证前一项传世品标尺序列必要的考证，可以说，胎土的时代特征与器型演变，此二研究方法是相辅相成的。

二、结合书画、篆刻、漆竹木器等相关门类的研究知识，异中有同

若要更为全面地研究宜兴紫砂，除了应用古陶瓷的研究方法，尚需仰赖书画、篆刻、铜器、漆器、玉器、竹木雕刻等各种工艺美术品诸多文物研究知识的支持。这些工艺美术或与宜兴紫砂直接相涉，尤其是篆刻与宜兴紫砂的铭款，其本身就是颇为专门的研究专题，因此这部分的研究，实非一人之力所能胜任，需要各方面专门的研究者相互合作，方能有较为理想的成果。此外，更为重要的是，这部分的研究，应当建立在前述紫砂器本身时代特征、工艺特点的研究基础上，不可本末倒置，不论其胎土、工艺，先入为主地以款识肯定或者否定一件紫砂器的年代与真伪等问题。总体上，这部分的研究虽然必要，但仅是进一步的辅助、补充，不能作为研究的前提。

三、接触实物，以实际经验做科学的验证

多数的理论研究，必须建立在实际的实验成果上才能成立，在考古学研究中，田野调查之所以重要，就在于对遗迹遗物的实际考察乃是研究中重要的基础。以陶瓷器的研究而言，阅读图文材料、观看博物馆展出的藏品与实际上手观看，这三者之间所得到的认知与观感仍然大不相同。宜兴紫砂的研究，相较于其他器物的研究，更需要观察实物的经验，而且，不同于一般的文物，除了上手观看，最好还能有实际泡茶使用的经验。明清两代留下宜兴紫砂专论的周高起、吴骞等人，都不只是一个旁观的记录者，而是有实地赏玩和使用经验的鉴藏家。许多中外的古建筑，并没有因为它是文物而只能远观，仍然被使用着，发挥着它的功用。再以乐器方面的文物为例，一件百年古琴最大的价值并不仅只于被放在展柜观看，而是被用于演奏，古琴究竟能发出怎样的乐音也是研究所关注的重点之一，即便使用古琴演奏可能具有损坏文物的风险，然而，过分因噎废食其实不妥，很多珍贵文物也并不因为移动搬迁会有损坏的风险而放弃四处展出。因此，在方法科学得当，相应的保护措施完善的前提下，宜兴紫砂也不应该仅仅是只可远观的陈设品，这是紫砂和瓷器或其他工艺美术品最大不同之处，否则人们对紫砂的了解和认识永远都只做了一半，上升不到另外一个层面，应当去了解其实

际使用的效用，毕竟，宜兴紫砂之所以为世人所发现、关注，首先就在于其砂土本身不同于其他陶瓷品种的绝佳妙用。

固然，实非人人皆有条件接触实物，并且所谓的使用经验往往局限于个人的主观感知，无法如同器型排比一般做很具体的表述，从而形成他人也能明白了解的研究成果。但是，如果将一些效用定成较为具体性的指标，比如，曾经就有研究者以科学实验来探究现代紫砂茶具与瓷制茶具的差异[①]；就笔者个人的经验，紫砂在接触热水时，砂壶内的水位会因胎体组织的吐纳微有上下变化，不同年代的紫砂反应各有差异。因此，对于紫砂器实际效用的研究，也并非不可为，而且深具意义。除了效用之外，胎体组织的样貌，片接的工艺痕迹都是图片和文字所难以完全传达的，因此对实物的观察与体验，对于紫砂器的研究十分重要。

① 唐伯年、李昌鸿、叶龙耕：《宜兴紫砂茶具实用功能的研究》，《古陶瓷科学技术国际讨论会论文集》，上海古陶瓷科学技术研究会，1992年。

第一章　历史文献和中外研究成果

第一节　历史文献

明清以来，和紫砂相关的历史文献记载不多，主要以明末周高起的《阳羡茗壶系》、周容的《宜兴瓷壶记》、清乾隆年间吴骞所著《阳羡名陶录》（含“续录”）、清末民初日本人奥兰田的《茗壶图录》、民国初年李景康及张虹合著的《阳羡砂壶图考》为主。此外，就是各时期的宜兴的地方志，以及明清文人笔记的零星记录，不过，其中较具参考价值的内容，已多为前述的文献所征引。

在这些历史文献中，以《阳羡茗壶系》及《宜兴瓷壶记》记载最为详实可信且为年代最早的第一手资料，其记载也几乎能和现存实物相印证，并且提示了目前研究中还有待补全的空缺，比如明代的胎土和器型，如果对照文献，现今所发现的恐怕还只是其中一小部分。

《阳羡名陶录》则是在《阳羡茗壶系》的基础上又加以补充，并整理罗列了明晚期到清初《阳羡茗壶系》以外的紫砂相关记载，不过最具参考价值的，是其记载了《阳羡茗壶系》未提到的惠孟臣、陈子畦及清初的陈鸣远，但是对其生平及传器，也记载得很简略。

《阳羡砂壶图考》亦是在《阳羡茗壶系》及《阳羡名陶录》的基础上成书，其价值在于对清以后以迄民国初年一些工匠的名号留有记载，许多清乾隆时期的工匠名号不见于《阳羡名陶录》，反而是在成书年代更晚的《阳羡砂壶图考》中可以找见，但是该书对于这些工匠的年代判断则未必准确（除非是官修地方志中可考者，如潘虔荣），此外，对于各时期的胎土特征比较是《阳羡砂壶图考》中值得后世参考的一部分，且此书也注意到了乾隆时期借助模具成型的工艺特点。

一、《阳羡茗壶系》

作者简介：

周高起，号伯高，暨阳人（今江苏省江阴县）。生活于明代万历、天启、崇祯年间。博闻强识，工古文辞。崇祯十一年（1638年），受江阴知县冯至仁礼聘，与徐遵汤同修《江阴县志》。精于鉴赏，嗜茗饮，好壶艺，著成中国第一部关于宜兴紫砂的专著《阳羡茗壶系》，对于明代宜兴紫砂工艺的记述，做出了划时代的贡献。此外，周高起尚有《洞山芥茶系》一卷、《读书志》（已佚）等著作。明亡后，“居由里山，游兵突至，被执索貲，怒詈不屈，死”①。可见其

① 卢思诚等纂修：《江阴县志》，“人物传”卷十六，第468页，《中国地方志集成·江苏府县志辑25》，江苏古籍出版社，1991年。

人性格之耿直。

版本体例：

《阳羡茗壶系》成书于明末崇祯年间，有多种刊本，目前最早的是清康熙三十六年王晫、张潮的《檀几丛书》本，其次是乾隆三十九年卢抱经精钞本《阳羡茗壶系》，其他还有：光绪十四年金武祥《粟香室丛书》本、光绪十六年冯兆年《翠琅玕馆丛书》本、光绪二十三年盛宣怀收入《常州先哲遗书》。在以上几种版本中，以年份较早的《檀几丛书》本以及卢本、金本较受重视。宋伯胤先生将《檀几丛书》本与卢本、金本、冯本、盛本做过比较①，经过诸版本的对照，仍以《檀几丛书》本最有参考价值。

全书体例是将作者周高起所知的宜兴紫砂陶人，分为创始、正始、大家、名家、雅流、神品、别派七篇予以评述，记录这些明代陶人的生平、艺术风格或者作者所见传器，另外，对当时紫砂器题铭的情况、紫砂土的种类、使用紫砂壶的心得均有所提及，是现存最早的论述宜兴紫砂专著，也是研究宜兴紫砂的重要文献，全书计三千五百字。

二、《阳羡名陶录》(含周容《宜兴瓷壶记》)

作者简介：

吴骞（1733-1813 年），清乾隆、嘉庆时人。字槎客，号兔床、揆礼，一作葵礼，又号愚谷、兔床山人、齐云采药翁。世居浙江海宁，仁和（今浙江杭州）贡生。能画善诗，博览群书，工绘事，山水仿倪云林。年少时有搜集印章的癖好，偶尔也自己刻印。工训诂之学，所作诗文，词旨浑厚，气韵萧远。生负异禀，过目成诵，笃嗜典籍，遇善本倾囊购之，校勘精审，所得约五万卷，多宋元版本，建墨阳楼、拜经楼藏之，并自题其居曰："千元十驾"，尤喜收罗金石文玩，在当时江苏浙江的文士间，颇有声名。著有《阳羡名陶录》、《拜经楼诗文集》、《画中八仙歌》及《论印绝句》。吴骞曾受阳羡桃溪（今宜兴张渚）布衣名士陈经之的帮助，在乾隆、嘉庆年间长期侨居于桃溪之墨阳楼。吴骞所著《拜经楼丛书》，其中大半即成稿于墨阳楼。其中不少是记述阳羡风土人情的，如《国山碑考》、《桃溪客语》、《扶风杂记》和大量诗文，《阳羡名陶录》则是其中一部。

版本体例：

《阳羡名陶录》的写作时间为清代乾隆五十年（1785 年）。版本主要为吴骞自行刊印的《拜经楼丛书》本（1922 年上海博古斋增辑景印本即为此版影印本），其次是道光癸巳年镌杨列欧《昭代丛书》本。另有道光十三年（1833 年）吴江沈氏世楷堂刊本（不分卷）和光绪十一年（1885 年）会稽章氏刊本，全书计一万八千字。

《阳羡名陶录》分上下两卷。上卷由原始、选材、本艺、家溯四部分组成。"原始"篇主要讲述紫砂矿土发现的传说和蜀山掌故；"选材"篇在《阳羡茗壶系》所记载紫砂矿土种类与产地的基础上，稍作补充说明；"本艺"篇旨在介绍砂壶制作工艺和使用心得，制作工艺谈得很简略，使用心得则完全照录《阳羡茗壶系》，未提出新的内容；介绍紫砂陶人的"家溯"篇是内容的主体，占较大篇幅，在《阳羡茗壶系》的基础上，吴骞补充了许多自己的观点和见

① 宋伯胤：《周高起<阳羡茗壶系>校读》，载《紫砂苑学步——宋伯胤紫砂论文集》，盈记唐人工艺出版社，1998 年。

闻，并收入了《阳羡茗壶系》未有记载的陈子畦、陈鸣远等人。下卷由谈丛、文翰两部分组成，包括记、铭、赞、赋、诗等，汇集了作者所见内容涉及宜兴紫砂的笔记小品、诗词等文献。

明人周容所撰的《宜兴瓷壶记》收录在《阳羡名陶录》的“文翰”中，是记录古代陶人制作砂壶成型方法及工序的难得文献，全文不足六百字，但史料价值极高，远超过《阳羡名陶录》本身内容，深受研究者的重视。周容（1619-1679年），明末清初人，浙江鄞县籍。字茂山，一字贸山，号躄堂，明末秀才。明亡后，一度剃发为僧，后以母在还俗，踪迹遍天下，所交往的人士皆明朝遗民。清政府开博学鸿词科，有朝臣推进周容应试，竟以死相绝。著有《春酒堂诗文集》、《春酒堂文存》等。

三、《茗壶图录》

作者简介：

奥兰田（1836-1897年），日本人，原名奥三郎兵卫，名玄宝，字素养，号兰田、独飞。曾任日本东京商会首任会长，历任日本水产会理事长、北海道物产会长，是当时日本商界很活跃的实业家之一，与日本文化界的交往也很多，许多当时日本知名的汉学家、收藏家、古董商、画家等，如女画家野口小蘋、收藏家千原花溪、静嘉堂第一代文库长、东京帝国大学教授重野成斋，同时，奥兰田还是日本煎茶道的爱好者。奥兰田雅好收藏中国书画及紫砂茶具，《茗壶图录》便是汇集其收藏编撰而成，晚年在一次欧美旅途中病逝，享年六十二岁。

版本体例：

本书成书于1874年。版本主要为原中央图书馆藏清光绪二年石印本，即邓实、黄宾虹《美术丛书》所收录之影印本。

本书内容，以奥兰田等日本收藏家所藏三十二件茗壶之介绍为主，其中紫砂壶为二十九件。在图录之前，以源流、式样、形状、流鋬、泥色、品汇、小大、理趣、款识、真赝、无款、衔捏、别种、用意等十四个子题，简单谈论其赏玩心得；图录的部分，参照了《宣和博古图录》和《茶具图赞》的形式，每一件茶壶都以其泥色、造型、功用等特点给予四个字的拟人化命名，说明其尺寸容积、印章款识、命名涵义等，以工笔白描线图绘出该壶的外形，并附上题铭或印款的拓本。

四、《阳羡砂壶图考》

作者简介：

李景康（1892—1960 年），字凤坡，广东南海人，精鉴赏，擅诗画，为“百壶山馆”主人。1915年毕业于香港大学，曾任南海中学、香港汉文中学等校校长。著有《百壶山馆文存》、《百壶山馆诗存》、《儒家学说提示》、《国文研究法》、《披云楼笔记》、《披云楼诗草》等，有《李景康先生文集》行世。

张虹（1894—？年），字谷雏，号申斋，广东顺德人，“碧山壶馆”为其室名，长期寓居广州，擅画花鸟、山水等，与黄宾虹、蔡守同属广东国画研究会，著有《元画综》、《古玉考释》等。酷爱考究茗壶，曾到北京、杭州等地搜集阳羡名陶，并遍访藏家研琢。

版本体例：

《阳羡砂壶图考》分上下二卷，上卷于1937年在香港出版，下卷主要为图片，至今只有少部分曾被刊印，并未完整出版，因此，一般言及《阳羡砂壶图考》，所指即其上卷，多不再另行标明。

《阳羡砂壶图考》继承了《阳羡茗壶系》、《阳羡名陶录》二书，加以补遗、增添、考证，其内容分壶艺列传、土质出产、制工窑火、赏鉴丛话、前贤文翰、时人题咏七部分，其中以壶艺列传为主，将明代正德至清末宣统时期的陶人，以及与紫砂收藏、创作有涉的雅士名流，皆收罗在内，并将有相关的文字记载或者传器，附于所介绍人物小传之后，计有创始七人、正传十三人、别传三十五人、雅流五十五人、待考三十五人，共计一百四十五人。

其下卷收录图片一百一十三幅，附以款识拓印，此部下卷，据悉后来由新加坡宋芝芹先生承让，为台湾詹勋华先生所得，经其精心整理、补述，辑成《宜兴陶器图谱》一书出版。

第二节　国内外研究成果

在近人的研究中，比较早的是刘汝礼先生在1978年成稿的《宜兴紫砂文化史》[①]，该文分了许多年段时期论述了紫砂工艺发展的历程，其时期的分划，主要是依照《阳羡茗壶系》等过去的文献分期论述，对于明清紫砂相关的历史文化背景多所阐述。不过对该文提到清代宫廷风格与文人风格的对立，笔者认为不应视为绝对的“对立”，以乾隆时期清宫旧藏的紫砂器与其后的曼生壶为例，二者同样都是以书画图案装饰，（只是宫廷紫砂器的工艺手法主要是泥绘、堆泥，曼生壶则大多采用铭刻，可以说在形式上是有相通承袭之处，书画装饰也并非专属于曼生壶一类的文人定制砂壶）。另外，1982年出版的《中国陶瓷史》的明、清紫砂部分则根据1978年江苏省宜兴陶瓷公司编写汇整的《宜兴陶瓷简史》为主要内容。以上属于较早的关于紫砂器方面的论著，总体来说，仍处于归纳整理相关资料的阶段，然而，这些工作为后来进一步的研究所做的铺垫，仍是有所贡献，但是在某些观点上，颇有再商榷的空间。

宜兴陶业公司主编、轻工业出版社1978年出版的《紫砂陶器造型》着重介绍了紫砂器的艺术处理手法和装饰方法，并附有各类造型紫砂器的工艺测绘线图，收录了时大彬、徐友泉、陈鸣远、杨彭年、邵大亨、黄玉麟等具有代表性陶人名作及历代传统造型的砂壶式样二百三十八种，紫砂花盆式样一百零二种，其他紫砂器十六种，共计三百五十六种。该书是在1975年中央工艺美术学院陶瓷美术系与江苏省轻工业局联合举办的“江苏省日用陶瓷美术设计训练班”授课讲义基础上，由潘春芳等人进行编写的。

美国谢瑞华女士1981年发表的《宜兴壶的造型与纹饰》一文，首度以分期的方式论述了紫砂器的造型与纹饰，将宜兴紫砂的研究首要视角，放在其本身的工艺特征上，并且以时代分期的方式，尝试分析归纳宜兴紫砂的时代特征，这是此文在研究方法上的长处。该文作者将紫砂的历史分为五期：第一期为十六世纪晚期（相当于万历晚期）至十七世纪初，第二期自清初十七世纪末至十八世纪末，第三期为十九世纪（清代中叶），第四期在十九世纪晚期至二十世纪上半叶，第五期由二十世纪中叶开始，并在第一期前提出了一个草创期，采纳了羊

① 刘汝礼、吴山：《宜兴紫砂文化史》，浙江摄影出版社，2000年。（刘汝礼1978年完稿，后由吴山增补）

角山发掘报告的观点，将北宋中期至明代正德年间归为草创期①。

谢瑞华女士以造型纹饰为依据作为紫砂的分期，确是一个研究宜兴紫砂的新角度，也说明了一部分紫砂器造型纹饰的发展演变规律。可惜这篇文章论述的参照器物多为国外博物馆的藏品，对于国内出土的紫砂器并未提及；而且对于其举证的传世品之真实年代没有根本的鉴别，仅依照落款或铭刻的纪年归入其分期年段，错误的标准器导致错误的结论，是这篇文章最大的缺憾，如该文以为"明代晚期注重筋纹器的制作，清初则以自然形最受欢迎"，这些观点并不尽符合实际情况。

香港的罗桂祥先生在1981年出版的《宜兴陶艺》中亦发表了《从有年款的作品看宜兴紫砂陶的历代发展》一文，罗氏对紫砂器收藏及研究的推动确有功不可没之处，以带纪年器排列出一个年代先后发展的序列亦是客观可行的研究方法。然而和谢文同样的问题，其所论证的器物本身就存有很大的疑问，由此而得的观点自然也会有问题，比如文中所提及的明代紫砂器皆为底部刻楷书落款，这的确是明代晚期典型的落款方式之一，但事实上明代有一定数量仅落印款的紫砂器，而且印款方式的出现绝对早于刻款，尤其是较早的正德时期，有没有落款都很难说。

台北市茶艺杂志社于1982年出版的《宜兴陶器图谱》，1990年由台北南天书局发行，九壶堂协助出版，其中第三编刊录了《阳羡砂壶图考》下卷的的手稿，使得湮没近半世纪的《阳羡砂壶图考》下卷得以重新面世。

王正书先生在《文物》1985年第12期所发表的《从出土实物谈陈曼生和他的"曼生壶"》，较为实事求是地提出"曼生早在嘉庆六年拔贡前后，已经有了题铭制作紫砂壶的历史"②，且曼生壶的制作工匠并不限于杨彭年及文献上所记载的几人，但是"阿曼陀室"印款是曼生宰溧阳后使用，这些观点的提出相当有意义。

潘春芳先生在其主编《砂壶集》③一书中所发表的《宜兴紫砂简介》，其内容以明式家具工艺及造型对明代紫砂器的影响最有创见。

上海人民美术出版社与日本美乃美株式会社曾于1982年合作出版日文版的《中国陶瓷全集》，为八开本大型彩色图册，其后于1989年出版同样开本的中文图册，其中第二十三卷《宜兴紫砂》专辑，由姚迁、蒋赞初编著。此图册收录明清和近代紫砂器二百二十四件，其中紫砂壶一百五十九件，紫砂花盆三十三件，其他紫砂器六十一件。

1990年，文物出版社、两木出版社共同出版，梁白泉先生主编的《宜兴紫砂》中发表了许多江苏一带出土明清紫砂器之图版，充实了紫砂器研究中较缺乏的出土材料。

谢瑞华女士1990年在《宜兴陶艺——茶具文物馆罗桂祥珍藏》所发表的《宜兴陶器简史》中则对清末民初的紫砂生产背景及20至30年代上海商人仿制古董紫砂器的情况有较多的介绍。

美国乐宾纳先生1990年在《宜兴陶艺——茶具文物馆罗桂祥珍藏》中发表的《宜兴陶艺西渐》一文，是第一篇较深入讨论外销欧洲紫砂器的论文。

1997年，上海博物馆、香港中文大学文物馆出版了《紫泥清韵——陈鸣远陶艺研究》一书，并举行了相关的研讨会，1998年4月在浙江省博之研讨会笔者亦有幸在场聆听，此书及

① [美]谢瑞华：《宜兴壶的造型与纹饰》，载《宜兴陶艺》，香港市政局，1981年。

② 王正书：《从出土实物谈陈曼生和他的"曼生壶"》，《文物》1985年第12期。

③ 潘春芳主编：《砂壶集》，海洋紫砂陶艺公司，1986年。

研讨会上所获得的最大收获，是确定了“鹤邨”款为民国初年仿陈鸣远作品之紫砂器[①]。

1997 年傅英书女士主编的《紫砂传承精艺》[②]，从时代风格的鉴赏角度，辑录了一批明清传世紫砂器，此书的图版清晰，忠实、客观地呈现了紫砂器的胎土、造型、工艺各方面的特点，尤其在紫砂胎土的研究上，是较为理想的研究参考图版。

2000 年出版了高英姿女士注解的《紫砂名陶典籍》，将《阳羡茗壶系》、《阳羡名陶录》（含“续录”）、《茗壶图录》、《阳羡砂壶图考》四书加以注解，为紫砂相关文献研究做出了一份实在而有意义的贡献。

张浦生先生、王健华女士在 2000 年出版的《宜兴紫砂鉴定与鉴赏》一书中则将紫砂的历史归纳为四个时期，分别是：明早期到中期的“创始期”，明万历年间到明末的“成熟期”，康熙早期到乾隆中期的“繁荣期”，乾隆晚期到清末民初的“昌盛期”。张、王二人的分期否定了宋代起源说，以各时期的制壶名家为代表，来说明该时期紫砂工艺的成就，并列举了一批出土材料供参照。但是总体来说，文字内容偏重于介绍性质，论证仍欠深入，仍不脱以名工名匠串联紫砂历史的模式。

2003 年，台湾艺术大学造形艺术研究所出版的《塑形、塑艺：2003 茶与艺国际学术研讨会论文集》中收录了诸篇探讨紫砂工艺的论文。张浦生先生发表的《宜兴紫砂茗壶琐谈》再度强调了紫砂器明代起源观点，并介绍了新发现的宜兴绞胎紫砂壶以及上海地区出土的明、清紫砂茗壶残器。徐鳌润先生发表的《许龙文考—时大彬再传弟子中的杰出者》对于明代晚期以许龙文、时大彬诸陶人的情况、活动及历史背景做了很多细致的考证，提出了诸多新的见解。黄振辉先生《桑连理馆与“阿曼陀室”》则探讨了陈鸿寿的桑连理馆与阿曼陀室的关联。李经先生《宜兴紫砂的鉴定》则强调了宜兴紫砂的胎土及时代风格。黄健亮先生发表的《廿世纪初上海紫砂仿古公案研究》对于涉及当时仿古紫砂器的收藏家、古董商，以及诸陶人参与仿制的情况、前后时间均有介绍。笔者拙文《紫砂壶造型审美举隅》以圆器、方器、筋纹器、塑器、提梁这五大类紫砂壶造型的一些基本型，探讨比较了不同时代、不同作者对同一造型不同的线条处理手法。

2004 年出版的《紫砂研究》[③]是江苏省工艺美术学会陶艺专业委员会的内部刊物《江苏陶艺》第一至十八期上部分有关紫砂方面文章的汇集。其中，徐鳌润先生发表的《王稚登〈荆溪疏〉与宜兴紫砂》由王稚登《荆溪疏》论及明清诸文献中的关于此时期人物、事件记载同异处及古人笔墨含蓄处为今人所不察的细节。

2005 年，由上海博物馆、南京博物院、香港中文大学共同出版的《书·画·印·壶：陈鸿寿的艺术》研究专刊[④]，以陈鸿寿为核心，汇集了上海博物馆、南京博物院、香港中文大学、香港艺术馆等处收藏的陈鸿寿书法、绘画、印章、砂壶等相关作品图版以及研究论文，探讨了陈鸿寿的生平、交游、艺事、壶作、壶铭等，对综合研究陈鸿寿及当时的文化艺术和社会风尚，颇具意义。借由此书对陈鸿寿较为全面的研究视角，使得曼生壶的研究更为深入，

---

① 对于“鹤邨”款，该书所附之三篇专文皆有提出疑问（陈鸣远号鹤峰，然而传器款仅见“鹤邨”款），现代紫砂工艺大师蒋蓉（其人早年亦随同叔父蒋彦亭参与当时上海仿古紫砂器之活动）在浙江的研讨会上证实他们二人当时所仿之器曾以“鹤邨”为印款。

② 傅英书主编：《紫砂传承精艺》，集玉有限公司，1997 年。

③ 史俊棠主编：《紫砂研究》，上海古籍出版社，2004 年。

④ 《书·画·印·壶：陈鸿寿的艺术》，上海博物馆、南京博物院、香港中文大学文物馆，2005 年。

尤其是书画、篆刻创作的风格特征，与曼生壶的相互对比，呈现了曼生壶创作背景更为清晰的脉络。其中，陆明华先生发表了《陈鸿寿及其紫砂壶艺相关问题研究》，为曼生壶的初创年代、陈鸿寿与杨彭年的关系提出了一些推论，并考证了江苏淮安出土的曼生壶。曹清先生所发表的《从〈清代学者像传合集〉上的造像讲起—陈鸿寿其人其事论》，此文中“曼生之趣”一节，从书画创作、篆刻、砂壶铭刻各方面论述曼生的创作艺趣，对于今人体会曼生壶的艺术内涵颇有启发。黎淑仪女士的《曼壶铭文概说》则认为收藏在法国南特汤玛士・杜比博物馆的三把曼生壶，并非曼生原作，而是当时的仿品，但是其论证不够清晰，无法提供足够的论据充分支持其观点的成立。在“曼壶铭文之美”一节，首次详细分析曼生壶铭刻字体的分别，则是颇具意义的研究开端。谢瑞华女士在《海外庋藏曼生壶》一文中介绍了海外（主要是美国、英国、加拿大三地）收藏的曼生壶情况，充实了曼生壶的研究材料。

2005 年 12 月，在中国嘉德四季拍卖会上，一批打捞于清代迪沙如号（Desaru）沉船的清代早期宜兴紫砂壶在中国境内亮相，并出版了此次的拍卖图录①。迪沙如号的打捞工作是由南海海洋考古公司（Nanhai Marine Archaeology）进行，南海海洋考古公司是一个在马来西亚的瑞典公司，自 1990 年起就开始南海地区的探险和发掘打捞古沉船活动。迪沙如号的沉船年份为道光十年（1830 年），此船保存状况良好，航行的目的地是东南亚，沉向海底时完好无损，大面积被浸泡在淤泥中的主体船身完好地保存了下来，船的主要构件：桅杆矩形底部和所有船壁都在原位。推测迪沙如号沉船原因可能是受到了海盗的攻击。海盗一般会在拿走所有有价值的东西后杀死所有的船员和乘客，然后将船只沉入海底来湮灭罪行。在调查和测绘打捞残骸时，所有的资料呈现在眼前：这是一艘使用中国木材、铁钉缝合船壁，传统中国式设计的货船。

迪沙如号有 34 米长，船运载物大部分是瓷罐、茶壶、花瓶以及其他各种瓶罐。瓷器中包括了装载在两个前部货舱的 53000 个青花汤匙，其他的青花瓷器还包括了饰花盘、寿星盘以及绿釉碗。其中宜兴茶壶都被放在大罐子中，船只沉没时淤泥淹没了它们，使得这些茶壶免于遭受海底苛刻环境的影响，并未被海水或者其他贝类等侵蚀破坏，虽然打捞的主事者史坦・史卓斯特朗（Sten Sjostrand）先生认为这些砂壶“外观仍然光亮如新”，但是所发表的图版很清楚地表明，由于长时间沉浸于海底，其胎体组织中吸附的泥垢和海水的盐份结晶，必然与其最初始的原貌仍然存在一定差距。不过，由于这批砂壶确是尚未售出的全新货品，毫无使用痕迹，因此，许多工艺痕迹未被使用中的污垢遮盖，显得比其他出土或传世紫砂器更加清楚，对于研究清代宜兴紫砂工艺，是相当难能可贵的考古实物。

2008 年，笔者拙文《〈阳羡茗壶系〉之考证》②对于《阳羡茗壶系》的版本、章句字义等诸多内容的解读方面，提出了一些新的看法。

---

① 史坦・史卓斯特朗（Sten Sjostrand）：《南海沉船 宝物回归》，嘉德四季拍卖图录：《明万历号、清迪沙如号海捞陶瓷》，2005 年。

② 李敏行：《<阳羡茗壶系>之考证》，《南方文物》2008 年第 1 期。

第二章　宜兴紫砂的源起

第一节　宜兴的历史沿革及陶瓷业发展脉络

宜兴，古称“荆溪”，因苍山清溪而得名。在这片富饶的河湖冲积平原上，既可发展农业，又有渔捞舟楫之利。宜兴在周初时属吴；秦始皇统一中国后，秦汉两代称为“阳羡”；三国时，孙权十五岁时在这里担任“阳羡长”一职；到了晋惠帝时，合并六县设义兴郡。唐高祖武德二年（619 年）曾别名为鹅州。到了宋太宗太平兴国元年，为避太宗赵光义的名讳，遂更名义兴为宜兴，相沿至今。宜兴位于黄海与东海之滨，长江三角洲的太湖西岸，与浙江、安徽两省毗邻，地理位置属于江南中部。其东、西、北三面是富庶的太湖平原，南部是绵延起伏的天目山余脉，山青水秀，峰峦叠嶂，境内河湖纵横。根据宜兴县志所载，全县有钟乳石岩洞一百一十九个，奇异天成，在很早的时候这里就以风景秀丽著称，历来为骚人墨客所倾慕，许多著名的文士都在此留下了他们的足迹。唐代宰相陆希声，其晚年时隐居在这里的颐山；诗人李白、杜牧等都游历过这里并留下讴歌的佳句。在宋代，宜兴已经发展成有三万人口的城市。宋人陈克在描述宜兴古城时，作《上元词》云：“桥北桥南新雨晴，柳边花底暮云轻，万家灯火照溪明。”宋代文豪苏东坡相当喜爱宜兴的风光景色，曾数次造访，并且认定此地是其心仪的养老去处，曾留有诗云：“买田阳羡吾将老，从初只为溪山好。”元、明、清以来，这里一直是江南地区的文化活动中心，丝织品、茶叶、漆器及竹玉雕刻手工业都很兴盛，是文人雅士们吟咏作画的集中之地。宜兴的山区盛产陶土和竹木薪炭，为发展制陶业提供了充分的条件。丁蜀地区东自鼎山，西自白岩、汤渡，南至白泥场，北达潜洛，方圆数十里，家家做坯，遍地窑场，几千年来社会发展，时代变迁，几度兴衰，但始终没有间断。

宜兴之所以能成为以出产紫砂器闻名的陶都，除了当地得天独厚的紫砂矿藏外，还有其自身历史上、文化上的背景使然。

首先是悠久的陶瓷烧造历史。综合历年以来考古工作者对当地窑址的普查情况，丁蜀镇附近有新石器时代遗址 5 处，两汉窑址 9 处，六朝窑址 16 处，隋唐五代窑址 9 处，宋、元窑址 20 处，明、清窑址 60 余处。

一、新石器时代

早在新石器时代，生活在江苏境内的先民就已经开始抟土为坯，掘地为穴，以火烧制陶器了。在邳县、新沂、沭阳、淮安、连云港、宜兴、吴县和南京等地大量出土的距今六千多年前的陶杵、陶拍等制陶工具，以及红陶、灰陶、黑陶、白陶、彩陶等陶器遗存，表明当时江苏的陶器生产已有一定的规模和水平[①]。1975 年，南京博物院、南京大学历史系与宜兴陶瓷公司组成古窑址普查小组，进行宜兴地区的古窑址调查，根据张渚和丁蜀两区的古窑址普查资料，宜兴陶瓷业的起源不晚于六千年前。在张渚区归径公社的骆驼墩和唐南村，以及丁蜀区洑东公社的元帆村（下层），都找到了以细泥红衣陶钵，夹砂粗红陶的鼎、腰檐釜和牛鼻式耳罐为特征的，与磨光石斧、石锛共存的新石器时代遗址。据有关专家分析，这些器物的主要特点与太湖及钱塘江流域的"马家滨文化"类型一致。从出土的石器和残陶片器型、装饰方法分析，证明早在6000多年前的新石器时代，宜兴的先民们就在这块土地上生息劳作并烧制出原始陶器[②]。

公元前 5000—前 2000 年，随着原始人们生产经验的不断积累，宜兴地区居民的制陶技术也得到了进一步的发展。从手制后经充分氧化烧成的红陶，进步到轮制后经过还原气氛烧成的灰陶，或再使用渗炭法烧成乌黑发亮的黑陶。在石器工具方面，新出现了石镰、双翼形石耘田器和半月形双孔石刀。这就进入了考古学上的"良渚文化"时期，丁蜀镇附近的元帆村（中层）便是属于此时期的文化遗址[③]。此时，连云港、徐淮、宁镇、太湖四大地区范围内均先后出现红陶、彩陶、灰陶和黑陶等品种的炊煮器和盛贮器，器形有圆底、平底、三足、圈足等，装饰有彩绘、刻划、压印、镂孔和附加堆纹等，烧成温度一般为 800-950℃。这时候的陶器，是在粘土堆筑的穴式陶窑内烧成[④]。

二、商周至春秋战国时期

商周时期（公元前 16 世纪—前 771 年），印纹硬陶、夹砂红陶和泥质红陶的盆、钵等盛煮器，在江苏地区的宜兴、无锡、武进、溧阳、溧水、句容以及金坛、丹徒、丹阳一带均有大量出现[⑤]，还有动物形的雕塑。相当于商周之际的以几何印纹硬陶和软陶、磨制石器与小件青铜器共存的文化，也在丁蜀镇周围地区发现了好几处[⑥]。西周时期（公元前 11 世纪—前 771 年），江苏境内已产盉、尊等原始青瓷酒器，以及仿青铜礼器造型的青瓷鼎、豆。它是以白泥为原料，手工捏制成型，在圆形升焰窑内焙烧，烧成温度约 1120-1160℃，胎质吸水率 0.58%，瓷化程度良好[⑦]。宜兴地区很可能是当时南方原始青瓷和几何印纹硬陶的主要产区之一，但是具体的窑址尚有待进一步的发现[⑧]。

春秋战国时期（公元前 770—前 221 年）起，江苏地区的陶瓷制作出现了轮制工艺，即将坯泥放置于木制圆盘上用脚踩，使其作惯性转动，手则捏拉坯泥。用这种方法成型，俗称拉坯。此时使用直径约二米的直焰式瓶形窑烧制几何印纹硬陶及原始青瓷，成品形制较为规整，胎壁较薄，均匀细致，纹饰也比以前精细。徐淮地区和吴县出土的硬陶坛罐已有仿青铜花纹，并流行以几何印纹为主要装饰的夹有细砂的硬质陶器。宜兴地区采用当地表层粘土，

① 江苏省地方志编纂委员会：《江苏省志・陶瓷工业志》，第 1 页，江苏人民出版社，1994 年。
② 蒋赞初：《关于宜兴陶瓷发展史中的几个问题》，载《中国古代窑址调查发掘报告集》，文物出版社，1984 年。
③ 同上。
④ 江苏省地方志编纂委员会：《江苏省志・陶瓷工业志》，第 41、49 页，江苏人民出版社，1994 年。
⑤ 江苏省地方志编纂委员会：《江苏省志・陶瓷工业志》，第 59 页，江苏人民出版社，1994 年。
⑥ 蒋赞初：《关于宜兴陶瓷发展史中的几个问题》，载《中国古代窑址调查发掘报告集》，文物出版社，1984 年。
⑦ 江苏省地方志编纂委员会：《江苏省志・陶瓷工业志》，第 94 页，江苏人民出版社，1994 年。
⑧ 蒋赞初：《关于宜兴陶瓷发展史中的几个问题》，载《中国古代窑址调查发掘报告集》，文物出版社，1984 年。

用陶轮制坯法成型，烧造小容量陶坛，无系，敛口，鼓腹，平底[①]。

三、两汉时期

汉代时（公元前206—220年），宜兴南山窑群的代表性产品为釉陶器，表里施有黄绿、浅棕、青绿等釉色，表明配釉、施釉以及釉烧技艺的日趋成熟，此外也兼烧灰陶和红陶。在产品种类上，以坛、瓮、壶、罐等为主，尤其以瓮、罐为多。这类产品较为单纯的窑场，显然是以商品生产为主要目的。根据废品堆积的情况看，宜兴汉窑或为圆型，由于窑炉体积较大，又属生焰式，故窑内上下的温差较大，对产品的质量有所影响[②]。在长江下游地区汉代遗址或墓葬中，一种黄绿釉的喇叭口或盘口的双耳壶和双耳广腹罐是最常见的器物，但是它的产地一直不很清楚。通过对宜兴部分地区古窑址的调查，仅在丁蜀镇附近就发现了十六处烧造这类釉陶器的窑址。而且地点相当集中，说明至迟在将近两千年的东汉时期，宜兴就已形成了一个制陶业中心。宜兴丁蜀镇西南的南山北麓，至今还是一片竹木繁茂的地方。在竹林深处的高阜，往往就是汉代或六朝窑址的所在[③]。考古工作者在这里发现了九处汉代釉陶窑址和十六处六朝青瓷窑址，其范围东西绵延达三公里，南北因限于山势，宽约四百米左右[④]。此时宜兴等地还烧造一种黑釉陶盆，以敞口收底式居多，其成型采用陶轮拉坯，外施一层薄釉，烧成温度约1000℃。东汉时，由于浙江较早地生产了青瓷器，受其影响，宜兴地区也开始烧制青瓷器，其中，均山大松园（属于南山窑群）的狮子墩窑、马臀窑、六十头窑、龙丫窑、新塘边窑、东瓦窑、风水涧窑等均烧造青瓷，主要品种有青瓷天鸡壶、酱褐釉瓷天鸡壶等。同时，烧造饮酒用的椭圆形耳杯，并配以托盘[⑤]。

四、两晋、南北朝时期

两晋、南北朝时期（265-589年），江苏地区的青瓷生产成就突出，宜兴成为当时国内青瓷制品的主要产地之一，目前所发现，共有十六处瓷窑，生产技术有所改进，有罐、杯、碗、香薰等各式产品。其中最具代表性的南山窑群，其窑址有六处，即龙丫窑、六十头窑、马臀窑、碗窑墩窑、以及大松园（又名大公堂）一、二号窑，位置都比较接近[⑥]。其中后三处系1959年发现，碗窑墩且经过试掘[⑦]，当时曾称为“均山窑”。按其地理位置都在南山北麓的范围内，西南距离军山（均山）尚有一公里左右，故以改称“南山窑”较为恰当[⑧]。

西晋周处墓曾出土各类罐、碟、碗、火盆、杯、壶、盘等十五种，造型各异，风格别致。罐类有无耳、双耳、四耳等形，碗盆、碟类大多口大、腹浅、底平，有细回纹，装饰简朴。此时各种陶瓷动物雕塑大量出现，如熊形灯、牛形灯、狮形烛台、蛙形水盂、鸡头等。南山

① 江苏省地方志编纂委员会:《江苏省志・陶瓷工业志》，41、49、55页，江苏人民出版社，1994年。

② 蒋赞初:《关于宜兴陶瓷发展史中的几个问题》，载《中国古代窑址调查发掘报告集》，文物出版社，1984年。

③ 同上。

④《江苏宜兴丁蜀镇附近汉代窑址调查》，载《中国古代窑址调查发掘报告集》，文物出版社，1984年。其中所记六朝青瓷窑址数量为6处，由于此调查报告发表时间较早，后续应当还有新的发现，因此本文按照出版时间更晚的《江苏省志・陶瓷工业志》，将其修改为16处。

⑤ 江苏省地方志编纂委员会:《江苏省志・陶瓷工业志》，第59、94页，江苏人民出版社，1994年。

⑥《江苏宜兴南山六朝青瓷窑址的调查》，载《中国古代窑址调查发掘报告集》，文物出版社，1984年。

⑦《宜兴县汤渡古青瓷窑址试掘简报》，《文物》1964年第10期。《访均山青瓷古窑》、《宜兴均山古窑发现记》，《文物》1960年第2期。

⑧ 蒋赞初:《关于宜兴陶瓷发展史中的几个问题》，载《中国古代窑址调查发掘报告集》，文物出版社，1984年。

窑烧造的青瓷制品，胎质细致坚硬，釉色晶莹明亮；同时，青釉下出现酱斑点彩装饰。南北朝时期（420-589年），佛教传入中国后，受到佛教艺术的影响，宜兴青瓷装饰中出现莲花等图案。在陶器方面，宜兴所产陶盆，外表为方格形纹饰，盆内施酱色釉，口沿捏阔边或窄边，呈喇叭形；盆高10厘米，口径20-25厘米，大多在圆形升焰窑内烧成①。

蒋赞初先生将宜兴南山窑群的六朝青瓷归纳出了三个特点：首先是它与汉代釉陶窑址紧密相邻，有的只相距几十米至上百米，有的就在同一地点（如龙丫窑和马臀窑），说明两者之间的关系非常密切。再从产品和窑具的类型看，也有先后承袭的迹象。其次，它的产品在造型和装饰风格上，显然受到当时生产青瓷的中心——会稽（今绍兴）上虞地区的浓厚影响。如口沿作锯齿形的碗形窑具和带有三四个乳丁的圆饼形窑具都是两个地区所共有的。再次，由于当时宜兴地区尚未找到优质瓷土，南山窑产品胎釉的色调均不如上虞窑产品，在成型和烧造工艺上也不够精巧。因此，当时建业（今南京市）和京口（今镇江市）地区贵族所使用以及随葬的青瓷器，仍以上虞窑的居多。并且，南山窑可能为西晋豪门世族周氏（即周鲂、周处家族）所控制，因此其兴衰与当时豪门世族周氏家族的盛衰相始终②。

五、隋唐五代

隋代及初唐时期，随着南朝的灭亡，江南地区制瓷业的发展，与其前后时期相比，处于一个低谷时期，约从中唐开始，才逐渐恢复。不过，此时宜兴陶器的制作，仍有发展。唐代（618-907年）酿酒业兴旺，民间大多将所酿之酒装入陶坛，埋藏数年后饮用，从而促使江苏地区的瓜州、京口、常州、苏州、宜兴等地大量烧造陶质酒坛。宜兴窑场烧制的酒坛有六七个品种，采用陶轮拉坯或泥条盘筑成型，容量3-30公斤不等。所有酒坛内外均施黑色釉，底足处饰以绳纹图案，与缸类产品混装在龙窑内焙烧，烧成温度约1100℃，产品质量比圆形馒头窑焙烧的要好③。在装饰工艺方面，晚唐时，宜兴地区即已出现了陶器堆花（俗称贴花）装饰技法，陶工用本色泥，以手指在陶器坯件表面堆塑出各种花草图案，施釉后入窑焙烧。

中唐以后，北方长期战乱，南方则相对安定，北方人纷纷南徙，江淮地区经济发展迅速，长江三角洲成为富庶之区；与此相适应，江苏地区的陶瓷业也得到长足的发展。龙窑的发明以及叠烧法、浸釉法和荡釉法的发明等等，使宜兴青瓷烧制技术，以及产品的种类、造型、釉色和装饰工艺迈向一个新的高峰。宜兴的中晚唐以至五代十国时期的窑址，在丁蜀镇附近及其毗连的张渚区均有发现。丁蜀镇附近的唐代窑址，到目前为止仅发现了涧滦窑。根据产品的对比，可能属于中晚唐时期④。涧滦窑坐落在镇东南4公里的窑墩塘，窑址面积已有700平方米，圆式直焰龙窑，容积达80立方米，已具有相当规模的烧造能力。产品主要有碗、钵、盆、罐、壶、瓶、灯等20余种，器形相当规整，釉色有草绿、青绿和翠青等多种釉色，与江苏地区近年出土的晚唐瓷器特征相同。这座涧滦窑龙窑为最早的龙窑之一。

古代宜兴地区烧造青瓷的历史，大体上结束于五代十国时期。南唐亡国以后，以浙江余姚为中心的越窑仍是极盛时期，宜兴地区的青瓷由于受原料的局限，加上在坯釉、造型、烧

① 江苏省地方志编纂委员会：《江苏省志·陶瓷工业志》，第60、94、96页，江苏人民出版社，1994年。

② 蒋赞初：《关于宜兴陶瓷发展史中的几个问题》，载《中国古代窑址调查发掘报告集》，文物出版社，1984年。

③ 江苏省地方志编纂委员会：《江苏省志·陶瓷工业志》，第57、44页，江苏人民出版社，1994年。

④《江苏宜兴涧滦窑》，载《中国古代窑址调查发掘报告集》，文物出版社，1984年。

成及装饰诸方面与吴越官窑产品相比均逊色，缺乏竞争力，因而江苏的青瓷生产从十一世纪起渐趋衰落，终至失传。

六、宋代

宋代（960-1279年）是我国陶瓷业蓬勃发展的时期，南北各窑相继崛起，各具特色。江苏陶业出现显著变化，随着青瓷生产逐渐衰落，日用陶器生产兴起，进入了一个新的发展阶段，开始烧制胎壁较厚，胎质坚致，内外施釉的大型陶缸和中型陶坛、钵等产品，其胎质、造型、成型制作等方面均有重大改进。此时形成以宜兴丁山、蜀山、汤渡和五圣庙为中心的两个产区，奠定了尔后陶都宜兴发展的始基①。

宜兴境内的宋代窑址，在丁蜀和张渚两区都有发现，而以张渚地区分布较广，保存也较好。张渚区西渚公社的范围内，有一片面积广大的宋代窑场，包括有以五圣庙为中心的桃园大队和小王大队几个生产队的地方。直到今天还保存有二十多个窑墩，四五十座龙窑遗址。西渚窑场的废品堆积极为丰富，主要产品是一种小口溜肩带耳，似蛋形的釉陶瓶，俗称“韩瓶”，相传是南宋将领韩世忠军队所使用的行军壶或者酒壶。在南京、扬州的北宋古井和墓葬中也曾发现过这类釉陶瓶，所以其始烧年代可早到北宋。这处窑场除了主要烧造釉陶瓶外，还兼烧少量的盆、罐、壶和缸类。现今西渚公社所在地的附近，还有缸窑湾的地名，出土有垫烧大缸的窑具，如带有锯齿形的环状大型垫座，说明该处生产缸类已有相当长的历史。除西渚窑场外，相距不远的元上公社白塔大队也发现了三处窑墩，但延续的年代可能要到元、明，因该处大量出有一种橄榄状的小口无耳釉陶瓶，与宋代“韩瓶”异制，且常发现于南京的明代初年遗址中。由于这一地区恰是南宋初年名将岳飞的屯兵之地，而宜兴境内相传为宋金战地的百合场等处又确有大量“韩瓶”遗留，所以，西渚窑群在南宋初年有可能带有军用窑场的性质，但并不排除其部分产品仍供民用，特别是到了南宋的中晚期和元、明之际，更是以民用为主。在宜兴丁蜀地区，由于古今窑址重叠，加之近年来废弃龙窑，改建隧道窑，故宋代的窑炉遗迹已难于寻觅。但从少数几处的废品堆积来看，均以烧造缸类为主②。

七、明清时期

明清时期（1368-1911年），宜兴窑场的陈设艺术陶器不下数十种，生产规模和制作技艺均达到较高的水平，制品主要有瓜果、动物等类雕塑品以及笔筒、砚台、笔架、镇纸、棋具等文具和娱乐品。此时江苏地区日用陶器的生产已经在窑户的手工业工场内进行，并形成专业分工。明代，砂锅逐步普及于民间。陶工挖掘山中白泥，捣碎淘漂后，采用手工片接成型，并套装在缸体内入窑焙烧。明初，江苏地区仅有宜兴一地生产陶盆，品种计有三十多个。浴盆形体最大，容水量约五十余公斤，食用汤盆形体最小，容水量约一公斤左右。明代永乐二年（1404年）起，江苏大批陶工缸匠北迁，江苏各地过半窑场停业，仅宜兴一地仍然继续陶业烧造。明代成化二十年（1484 年），废除了明初实行的轮班匠制（规定工匠每三年为官府或皇室服役三个月），窑工缸匠被遣散回籍复起烧造，江苏地区的民营窑业得到恢复和发展。明代中叶，宜兴丁山、蜀山一带发展成为江苏陶器生产的集中地，由于品种的增多，销售

---

① 江苏省地方志编纂委员会：《江苏省志·陶瓷工业志》，第2页，江苏人民出版社，1994年。

② 蒋赞初：《关于宜兴陶瓷发展史中的几个问题》，载《中国古代窑址调查发掘报告集》，文物出版社，1984年。

区域的扩大，宜兴地区已经出现粗、溪、黑、黄、砂货的行会组织，并为皇室承制大龙缸，宜兴已成为全国日用陶瓷的重要产区之一，“宜兴窑”同时作为烧造日用陶器的名窑而载誉于世①。

八、小结

总体而言，宜兴陶瓷业的渊源可以上溯到六千年前的新石器时代。但是作为具有自身特点的制陶业，可能始于西周及春秋战国时期，当时的产品主要是几何印纹硬陶和原始青瓷。到了汉代，主要是东汉时期，在宜兴丁蜀镇的周围，已经形成了以生产釉陶为主的窑场。而六朝前期南山北麓的南山窑青瓷窑场，也正是在这一基础上，汲取了绍兴、吴兴地区烧造青瓷的先进经验而建立起来的，这是宜兴陶瓷业发展的第一个阶段。从唐代中叶到五代十国，是宜兴烧造青瓷的第二阶段。当时的窑炉已发展成为坡度较低的龙窑，其代表性窑址就是丁蜀镇附近的涧潨古龙窑。可能主要由于未发现优质瓷土的原因，从宋代起，宜兴地区就不再生产青瓷，而集中力量烧造日用陶器。除以缸、盆、罐、钵为大宗外，还有专业窑场生产军用或民用的小口溜肩的带耳瓶（韩瓶）。明清二代，则延续了宋代烧造日用陶器的特点，并逐渐形成烧造各种不同陶器的专业分工。紫砂器的原料选取和制作工艺则逐渐从日用陶器中分化出来，成为宜兴独树一帜的陶瓷工艺品种。

第二节　紫砂矿土的特殊性

一、紫砂矿的位置及特性

正如汪文柏在《陶器行赠陈鸣远》中所咏“人间珠玉安足取，岂如阳羡溪头一丸土”。宜兴紫砂确实相当珍贵，这是因为，紫砂并不是一般的泥土，是一种特殊的矿土，素有“五色土”、“富贵土”的美称。如此珍贵的紫砂矿土，是大自然给予宜兴这方水土的恩赐。清代《阳羡名陶录》记载：“相传壶土所出，有异僧经行村落，日呼曰：‘卖富贵土！’人群嗤之。僧曰：‘贵不欲买，买富何如？’因引村叟指山中产土之穴。及去，发之，果备五色，烂若披锦。”

在宜兴民间，有许多关于紫砂壶的传说，最为广泛流传的一种说法是，宋朝时，宜兴有一大户人家修造房子，当工程快结束时，主人嫌墙砌得不好，要工匠们拆除重砌，在人们拆墙时，忽然发现墙内的空隙中有一把茶壶，大家想起是前几天修筑墙壁的工匠喝茶时，随手放在墙中空隙处，一时忘了砌在墙里。大家把壶盖打开一闻，壶内的茶汤竟然没有变味，依然香醇如故，因此，紫砂壶泡茶数日不馊的事便流传开了。虽然这只是无从考证事实出处的传说，从目前发现的文物和史料来看，宋代饮茶主要是用茶盏冲饮茶末，并不使用茶壶，不过，宜兴紫砂特别适宜作为茶具的优良性能，应当是人们在日常生活中，经过一些偶然事件的逐渐累积，从而总结出来的经验，即使是后人附会的传说，其生成还是有些道理的。

根据《江苏省志·陶瓷工业志》的定义，所谓的“陶土”，是用来制作陶器的粘土、粘

① 江苏省地方志编纂委员会：《江苏省志·陶瓷工业志》，第49、51、60、62、109页，江苏人民出版社，1994年。

土岩、页岩、粉砂质粘土岩，按其性质、性能、颜色，习惯上分为白泥、甲泥、嫩泥三大类[①]。宜兴出产的陶土，按其颜色、产地的不同，大体可以分为本山甲泥、东山甲泥、涧滦甲泥、瓦窑甲泥、西山嫩泥、屺山泥、蜀山泥、白泥、黄泥、绿泥、乌泥、红棕泥和紫砂泥等[②]。其中，所谓的“甲泥”，也叫石骨，是深藏在地层里的一种未经风化的页岩，因为深埋在山腹受自然压力后，一般呈坚硬的块状，好似铁甲，所以称为甲泥；嫩泥则是接近地层表面的一种粘土。紫砂矿土只是宜兴所产陶土的其中一部分，蕴涵在甲泥之中，因此亦有“泥中泥，岩中岩”之称。

紫砂矿土产于江苏宜兴市丁（鼎）蜀镇西北的黄龙山甲泥矿区之中，是由黄龙山、青龙山和黄龙村三个矿段组成的综合性大型陶土矿床，此处是紫砂矿的唯一产区。根据现代调查的结果，黄龙山矿区的甲泥矿体赋存于泥盆系上统五通组和石炭系下统高丽山组地层中，呈层状产出，层位稳定，主矿体厚度变化不大。其中五通组上段由三至六个矿体组成，总厚41.94米，平均厚6.99米。矿体产状与地层产状一致，倾向北东10-16度，倾角10-20度，局部达27度。工程控制长度大于3000米，斜深200米以上。高丽山组下部由二至五个矿体组成，总厚30.24米，平均厚6.05米。矿体变化较大。其中，五通组是本山甲泥、紫砂泥、绿泥、红泥的赋矿层位，矿体埋藏较深，无夹石；高丽山组是东山甲泥、西山甲泥的赋矿层位，矿体埋藏较浅，但有夹层。甲泥的主要矿物成分为水云母，并含不等量的高岭石、石英、云母碎屑及铁质等（铁质含量变化较大），具有一定的可塑性及结合能力，坯件干燥与烧成时收缩率较小，烧结温度范围较宽，泥浆性能良好，是生产大件日用陶器和注浆产品的原料[③]。

蕴涵在黄龙山甲泥矿中的紫砂矿，其成矿年代为古生代泥盆系，约三亿五千万年左右，位于江南古陆的边缘，海水、陆地、湖泊交替的三亚类地带，借助风力或水力的搬迁，一些细小的粘土颗粒及其他矿物形成沉积型粘土页岩。大自然的鬼斧神工，为宜兴创作了得天独厚、独一无二，可以直接使用的紫砂矿土。

紫砂矿土的岩相分析表明，其属于一种属于高岭—石英—云母系含铁量高的陶土，主要由石英、粘土（高岭石）、水云母和赤铁矿组成，其具体成分参见下表。

江苏省陶土矿化学成份表[④]

单位：%

产地	矿种	SiO_2	Al_2O_3	Fe_2O_3	CaO	MgO	K_2O	Na_2O	TiO_2	烧失量
黄龙山	甲泥	60.2	21.19	6.56	0.54	0.67	2.38	0.06	1.16	7.23
黄龙山	紫砂泥	55.67	22.62	9.85	0.61	0.51	2.66	0.06	1.03	7.81
南山	白泥	68.51	20.62	1.14	0.49	0.40	2.21	0.52	0.56	4.79
香山	嫩泥	61.53	21.40	6.04	0.66	1.16	2.30	0.51	0.84	8.46

（引自《江苏省志·陶瓷工业志》）

从紫砂矿和其他矿种的比较可看出，其含铁量（Fe_2O_3）明显较高。紫砂矿呈结晶状，而玻璃相少，其矿体呈薄层状，矿层厚度一般在几十厘米到一米左右，呈团块带状，其矿层分

① 江苏省地方志编纂委员会：《江苏省志·陶瓷工业志》，第17页，江苏人民出版社，1994年。

② 韩其楼编著：《紫砂壶全书》，第24页，韬略出版有限公司，1996年。

③ 江苏省地方志编纂委员会：《江苏省志·陶瓷工业志》，第18页，江苏人民出版社，1994年。

④ 江苏省地方志编纂委员会：《江苏省志·陶瓷工业志》，第19页，江苏人民出版社，1994年。

布不延续，稳定性差。紫砂矿具有较高的强度、抗热震性和透气性，以及良好的结合性和稳定的可塑性，赋予了紫砂器手工成型、拍、压、刮、塑、镂、刻等多种手法发挥的空间，由此制作成的紫砂泥料具有可塑性好、生坯强度高、干燥、烧成收缩率小等良好的工艺性能。此外，紫砂矿土最特别之处，是其双重气孔结构，“以扫描电子显微镜紫砂胎体中的气孔及分布特征，可见有较多的气孔相互贯通，以断续链状包围着原始颗粒团，在团粒内部还散布着许多椭圆形及不规则状的气孔，有闭口的和开口的，它们一个套着一个，一个通一个，形成许多网络”[①]，虽然这种特殊的双重气孔不是肉眼可见，但是紫砂具有良好的透气性，适于作为茶具及栽种植物的原因即在于此。

二、紫砂矿为宜兴独有

宜兴紫砂是独一无二的，一般言及“紫砂”或者“紫砂工艺”这个概念，所论述的，只有宜兴紫砂。一直以来，“紫砂不独江苏宜兴才有”，这个观念普遍的被接受，甚而曾有研究者认为，紫砂工艺能在宜兴一地发展，只不过是因为宜兴较其他地方拥有更为悠久制陶工艺基础。这种观念的衍生，正是严重忽略了宜兴紫砂矿的特殊性。宜兴能发展独特的紫砂工艺的前提，首先还是此地出产他处所无的紫砂矿，其悠久的制陶历史虽然在紫砂工艺的发展中扮演了推动的角色，但是，没有紫砂矿这颗“种子”，再肥沃的土壤也无法栽培出紫砂工艺这株琪花瑶草。如果不是因为紫砂矿土和一般陶土不同的特殊性，宜兴紫砂又何必另辟新径，另外发展出适合紫砂矿性能，独树一帜的成型工艺，完全可以采用以往既有的陶瓷器制作工艺，所以，是矿土的特殊性决定了其工艺的发展，切不可本末倒置。只是由于一般大众对“何为宜兴紫砂”一知半解，才会有那么多人不求甚解、人云亦云地将外观看起来相似的陶土一概称为“紫砂”，忽略了宜兴紫砂矿和其他陶土种类、特性上的差异。他处所产的工艺陶，虽然在外观上或有相似，但是不宜混为一谈。轻易地说江苏其他地区或者广西等地也有“紫砂”云云，是不科学的，至少，到目前为止，这种“某处也产紫砂”的说法，并未经过严谨的科学论证。如果要证实这种观点，必须将某处的“紫砂”与宜兴紫砂做出实际的各种物理、化学的性能测试，至少，宜兴紫砂本身的特殊性，泡茶优于其他材质茶具的效果，都曾经通过科学实验证明其特殊性[②]，除非能用同样科学严谨的方式证明其他产地的“紫砂”也具备如此的特性，才能说“某地也产紫砂”。因此，并非笔者以主观的态度断然否定“其他产地的紫砂”，而是感慨“何为宜兴紫砂”一直都未被更清楚的认识，反而是“很多地方都有紫砂”的观念更被广为传播。以明清瓷器中著名的景德镇明代早期官窑的麻仓土为例，麻仓土在众多瓷土中被单独地区分出来，自然是麻仓土有与其他瓷土的不同之处，其他瓷土必然与麻仓土有近似之处，但是，显然不能因此随意把任何瓷土都称为麻仓土。所以，紫砂也是仅产于宜兴的特殊陶土，不可随意将别处近似陶土一概以“紫砂”之名混淆。

紫砂的主要化学成份是氧化硅、铝、铁及少量的钙、锰、镁、钾、钠等，即使他处有化学成分或矿物组成非常近似的陶土，也必然和宜兴紫砂有所区别，不可能完全一样。更重要的是，宜兴紫砂的特点，除了其组成成分以外，最为关键的是其“组成形态”，其胎土中石英、

① 潘春芳主编：《砂壶集》第40页，海洋紫砂陶艺公司，1986年。

② 韩杰人、叶龙耕、贺盘发等：《宜兴紫砂陶的生产工艺特点和显微结构》，载《紫苑笔谈》，上海人民美术出版社，2002年。唐伯年、李昌鸿、叶龙耕：《宜兴紫砂茶具实用功能的研究》，《古陶瓷科学技术国际讨论会论文集》，上海古陶瓷科学技术研究会，1992年。

赤铁矿、云母等组成的特殊团粒结构状态（浅显的说法即是视觉上的颗粒感或砂粒感）以及能使紫砂胎质透气良好的双重气孔，这是他处陶土所无法比美的。因此，能被称之为"紫砂"的矿土，不能只从粗略的外观上判断，必须具备最关键的双重气孔团粒结构形态。即使是宜兴当地，也是有紫砂陶与日用陶的区分，即使两者颇有关联，就算是产紫砂矿的黄龙山，紫砂矿也只是其中甲泥中部分夹层，其余的矿土，如甲泥本身都不是紫砂矿。所以说，即使产于宜兴、产于黄龙山一带的矿土，从科学且实事求是的态度而言，也并不能随意概称为"紫砂"。他处所产，并且具备和宜兴紫砂一样特性的矿土，至少到目前，并未发现。现今同被称为"紫砂"的其他产地陶土，即使外观看起来类似，事实上和宜兴紫砂都有相当大的差异，只能算是误称。事实上，在明清文献中，并未形成以"紫砂"此一特定名词来专指这种奇妙的特殊陶土，但是非常强调其产地"宜兴"（或者其古称阳羡），多以"宜兴（阳羡）陶"、"宜兴（阳羡）砂壶"来专指紫砂，可见从明代起，人们其实已经意识到宜兴所产砂土与他处陶土的不同之处。再者以广东潮汕地区为例，当地也生产制作红陶小壶，但是该地人们推崇爱用的，仍是宜兴砂壶，若是本地陶壶和宜兴砂壶的功用一样优良，当地人们何必舍近求远，只是其中的差异，未必是粗略由外观上就可明显区分而已。

三、紫砂矿的开采与原料加工

紫砂矿的开采与原料加工中，也体现了其与一般陶瓷有所不同的特殊性。紫砂矿的勘探，主要采用小圆井勘探法（井口直径以 1.2 米为宜）。圆井法探测的好处是牢固似箍的桶一样，碎土不易落下，压力均匀，因此适合用于勘探甲泥[①]。

自明清至民国，丁蜀山附近的农民，利用农闲，由二三人至十多人组成一组，采用小断面掘取黄龙山中的甲泥出售，不过此种方法所能采集到的，主要是紫砂矿表层的甲泥，很难采到蕴藏在矿脉深处的紫砂矿。蕴涵在甲泥中的紫砂矿，必需采用坑道式开采。在明代，蕴涵紫砂矿的甲泥，其产区是在白宕、青龙、黄龙诸山一带。甲泥埋在地层深处，在开采时需要"深入数十丈乃得"，因此《阳羡茗壶赋》如此形容紫砂矿的开采："砠白宕，凿黄龙，宛掘井兮千寻；攻岩有骨，若入渊兮百仞。"王穉登《荆溪疏》所说"高原峻板，半凿为陂"，形容的也是当时在山坡采掘陶土的景况。民国初年，紫砂矿的开采和加工，以私人"塘户"（又称宕户、山户）为主，塘户拥有少量资金和尖嘴锄、钢钎等简单工具，雇佣工人开采。他们凭经验在矿体露头处沿矿层掘进，坑道暗掘，小如煤窑，以黄石砌成拱形，高 1.6-1.8 米，宽 1 米左右，开采坑道向下延伸，坡度倾斜，深入山腹，狭窄处只容单人进出，以肩挑、小推车往返运送。坑道作业以油盏照明，烟雾弥漫，阴暗潮湿，采掘者十有八九会患有矽肺病、赤砂眼等职业病。1932 年，黄龙山南端有个开采坑道倒塌，一次压死六人[②]。由此可知，在民国初年以前，紫砂矿的开采工作一直是艰辛而危险的。

开采出来的紫砂矿，则贩卖给"磨坊"，即专事紫砂矿初步加工的私人小型作坊，也有少数农户自采自淘（加工），直接出售给窑户。刚开采出的紫砂矿土俗称"生泥"，其形态与坚硬度均与岩石无异，矿土开采后须经数年的长时间露天堆放，经历风吹霜打、日晒雨淋，种种寒热湿燥的自然作用，使矿土风化，松散成小颗粒后，方可开始加工使用。

---

① 韩其楼编著：《紫砂壶全书》，第 34 页，韬略出版有限公司，1996 年。

② 江苏省地方志编纂委员会：《江苏省志·陶瓷工业志》，第 25 页，江苏人民出版社，1994 年。

窑户加工陶土的场所称为泥场，同时也是泥料的收发、保管和储存处所。明代至民国初期，陶土的加工沿袭手推脚踏的方式，经选料、摊晒、锄头捣碎、过筛、加水调和、脚踏踩炼后，再切成泥块，然后运送到厂房避风潮湿处陈腐备用[①]。紫砂矿土大约要开采千吨陶土方能得一吨左右的紫砂矿泥，需经人工仔细筛选，剔除矿土中的老块、夹石、废土和较明显的含硫、含铁物质，凭外观色泽从本山甲泥中选出制作紫砂陶的紫泥、红泥、绿泥等[②]，然后以石磨研磨成粉末状（图 2.1），并视其颗粒的大小再选用适当的筛孔过筛，筛孔的大小有 60 目、40 目、32 目、24 目等区别。紫砂矿土的团粒结构与一般制作陶瓷器的红色粘土大为不同，紫砂矿土不能用水直接膨润，须粉碎至一定的细度，才能加水澄炼成块状，将粉碎过筛后的紫砂土粒加水练成块状[③]，这样加水调和过的泥块称为生泥，生泥再经过人工锤炼（图 2.2），排除泥中空气，提高泥料的结合性和韧性，再放置数月方可成为供制坯用的熟泥。不同于瓷土那样需要添加其他原料配合，紫砂矿土本身单一的原料即可成型制坯。在世界各地的陶瓷产区内，目前没有发现其他地方出产和宜兴完全一样的天然紫砂矿，在中国广西、山西、河南、河北、陕西、安徽等省份的一些地区虽然有比较类似的陶土，烧成后呈紫红色的无釉陶器，乍看似乎有点像宜兴紫砂，但其玻璃相重，无法采用宜兴紫砂独特的围坯打身筒法或者泥片镶接成型工艺来制作，因此，至今为止，所有所谓和宜兴紫砂“化学元素组成相同”或者外观近似的陶土，实际上与宜兴紫砂仍然存在较大的差异，不能等同地一概称为紫砂。

图 2.1 原矿粉碎碾细

图 2.2 锤炼生泥

第三节 宜兴紫砂的起源时间

对于紫砂器起源于明代中晚期的观点，原先并没有争议，在宜兴羊角山的古窑址发掘简报[④]发表后则出现了宋代起源说，其根据主要由发掘地层中的第三层（早期紫砂器出现地层）及第四层的年代判断来推定紫砂器起源于北宋晚期。该简报认为，三 A 层出土的玉壶春式釉

① 韩其楼编著：《紫砂壶全书》，第 36 页，韬略出版有限公司，1996 年。

② 江苏省地方志编纂委员会：《江苏省志・陶瓷工业志》，第 30 页，江苏人民出版社，1994 年。

③ 按韩其楼先生的记录，调制生泥加入的水份比例为百分之十五（《紫砂壶全书》第 25 页），但是其所记录的，可能是现代的情况，明清时期的情况是否不同，则不得而知。

④ 宜兴陶瓷公司《陶瓷史》编写组：《宜兴羊角山古窑址调查简报》，载《中国古代窑址调查发掘报告集》。

陶注壶，“这种壶式在元代瓷器中较为流行”，“故三 A 层年代可认为在元末明初”，而第四层的砖垛“与北宋中期江南地区墓穴常见的小墓砖相似”，因此“其上限不早于北宋中期”[①]。其后，诸多研究论著，包括《中国陶瓷史》[②]，都采纳了宋代起源说。

但是，随着相关研究的深入，羊角山发掘简报所列举支持宋代起源说的论证逐渐为人们所质疑。首先是地层的年代判断，“由于第二层中的欧窑残器已确认是明末清初产品（同时出土晚明青花寿字、清康熙青花花果纹碗），则此层年代应是明末清初。紫砂层也就是第三层厚仅 1 米~1.5 米，无长期停烧痕迹，其地层连续性很清楚”[③]，因此第三层的年代应该约为明中期，连明早期都太牵强。而第四层的砖垛，“虽可认其为宋砖所砌，但不一定为宋人所砌，这些砖只是乱砖，且数量不多，被后代建窑时就地利用的可能性很大”[④]。

再者，简报认为具有“宋代特征”的标本，在胎质、器型、制作工艺各方面却和其他出土的明代紫砂器的特征相吻合，逐一列举如下：

（一）“简报认为南宋以后不见的双条形把（参阅该简报图 1~3）明中期同样存在。1991 年无锡南禅寺工地明井中发现的广口带流、直腹缸胎砂罐（表一 5），就是这种双条把”[⑤]，同时出土有明正德青花折枝花三果杂宝茶碗[⑥]。

（二）“简报归入宋代标本中的素式壶嘴，其制法粗犷，系泥片卷捏而成，嘴端往往留有一角缺口，这种壶嘴也是明代日用陶常见的。1985 年无锡市无锡日报社工地明井中出土黑釉四系陶壶，也是这种壶嘴。”[⑦]

（三）根据简报，在三 A 层和玉壶春式釉陶注壶同时伴出的还有肩部用菱花形装饰的瓮，虽然简报并没有发表此瓮的图片，但是笔者推测，它应当近似于泰州市博物馆藏的“周氏俊造”款紫砂罐（图 2.3；表一 3），此罐即是肩部饰以菱花纹，属于明代中期以后的紫砂器。

图 2.3 明中期“周氏俊造”款盖罐

考证文献，也没有任何记载可以支持宋代起源说，羊角山简报所提到的梅尧臣《宛陵集》卷十五《寄茶诗》：“紫泥新品泛春华”、苏东坡“松风竹炉，提壶相呼”均不足以为证，梅尧臣所言是北宋时所盛行的建窑黑釉茶盏[⑧]，即是同时期宋人诗句中常出现的“紫瓯”，而苏东坡所说的“提壶”应是煮开水用的陶壶，在紫砂器出现以前人们早就大量使用陶器作为日用器皿，而且宋人所谓的“壶”和明清作为茶具的茶壶不能混为一谈。

另有一个记载经常被引述，用来说明紫砂器起源早于明代。元代蔡司霑《霁园丛话》云：“余于白下获一紫砂罐，底有‘且吃茶清隐’草书五字，知为孙高士遗物，每以泡茶，古雅绝伦。”目前为止，此文出处来源，不得而知，目前未能找见此一《霁园丛话》的任何版本文

① 宜兴陶瓷公司《陶瓷史》编写组：《宜兴羊角山古窑址调查简报》，载《中国古代窑址调查发掘报告集》。
② 中国硅酸盐学会编：《中国陶瓷史》，文物出版社，1997 年再版。
③ 张浦生、王健华：《宜兴紫砂鉴定与鉴赏》，第 34 页，江西美术出版社，2000 年。
④ 张浦生、王健华：《宜兴紫砂鉴定与鉴赏》，第 34 页，江西美术出版社，2000 年。
⑤ 张浦生、王健华：《宜兴紫砂鉴定与鉴赏》，第 34 页，江西美术出版社，2000 年。
⑥ 朱建新：《无锡南禅寺出土的明代紫砂器》，《文物》2002 年第 4 期。
⑦ 张浦生、王健华：《宜兴紫砂鉴定与鉴赏》，第 34 页，江西美术出版社，2000 年。
⑧ 关于这方面的论证，可参考张浦生、王健华《宜兴紫砂鉴定与鉴赏》36~37 页，本文不再赘述。

献。但是，这段文字在探讨紫砂起源时，经常被引述，即使不论其出处，这段文字本身，也并不足以说明紫砂器起源早于明代。

很多人以《霁园丛话》这段记载作为紫砂器起源早于明代的明证，或者说，因此不敢断然肯定紫砂器明代起源的观点。显然，文中明确指出元代已有用来泡茶的“紫砂罐”，但是笔者认为，这应当只是“紫褐色”的砂罐，而非“紫砂”材质之罐。遍查明清文献，尤其是谈论紫砂器的专著，紫砂器被称为“阳羡茗壶”、“阳羡名陶”、“砂壶”、“宜兴陶”、“宜兴瓷壶”、“宜兴罐”、“宜兴砂土”、“宜兴砂（沙）壶”、“宜兴茶壶”、“供春小壶”等，但甚少被称为“紫砂”。只有明代徐渭《某伯子惠虎丘茗谢之》诗句中提到“青箬旧封题谷雨，紫砂新罐买宜兴”，但是在此处主要是为了配合诗句的对仗，以“紫”砂对前句之“青”箬，是对于砂土颜色的形容，句中的“新”字亦间接地说明了在当时紫砂器是一种新兴的事物。而且由明清人对紫砂的记载可知（包括徐渭的诗句），他们主要是以产地“宜兴”来称呼、定义这种特殊的砂土。再回到《霁园丛话》这段记载，亦没有证据说明文中的“紫砂罐”就是产于宜兴的紫砂。因此，没有理由以此证明紫砂器的起源早于明代，只能说以陶器作为茶具，用冲泡的方式饮茶在元代晚期已有。

明末周高起在《阳羡茗壶系》序文中提到：“茶至明代，不复碾屑和香药制团饼，此已远过古人。近百年中，壶黜银锡及闽豫瓷，而尚宜兴陶，又近人远过前人之处也。”查《江阴县志•人物传》，周高起是万历至崇祯年间人，将其生卒年代和《阳羡茗壶系》记载对照来看紫砂器的兴起时间，即使由万历上推一百年，至多也就是成化年间；此外，文中“古人”、“近人”、“前人”的描述很清楚地说明，“前人”，即明代初年之人，其饮茶方式较“古人”，即明以前之人进步，而“近人”，即和周高起生存年代相近的明中期以后之人，所使用的紫砂茶具又较明初的“前人”进步，由此可见，紫砂器的起源应当到不了明初。另外，应当注意《阳羡茗壶系》中以明正德时期的供春为“正始”，而早于此前的金沙寺僧为“创始”的深义。

就如同瓷器的正式烧成经历了和印纹硬陶同烧的原始瓷阶段，紫砂器的起源亦有一段渐进的过程，是由宜兴悠久的日用陶烧造历史逐渐脱胎出来，根据《阳羡茗壶系》记载，其泥料及制作技术是由陶缸瓮者传与金沙寺僧再传与供春，对照羊角山古窑址所发现的紫砂残器，其中高颈壶、短颈壶及罐类器应是较为早期的（参阅该简报图一：2~5），其面貌和胎质和日用陶相去不远，而简报中图二的提梁壶及六方壶则是烧造工艺更为成熟的器物，这和《阳羡茗壶系》以“创始”及“正始”来区分金沙寺僧及供春，是可以相对应的。

过去的研究中，有的以供春所处的正德嘉靖时期为草创阶段[①]，有的以宋元时期至正德嘉靖之前为草创阶段[②]，综上所述，这些观点应当再调整。目前出土紫砂器中纪年最早的是 1965 年南京中华门外出土的嘉靖十二年（1533 年）吴经墓提梁壶（图 2.4；表一 1），由于此壶的胎质和制作工艺达到一定成熟度，已和一般日用陶有较大的区别。许多文章的观点皆以为这件初始

图 2.4　明中期　吴经墓提梁壶

① [美]谢瑞华：《宜兴壶的造型与纹饰》，载《宜兴陶艺》，香港市政局，1981 年。

② 潘春芳主编：《砂壶集》第 13 页，海洋紫砂陶艺公司，1986。

时期的紫砂器工艺较原始，其实不然，仅仅以壶钮来说，放眼后期还没有一件尖锥状壶钮的工艺水平能达到此壶程度者，故吴经墓提梁壶最大的意义即标志着不晚于嘉靖十二年，紫砂器已正式烧成。再配合《阳羡茗壶系》的记载，笔者认为紫砂器的正式烧成约在明正德嘉靖年间，因此本文的分期也自此时开始。至于早于正德嘉靖之前，若今后有能证明年代更早的出土器，或可将紫砂器的正式烧成时间再推前。不过笔者认为，早于正德嘉靖时期的应是胎质和制作工艺都介乎日用陶和紫砂器之间的半紫砂器物，将其称为“紫砂器”是否恰当？这是个应当再考虑的问题。如前述羊角山紫砂残器中的高颈壶、短颈壶及罐类器，1991 年无锡南禅寺古井出土的鼓墩形四系壶、单把罐、龙缸等（表一 4、5、11），它们或许是和吴经墓提梁壶同时期制作较粗的器物，也有可能正是早于吴经墓提梁壶的胎质纯度不高的半紫砂器，但就算是早于正德嘉靖最初始的草创阶段，相当于《阳羡茗壶系》中最早的金沙寺僧时期，也不会再早于明代以前。

2005 年至 2006 年，由南京博物院联合无锡博物馆、宜兴文物管理办公室和宜兴陶瓷博物馆对宜兴蜀山窑址进行了考古发掘[①]。出土了各期陶窑八座，紫砂、宜钧等各类标本三万余件，时代从明晚期一直延续到二十世纪六十年代。这次的发掘，尚无正式的发掘报告发表，但是，从初步的情况看来，其发掘结果基本再次确立了宜兴紫砂的起源不早于明代。

① 冬雨：《蜀山紫砂窑址考古取得重大突破》，《宜兴日报》2006 年 1 月 12 日 A01 版。杭涛等：《宜兴市蜀山明清窑址》，载《中国考古学年鉴，2007》，文物出版社，2008 年。

第三章 宜兴紫砂器的工艺概论

第一节 胎土

紫砂矿土蕴藏在宜兴境内的深山之中，其具体位置主要是在宜兴丁蜀镇黄龙山一带，紫砂矿生成于该山的黄石岩层之下，五色齐备，质地坚硬，可塑性强，渗透性好，品质极优，是宜兴得天独厚的矿藏资源。综合分析，其矿物成分为水云母、不等量的高岭石、石英和赤铁矿等，由于其合理的化学成分、矿物组成和工艺性能，宜于制坯成型，尤其适于作为茶具及花盆。其矿土主要有紫砂、红紫砂、段泥、黄泥、朱泥、团泥、白泥、乌泥等几大类，这些原料皆统称为紫砂。紫砂矿一般只需要用单一的泥料通过风化粉碎、捣炼制备、陈腐等工序，即可制坯，不需加配他种原料，即可成为制坯的熟泥。大部分的陶瓷器，其制坯原料的组成都需要配加多种不同种类的土，像宜兴紫砂这样，不掺和其他物质，完全单一原料制坯，是陶瓷工艺中非常少见的。

紫砂土出矿时呈岩石块状，需将大块的紫砂矿土放在空地上，摊开风化，将紫砂矿置于竹席上日晒雨淋，历时数年之久，借由大自然的力量来使其达到一定程度的松解，但整体上经自然风化的紫砂矿仍然坚硬如石，必须用小铁锤敲击成核桃大小的土块，然后再经过一段时间的自然风化，即成为豆状颗粒，再以石磨研磨成粉末，用筛子筛过，筛下的粉末，用15%的水揉成元宝大的生泥块，最后置入潮湿的水缸里陈腐备用。筛上的粗砂泥则用于制作花盆、水缸等大件器皿。在制作紫砂器前，仍需将生泥块反复多次锤打，使泥料内部的组织充分粘合，增加可塑性，方可用于制坯。紫砂土的平均烧成温度，约在1100至1200℃左右，采用氧化气氛烧成，但是不同种类的紫砂胎，烧成温度稍有差别，其成品的吸水率小于2%-4%[①]，气孔率介于一般陶器和瓷器之间，具有良好的透气性。

过去的论著多以紫泥、红泥及本山绿泥为紫砂矿土的三大种类，或者以烧成的主要泥色紫褐、浅棕、朱红、金黄、墨黑等记述，但是两种方式都无法系统而有效地概括现今所能看到的出土或传世紫砂器胎土实际情况。前者是从矿源来区分，仅提出了开采出的三大类原矿，虽正确但过于粗略，如白泥、团泥都不在其分类之中，而红紫砂和朱泥二者的差异更是因此常常为人们混淆；以烧成胎色来记述，则缺乏一客观有效分类准则，紫砂胎色的变化如此之多，纯粹以泥色区分，就更不合适了，更重要的是，单纯以泥色区分，会忽略了不同胎土之间有时呈色相近却分属不同质地、种类的紫砂胎。因此，本书以矿土的种类及烧成后的胎色

① 其具体数据不同文献稍有出入。

质地将紫砂土分为紫砂、红紫砂、段泥、黄泥、朱泥、团泥、白泥、乌泥这几类。以下以《阳羡茗壶系》(此书为明清文献中论土质出产最详尽者）的记载为主，结合笔者向现今宜兴工艺师请教的结果，来说明这些紫砂的类别。

一、紫砂[①]

紫砂生成于甲泥矿的夹层之中，其矿层位于整个紫砂矿的下部，因其产量多而成为大宗产品的原料。烧成范围宽，在1200℃左右，烧结后呈紫褐色，质坚细腻，收缩率为10%左右。《阳羡茗壶系》中提到“出蠡墅，陶之变黯肝色”的“天青泥”即是紫砂。

二、红紫砂

红紫砂生成于紫泥矿层之上，泥质纯正，产量较多，烧结后呈棕红、枣红、褐红等色，色调变化较大。烧成范围宽，在1180℃左右，质坚光润，收缩率为10%左右。《阳羡茗壶系》中提到“陶现轻赭色”的“蜜泥”应当就是红紫砂的一种。

三、段泥、黄泥

段泥与黄泥位于矿层的顶部，生成于红紫泥层与顶部岩板的夹脂之中，故有“泥中泥”之称。矿层厚度仅数厘米，原矿呈浅粉绿色，片状结构，泥性较嫩，耐火力低于紫泥，质地细腻光洁，烧结后呈米黄色，表面细润，烧结温度适中，在1180℃左右，收缩率在11%左右。因出产量稀少，不宜制作大件作品，并由于泥质较嫩的原因，烧制过程中容易产生窑裂，故以本山绿泥制成的紫砂器数量较少。本山绿泥可与紫泥调和成团泥。本山绿泥与红泥也可作为装饰紫砂器表面的化妆土，涂绘于器物表面，来丰富砂壶的色泽。《阳羡茗壶系》中提到“陶现梨冻色”的“梨皮泥”应当就是段泥。

四、朱泥

多数的相关论著，多以“红泥”(或者“赵庄红泥”、“赵庄石黄”等别称）称呼此类紫砂矿，但是笔者一直认为“红泥”之称，容易与其他红紫砂相混淆，因为也有将红紫砂称为红泥的，并且考虑到朱泥之“朱”，更贴近其烧成后比红紫砂更为鲜亮的朱红胎色，因此，本书一概以朱泥来称呼此类采于石黄原矿中的紫砂泥料。

《阳羡茗壶系》云:“石黄泥，出赵庄山，即未触风日之石骨也。陶之乃变朱砂色。”此处所载之“石黄”即是朱泥，矿藏位于日用陶原料的嫩泥矿层的底部，散落于嫩泥矿层之中，不单独存在于矿层中，一般是从矿石中拣选出来的。状如蛋形，敲开矿石中的石芯子才能得到，因此是“未触风日之石骨”，质地坚硬如石，产量极为稀少，含铁量较高。客观地说，以石黄做泥料的紫砂器才能称为朱泥（或朱砂），不是所有红色（偏红、砖红等呈色）的紫砂胎都是朱泥，因为虽然同样是红色，朱泥本身的质地和其它紫砂差异很大，格外坚硬细密，此外，朱泥的烧成颜色是较为鲜亮的朱红色或铁红色。

朱泥的原矿呈土黄色致密块状，或者砖红夹带浅黄白色及浅黄绿色块状，为粉砂岩土结

① “紫砂”既是各类紫砂矿土的统称，亦可专指此处所言甲泥中最深层，烧成为紫褐色的紫砂（或称紫泥），在各类紫砂矿土的名称中，紫砂、红紫砂、朱泥亦常被称为紫泥、红泥、朱砂，此皆为习称，指的是同一种矿土，但是其他种类如段泥、黄泥、团泥、白泥其名称则为单一固定的习称。

构。朱泥的色泽纯正，结合性能好，烧结后呈朱红色，烧结温度在1080℃左右，收缩率为13%左右，因朱泥烧成时收缩率大，所以大多仅制作形体小巧的小品，或作为化妆土使用。因其年代或者含铁量的多寡的区别，其朱红的深浅明暗会稍有差异。

五、团泥

《阳慕茗壶系》云："老泥，出团山，陶则白砂星星，按（宛）若珠琲，以天青、石黄和之，成深浅古色。"由于原产地在团山，这种泥矿通常被称为团泥，是紫泥矿和本山绿泥混杂共生在一起的泥料①。对于《阳羡茗壶系》所说的"陶则白砂星星"究竟是怎样的面貌，似乎尚未可解，不过大体上，胎色微偏赭红近似红铜一般就是团泥的呈色。

六、白泥

《阳羡茗壶系》云："白泥，出大潮山，陶瓶碗缸缶用之。"白泥的胎色和段泥有些类似，但是更为浅淡而偏灰白。白泥是一种单纯粗砂质铝土质粘土，产于洑东一带，原矿土呈粉白色，以蛋壳青色为上，泥质松，为大块状片状结构，质坚细润，产量较多，是日用陶的大宗原料，主要用于生产砂锅、煨罐和彩釉工艺陶的主要原料，及至现今宜兴当地仍是如此，但是确有少量制作精致度高于日用陶的器物，包括茶壶，为白泥胎，而其成型方式、土性亦有和其他紫砂相同的特点，也是挡胚成型、透气性良好，也可取白泥中的精细矿土作紫砂色泥基料，烧结后呈现灰白偏米黄的色泽。

七、乌泥

乌泥是一种紫砂矿土天然烧成的本色，胎色是近似木炭般的黑灰色。关于乌泥的矿源、种类这些问题，过去的文献没有明确交代，因此目前尚无法成定论，但是由《阳羡茗壶系》中多次提到的"淡墨色"，以及泰州市博物馆藏"周氏俊造"款出土的盖罐、江苏句容出土的四系壶、扬州出土的印花小碟、淮安地区出土的王南林制圆盖大壶和故宫博物院收藏的描金三足圆壶可知，这类乌泥在明清时期是存在的，但是数量有限。

八、调配泥色

紫砂除了棕、红、黄…等等单一种类矿土的天然呈色外，还可以互相调配或者掺入其他矿物质，再创造出各色各样缤纷的胎色。比较典型的例子是清末民初时期，在紫砂中添加氧化锰可以调配出黑泥，在本山绿泥中加入氧化钴可以调配出绿泥，在近现代，由于朱泥矿的衰竭，对于红泥的调配有所发展，此外，各种掺砂质地，也属于一种调配胎土，掺砂的部分将在以下胎土装饰一节详叙。

总体来说，调配的胎土本身就是制壶者的精心创作，因此胎土质量均为上乘，泡茶效果都相当优异，而且有各自的特色。此外，调配的胎土在烧造成器时土性的掌握较为不易，失败几率较高，这亦是调配胎土的珍贵之处。

上海博物馆收藏的时大彬掺砂虚扁壶胎色偏灰绿，由此证实，早于清末以前就已经出现绿色的紫砂胎了，但是它和清末民初以来的绿泥胎色和质地是完全不同的，从《阳羡茗壶系》

① 韩杰人等：《宜兴紫砂陶的生产工艺特点和显微结构》，载《紫苑笔谈》，上海人民美术出版社，2002年。

提到的“浅黄泥，陶现豆碧色”来看，也或许明代当时确有胎土天然烧成的本色即偏绿，但是由于这只是孤证，而且此壶还掺以粗砂，因此仍将此壶归于调配的胎土，它的灰绿胎色，究竟是天然本色还是人工调配，尚有待进一步的深入研究。

第二节　制作工艺

紫砂器的制作，从原材料到成品，其间需经过选料、练泥、制坯、成型、装饰、阴干、入窑烧造等几个程序，其中以制坯、成型为最重要的工艺过程。由于紫砂矿泥对温度和湿度非常敏感，如果制器者掌握不得当，坯体很容易硬化或者坍塌，因此，需要陶人具备纯熟的技艺方可成型。

一、制作工具

宜兴紫砂茗壶的工艺，经过不断地实践与演进，形成了一系列独特、合理的制作工序，正所谓“工欲善其事，必先利其器”，由于紫砂不同于一般的陶瓷泥料，因此发展出了许多专门用于制作紫砂茗壶的独特工具。

在周容《宜兴瓷壶记》中，有金沙寺僧“削竹为刃”的记载，由此可知，最初的紫砂制作工具是竹制的，种类也较为单一。其后，供春曾“（斫）木为模”，采用木制的辅助成型模具。周容《宜兴瓷壶记》中所提到的工具名称有：“椎”、“鐳”、“角”等，从这些工具名称的字形来看，到了明代晚期，紫砂成型工艺中已有竹制、牛角制、金属制等不同材质的制作工具了，较明代中期完备了许多。

一件紫砂茗壶，由原材料的一块生泥到顺利出窑的成品，其中须经过数十道复杂的成型工序，这些工序的完成，除了依靠陶人们娴熟的手工技艺之外，更有赖各种制作工具的巧妙应用。许多人对于宜兴紫砂的成型工艺，或者谈到紫砂工艺的“手工”，很容易有个先入为主的误会，以为就是完全以手捏塑而成。实际上，在紫砂工艺中，所谓的“手工”，主要是巧妙操作、灵活应用各种制作工具，自紫砂工艺初创时期从来都不是徒手捏制，即使是造型变化比较复杂的塑器亦然。在明代周容的《宜兴瓷壶记》中，对于紫砂制作工艺的描写，可以稍微看到当时陶人使用制作工具的情形，但是介绍得并不够清楚详尽，且文辞较为晦涩。除了文献中有限的只言片语，明清时期宜兴紫砂制作工具的实物则更难得见，因此，目前也只能够由现代宜兴紫砂的制作工具中来揣想、推测。自然，现代的情况无法完全反映明清时期的工艺，比如塑料制的工具肯定是现代才有，但是在明清时期，也同样存在不同材质但形态、功用类似的工具，因为许多工具的外观和操作方式，完全可以和明代的《宜兴瓷壶记》相印证。因此，从近现代紫砂的制作工具入手，仍然是了解宜兴紫砂成型工艺不可或缺的方式。

紫砂的成型工具，可以分为两大类，一种是常用工具，是无论制作何种造型的砂壶，基本都需要使用到的工具；另一种是制作某一特定造型配置的专用器具。这些工具本身，也都是经陶人自己加工、修整而成，其材质有：铁、木、铜、竹、牛角、皮革、塑料等，如果严格细分，其数量可有上百种之多，甚至每个制壶陶人都会有其自行制作、专用的工具，各不相同。以下介绍的，为几种必备的常用工具：

搭子：用檀树、枣木、红木、榉木等硬质木制作而成，木材要干燥。形态为半圆状之长柄工具，使用时为平直一面及圆弧一面皆可接触泥料，其用途为拍打泥条、泥片、捶泥。《宜兴瓷壶记》所云“用木重首作椎”即是现在所称之搭子。

规车（矩车）：由竹、木、铁钉制成，具有圆规功能的工具，长柄状，柄上有一可调整长短远近的活动轴心，顶端有一铁钉，用于按照需要的尺寸比例裁切泥片。有规车、墙车（专用于裁切壶盖口沿之墙，即子口）及用于裁切特殊规格的矩车等种类。

矩底：矩底又名底据、垫底，是垫在矩车的支轴下面用其划泥片的工具。取材于竹子，规格为 22 乘 18 毫米见方，厚度 4 毫米，中间开一个圆眼。

木拍子：用柏树、枣木、红木等硬质木制作而成，拍板形状似掌心，用于拍打圆壶身筒，使其有弧度，或者拍打方器的口面使其平整，制作时，依照所制砂壶尺寸，使用不同大小的木拍子。《宜兴瓷壶记》所云“作掌，厚一薄一”即是现在所称之拍子。

竹拍子：以竹为材料的长柄状工具，依用途需要，大小形制各异，有的呈扁平状，有的呈圆弧状、有的呈尖锥状，用于方器拍身筒及壶内细部修整，如清理多余脂泥、推墙刮底、做壶嘴等。

木转盘、辘轳：依照制器大小，其规格也有大、中、小不同形制，一般直径有 16 厘米左右，以木或者金属制作而成，以檀木最佳，中有轴心，可以 360° 转动的底盘，将壶坯放置其上，可进行打身筒和其他初步修整工序。《宜兴瓷壶记》所云“用木作月阜”即现在所称之木转盘。

鳑鲏刀、牙子、挖嘴刀、开口刀：此类用具皆以钢铁为材质制成，刀刃锋利，用于切削泥片。形似小鱼或柳叶状，用途极广，每个角度皆有其功用，可以进行切、削、钎、挑、挟、挖、刮等动作。《宜兴瓷壶记》所云“用鐳，长视笔，阔视薤，次减者二，廉首齐尾”，即是现在所称之鳑鲏刀、尖刀等工具。

尖刀、滴棒：以金属、竹木、塑料为材质制作，主要为长短粗细各有不同的细棒状，顶部皆为尖锥状，用于修饰壶的平面，或者泥片的转折镶接处，使其更为平滑，是修整砂壶局部、细部时的常用工具。

线梗：俗称丝尺，由牛角、竹、木等材质制作而成，扁平长片状或者棒状工具，可按所制砂壶形制要求，以及不同作者习惯的手势、角度，配制专用的线梗，用于清理壶上各种凹凸装饰线，使其线面挺括、匀正、光洁。

勒只：以竹、木、牛角等材质制作而成，扁平状的工具，复只、勒只配套使用，用于修整泥片镶接时脂泥的交接，使其光整平滑。勒只可勒出所需要的角度、弧度。

复只：以 2-3 毫米竹片或牛角等材质制作而成，用以沾覆脂泥，与勒只配合使用，其角度要比制品造型角度大一点。

篦只：俗称篦子，也称竹范，以竹筒片或者木板制作而成，用以规整砂壶外形的弧度，根据壶体外形磨制不同的弧度，壶肩、壶腹、壶底各需要不同弧度的篦只来规整。《宜兴瓷壶记》所云“用竹木如贝”即是现在所称之篦只、勒只。

虚坨、瓢只：用石膏或者紫砂制作而成，虚坨俗称凸型秤，是用于壶形凸面的辅助模具；瓢只俗称凹型秤，是用于壶形凹面的辅助模具。

木鸡子：木制，形制为中间丰满，两头收敛，状似鸡蛋，用于规整圆壶的壶口、壶盖，《宜兴瓷壶记》所云“中丰两杀者，则有木如肾，补规万所困”即为此。

剜嘴刀：剜嘴刀或称挖嘴刀，或称铜管，金属制，两端呈尖针状，用于钻各种大小洞眼或者修整壶嘴内部。《宜兴瓷壶记》所云"用金作蝎尾"，即是此种工具。

独果：也称"独个"，独果有竹、木、牛角等材质，用于使通空的圆孔规整。其规格有两种，一种是平头的，用于规整盖眼；一种是两头尖的，用于规整嘴洞及其他洞眼。《宜兴瓷壶记》所云"用竹若钗之股"即是现在的独果。

水笔帚：用于沾带水分的小工具（现在多用毛笔代替），以布扎成，便于沾带水分，打身筒、琢嘴、錾、壶的等，都需要用到此工具。

完底石：完底石也称完盖石、元盖石、刮底石，以紫砂泥制成，用于修整砂壶的底部以及壶盖内部。《宜兴瓷壶记》所云"用石如碓，为荔核形"，即是完底石。

泥扦尺：用于起泥条和大泥片，以节距较长的竹片制成。做壶坯的泥扦尺一般长40-45厘米，从柄到头渐薄而狭窄，背口平齐，一面成刀口状，握柄处应是竹节以便于使用。

明针：由牛角制成，因此俗称牛角片，将牛角刮削成不同厚薄，且有弹性的工具，根据加工部位的不同，有身筒明针、嘴把明针、方头明针、盖头明针、弯明针、筋囊明针等种类。明针用于使砂壶的壶身、流、把、盖、钮、筋纹线等各部位光润细腻。《宜兴瓷壶记》所云"用角，阔寸，长倍五，或圭或笏"，即是现在所称之明针。

顶柱：紫砂壶成型工序完成后，大多会在底部留下作者或者定制者之印款，在紫砂壶的底部落印，必须将壶体倒置，放置在顶柱上，依靠顶柱着力支撑，方可施力用印。顶柱一般是用木头制作，也有用石头或紫砂泥烧制的。

二、成型工序

1. 基本成型过程：以掇球壶为例①

紫砂壶的成型工艺流程，较大地相异于一般陶瓷器。此处以紫砂壶造型中颇具典型代表性的掇球壶为例，说明其具体的成型过程。

（1）打泥片、泥条。

先配好尺寸，用木搭子打好泥料，再分别打成七块圆形泥片和一个泥条，厚薄必须均匀一致，再按照规定尺寸用规车划成所需要的泥片。如底片（即壶底，直径8厘米），满片（即壶颈口片，直径7.8厘米），假底（即壶底脚，直径8厘米），口准片（即壶口线片，直径7.2厘米），盖板片和虚盖片（即壶盖线片，直径约7.2厘米），颈箍片（即壶颈，直径7厘米），围片（围壶身筒用，直径12.4厘米），除颈箍片厚8毫米外，其余泥片各厚4毫米。当锤成厚4毫米的泥条后，将木尺放在泥条上，右手把规车沿木尺由左向右划，划成长43.4厘米，宽8.3厘米的泥条。至此，泥片的裁切工作完成。

（2）打身筒。

当泥片和泥条打好后，将围片翻身放在木转盘上，两手拿着泥条沿围片边缘，由内向外围成圆圈，使泥片两头重叠在一起，再用鳑鲏刀斜切下多余的泥条，使断面成为相衔接的斜面，在一头断面处敷上胶泥，使泥条断面处粘接起来，刮去多余的胶泥，并用木拍子挡住接

① 韩其楼编著：《紫砂壶全书》，第136-138页，韬略出版有限公司，1996年。此处介绍的，是现代制作的工艺流程，从实物比较而言，成型工艺较明清时期简化，但主体的工序是一致的。

头处外口，右手拿着小的竹拍子刮光和压牢合缝处，在接头处的外部，用刀柄印上记号，以便识别装壶嘴。接着左手插进身筒，用手掌挡住身筒的半部，右手用木拍子拍身筒，一边拍，一边带动转盘自右而左地渐渐转动。拍子也由上而下轻轻地拍，逐步将底部的口缘缩小打圆，使圆口大小与底片相同时才止。然后在底圆上敷上胶泥，贴上底片，用拍子拍圆拍牢，再用鳑鲏刀刮光刮平，使底部圆稳平正。然后把身筒调过头来，把底部放在弧度与底部相称的座子里，再以同样的方法，把另一面的身筒打圆缩小，使圆口与满片相同时，再敷上胶泥贴满片，并把满片拍牢拍圆，刮光合缝处的胶泥，这样就成为一个圆正的球形身筒。再在颈箍片的边缘上敷上少量的胶泥，贴在壶口的满片上，拍牢拍紧，再在颈箍片的边缘敷上较多的胶泥，使壶肩饱满。接着以同样方法，将口准片贴在颈箍片上，假底贴在底部。这些操作都必须注意坯件端正，不可偏歪。然后出晾片刻，再行勒颈箍、揿口片，使颈箍勒得直，口片圆而饱满，同时整理身筒，使身筒分出肩、肚、足三个部分，肩要比颈箍大 1.7 厘米，肚的弧形要光滑饱满，底部要挺起，使三部相称，达到圆、稳、平、正。

（3）搓嘴、鋬，做壶盖及的子。

当打好身筒后，即搓嘴、鋬。先把坯泥搓成椭圆形泥条，长 3 厘米，粗 1.5 厘米，将尖刀插进较粗的一头，用手放在工作台上轻轻地旋转，形成中空的圆锥体。嘴根圆孔大，嘴尖圆孔小。再用双手把该泥条压成所需要的弧形，成为嘴的雏形。另用坯泥搓成细而长的壶鋬泥条（切成长 14 厘米，粗 1 厘米），将鋬根和鋬梢部切成平行的弧形，再弯成半环形（像耳朵形），待稍干燥后，再行整理刮光。做壶盖先把虚片放在虚坨揿成半圆形，在该半圆形的边缘上敷上胶泥和盖板片相合拢拍牢，再打好口沿泥条（根部厚 3 毫米，口部厚 1.5 毫米）；再把口沿泥条围在直径 6.8 厘米的围片上，切断泥头，黏接起来。再在口沿根部敷上胶泥，黏贴在盖板片的中心，不可偏歪。稍晾，接着搓一条泥，直径约 1.5 厘米，在一端用拍子拍成球形，然后切下球形的子，将断面处向内挖成弧形，再在的子中心用针穿个小孔，然后用胶泥将的子贴在盖片的脊顶上，但必须居中，不能偏歪。再修整壶盖，盖虚片要整理光滑，口沿要勒只刮光，并把口沿里的盖板片用规车画圆挖掉，使口沿内成为内空的半球形状，再用针穿通壶盖虚片与的子的小孔，使壶内透气，以便倒茶爽利。

（4）装嘴、鋬，光身筒，开壶口。

先在身筒接头处，开嘴眼孔，在嘴眼上敷上胶泥，把壶嘴装在开嘴眼孔的壶身上。再在与嘴相对的另一面，装上壶鋬。再用明针整修和刮光茶壶，使茶壶外表光滑平整。最后用直径 6.6 厘米的规车在壶口上划成圆圈，并挑出壶口的泥片，修平刮光颈箍的内圆，使壶盖灵活旋转。尤其在壶身内腔要用拍子打光刮平。到此，掇球壶造型完成。

2. “打身筒”与“镶身筒”成型法①

紫砂壶的传统成型方法，是采用泥片镶接成型的手工操作。而泥片镶接成型又可分为“打身筒”和“镶身筒”两种形式。这两种成型法，都需要根据器皿制品的不同要求，先把泥料打成泥片，规范成方圆，再镶接壶的身筒，加上壶的颈、脚、嘴、鋬、盖等附件。在成型操作时，分别以专用工具进行刮、勒、压、削等加工工序，使紫砂壶制品坯件达到造型规正、结构严谨、线条清晰的工艺要求。

---

① 韩其楼编著：《紫砂壶全书》，第 139-140 页，韬略出版有限公司，1996 年。情况同本书 29 页注①。李昌鸿：《紫砂生产工艺》，载《宜兴紫砂珍赏》。

（1）打身筒成型法。

打身筒适用于圆类型紫砂壶坯件的成型。这种手工操作的技法，世代相传，其浑圆周正程度与拉坯轮制法的陶瓷器无异。其具体操作程序如下：

①打泥条。先把熟泥料置于泥凳上，用木搭子搥打，打成符合制品要求的泥条。

②打泥片。用木搭子打出做器型口、底和身筒的泥片，用规车旋出口、底和围片。

③围身筒。把围片黏贴在转盘的正中，把泥条沿着围片圈成泥筒，调校端正。

④打下半身筒。以左手衬在圆筒内，右手用木拍子拍打身筒上口，收口后成器皿的下半身形，然后把底片黏接在底部。

⑤打上半身筒。把打好的下半身形翻过身来，再拍打身筒的上半部，逐步收口，至口径符合要求，再黏接口满片。

⑥理身筒。用薄木拍子旋压旋搓，或按或提，把空心坯体抟成各种轮廓曲线。待身筒晾至一定干度，然后加颈加足，以成完整壶身。

⑦弯嘴。按制品规格，用泥料搓弯壶嘴。

⑧弯鋬。同时用泥料按要求搓弯壶鋬。

⑨做盖。将规车画出盖片和虚片，用这两片泥黏接制作壶盖。

⑩搓的。先用含水份高一点的泥搓成圆条，待圆条干至一定硬度叫“的段”，就将这“的段”用工具搓成一粒粒的圆形壶的。

⑪装的。接着再把搓成的壶的安装在壶盖的泥坯上。

⑫装嘴。在壶身筒的中心，取一端装嘴，使壶嘴与壶鋬大致位于一直线。

⑬装鋬。在嘴的另一端装上壶鋬，使壶嘴与壶鋬大致位于一直线。

⑭琢嘴。用尖刀（竹制作或铁制的工具）整理壶嘴与壶体的黏接处，使黏接圆正整齐，不留痕迹。

⑮琢鋬。用尖刀修琢壶鋬与壶体的黏接处，要光滑干净。

⑯成型。用明针和各种工具把坯体理剔规正，周身压光匀和，一个圆壶泥坯的成型完成。

（2）镶身筒成型法。

镶身筒成型法适用于制造方器或其他几何平面状的紫砂壶成型。其成型工序为紫砂工艺所独有。其具体操作程序如下：

①打泥片。先把泥料切成一个个方形泥块，用木搭子打成泥片。

②裁泥片。按产品设计样板，把泥片裁切出器形需求的泥片。

③镶身筒。把裁制作好的泥片，用脂泥将组成壶身的泥片先黏贴相接。

④上底。在方的壶身上壶底，用脂泥黏接镶接。

⑤上满。翻过身来，用脂泥黏接壶的满片（即“上口”）。待方的壶身晾至一定硬度，然后加颈削足。

⑥镶嘴。用脂泥把四块泥片黏合成壶嘴。

⑦切鋬。用一块厚泥片依照设计样板切出壶鋬。

⑧拍身筒。这是方形紫砂器皿的特有工序。在加工好颈、足的壶身上，即将装嘴、装鋬时，必须再一次整型，那时用木拍子或竹拍子在壶的轮廓上整拍一次，力求规方。

⑨做盖。把准片和虚片黏接成壶盖。

⑩装的。用厚泥片切成壶的，把壶的子装上壶盖坯件中央部位。

⑪装嘴。把壶嘴镶接在壶体上。

⑫装鋬。把壶鋬黏附于壶身，使壶嘴与壶鋬大致位于一直线。

⑬开口。用鳑鲏刀在壶满片上开出壶口。

⑭成型。壶体四周用明针修整压光，一个方壶的泥坯成型就此完成。

三、烧成

烧成时，窑中的温差对烧成效果有很大的关系。每一种泥料有一定的烧成温度，若与自身最佳温度有高低 5℃之差，就会出现太老或者太嫩的缺憾，因此，一把好的茶壶烧到最佳效果并不是轻而易举的事情。

据科学分析，紫砂泥属于高岭土一石英一云母类型，含有氧化硅、氧化铁、氧化钙，氧化镁、氧化锰、氧化钾等化学成分，其中含铁量比较高，它的烧成温度一般在 1120℃至 1150℃之间，采用氧化气氛烧成。红泥温度稍低些，约 1100℃。

窑炉有龙窑、倒焰窑(包括方，圆、间隙式窑)、隧道窑(有烧煤、烧重油、用电三种)、推板窑(烧煤和用电或烧液化气)和现今普遍采用的电炉。

明代晚期至民国以来，一直是采用龙窑烧造紫砂器。龙窑结构简单，分窑炉头，窑床、窑尾三部分，一般沿着自然山坡建造，用土砖筑成斜直焰式筒形长短不等的穹隆状隧道，恰似一个卧着的大烟囱。在龙窑的背脊两侧相隔约 70-75 厘米距离，开一对鳞眼洞，是投放燃料和观察火焰温度的窗口。烧窑时，由下向上一对鳞眼一对鳞眼地燃烧，烧下面时，上面正好干燥、去湿，完全符合陶瓷的烧成升温曲线要求。烧成温度，紫砂在摄氏 1150℃左右，缸类烧成温度高一二十度，这就是所谓的千度成陶。烧窑用何种柴草非常重要，紫砂以茅草烧成，有釉的缸、坛、盆、罐，烧的是松枝。

调查证明，宜兴羊角山的早期紫砂窑址是一条小龙窑。明清时代，多用龙窑烧造紫砂。紫砂的最早烧炼是混和在日用陶器中进行的，上面不免沾有缸坛釉泪。自明代李茂林始，“壶乃另作瓦囊，闭入陶穴”。

专门烧造紫砂陶的龙窑，窑门有三四个，窑身较缸、瓮，坛、罐类的陶窑高。装窑先在窑间屋里进行，将器物装在匣钵里，避免烧窑时，明火射到器皿表面产生“火疵”而影响质量。匣钵俗称掇罐，周高起的《阳羡名壶系》中称为"瓦囊"。匣钵有大中小多种规格形制，以满足陶坯的各种规格要求。匣钵为耐火之陶土制成。使用时，钵底与坯之间散些细砂，以免粘住。每座窑间屋内，匣钵的规格、大小要统一，体形大的器物之内还可以再套小的器物，有时可以套三四层，行内称套坯，套满坯的匣钵可以叠摞。

匣钵装套完毕，就要挑到窑内，一摞一摞地垒到龙窑窑壁的高度，每一叠称一臼，每六臼为一甲，每摞匣钵之间的隙缝用耐火黄沙，白土填补。

从装窑到出窑，一共要用 10 天时间。1958 年以后，龙窑一度采用煤粉作为燃料。

长 60 米的龙窑，一窑大约可以装 2880 只匣钵，每个匣钵平均套 9 把茶壶，一窑可以烧 25920 件左右。任何私人都无法取得这样多的坯件，所以，窑户们都是将坯件搭在一起共烧一窑，最后分账。

龙窑烧炼时，四季温差，季节变化，茅草的多寡干湿，烧窑工的技能高低，装窑火路如何，是否畅阻，以及其间发生的各种变化，都会给所烧器皿的颜色带来影响。

清代前期，宜兴龙窑约有四五十处，除分布在丁蜀镇周围以外，在青龙山南北麓，蠡墅，任墅石灰山，汤渡，川埠的宝山寺、上袁、潜洛等地均有陶窑，这些陶窑是紫砂和白绿釉、砂锅、水罐等日用品以及钧陶一齐烧造的。至清末，丁蜀镇及周围农村一带已经形成“家家做坯，户户业陶”的局面，紫砂产量比较大，专门烧造紫砂的龙窑计有一二十座。现在的宜兴，龙窑时代已经结束，龙窑的窑座、窑墩皆被夷平，但是，在丁山的白宕钧陶厂和陶瓷陈列馆里仍然保留着两座烧造缸坛的龙窑作为陈列。宜兴丁蜀镇前墅村还有一座烧造陶罐的龙窑仍在烧造产品。

第三节　造型

紫砂器的造型，总体可以分砂壶及其他种类器型两大类，其中紫砂壶造型，又有更细致的分类。对于紫砂壶造型的分类，因研究者或者研究视角不一而足，主要分为圆器、方器、塑器、筋纹器四类，或者分为几何形、自然形、筋纹形三大类，其余如水平壶、小品壶、大壶、提梁壶等壶式也有另行单独分类的。如何分类更为适切，是个可以再思考的问题。

各种分类中主要的差异和疑难，以及笔者的考虑如下：

1. 素式（单纯方、圆造型）造型以几何形砂壶概括，或者以圆器、方器分类

如果以几何形概括，其优点是一些界于方、圆形状之间的造型，就没有归类上的矛盾，如瓦当壶，其不足是方形和圆形的砂壶造型风貌和工艺确实存在许多差异，归于一类稍显粗略。以圆器、方器归类的优缺点则反之，因为考虑到方器独特的镶身筒成型工艺，就这一点而言，笔者认为应当加以区分，因此，本书仍采圆器、方器的分类方式，而且，不同于多数论著，笔者将瓦当壶式也归入方器之列，所着眼的，即是瓦当壶式主要是以镶身筒法成型，可以说，本书的圆器、方器分类准则，重视其成型工艺手法更甚于造型外观。

2. 方器、圆器（几何形）、筋纹器、塑器（自然形）之间的分类准则

严格来说，有些器形是多种类型的综合，如常见的竹节造型壶式，既有圆器方器的简练规整造型，又带有塑器特点；狮球壶既有筋纹器的造型，又带有塑器特点；有的瓜形壶线形简洁，甚少捏塑装饰，其瓜形是高度抽象的写意表达，几与几何形无异，但毕竟是仿拟自然形态的造型。本书对于这些具体分类上的疑义，只能说该壶式大体上较倾向于哪一种类型，便归入该类型之下，因此，虽然同为竹节题材，装饰较为简洁，仅有少许简单陪衬的，仍归为圆器或方器，装饰性较强，壶体造型较仿生的，则归为塑器。

3. 提梁壶、水平壶、小品壶、大容量壶、非壶类的茶器等，是否应当另外归类

这些类型是否应当另外分类，是一个值得再加以探讨的问题，比如笔者曾在论述造型审美时，考虑再三，将提梁造型另外分类出来，认为就造型审美的角度而言，提梁壶式与一般砂壶造型较为不同，必须另以专题论述①。不过本书为求分类准则上的一致与简明，仍以圆器、方器、塑器、筋纹器作为砂壶造型的分类，不再做其余更细致的区分。

① 李敏行：《紫砂壶造型审美举隅》，载台湾艺术大学《塑形、塑艺：茶与艺国际学术讨论会论文集》，2003年。

一、砂壶整体造型

1. **圆器**（图3.1）

圆器是紫砂茗壶造型中最为基本也最富于变化的壶型，以圆球体、半面球体、圆锥形体为基本型。运用各种圆弧线、曲线、抛物线等组合变化成各种形态，有的以简洁的肩线、腰线作为点缀。常见的圆器壶式有：掇只壶（莲子壶）、一粒珠壶、君德壶、文旦壶、石瓢壶、虚扁壶、葫芦壶、匏瓜壶、线圆壶、矮蛋包壶、汉扁壶、汉君壶、掇球壶、仿古壶、汉铎壶、东坡提梁壶等。

2. **方器**（图3.2）

以几何方体的四方体、六方体、八方体、长方体为其基本造型，以镶身筒泥片镶接法成型。常见的方器壶式有：汉方壶、四方壶、六方壶、贴花折腰六方壶、斗方壶、印包方壶、砖方壶、传炉壶、瓦当壶、孤棱壶等。

图3.1 清末民初 程寿珍制仿古壶

图3.2 宜兴陶瓷陈列馆藏 清末民初 蒋燕亭制四方桥顶壶

3. **筋纹器**（图3.3）

筋纹器是依据大自然中的瓜果、植物花形提炼加工，或者借鉴瓷器、漆器、锡器等工艺品中的器型而来的造型。运用几何形等比例分割和重合变化，如瓜棱、菊瓣、菱花、水仙瓣、葵花瓣。筋纹器制作难度较高，其筋纹线凹凸有致，可纵横变化分割，亦可作回旋处理。常见的筋纹器壶式有：菊瓣壶、合菊壶、半菊壶、水仙壶、葵花壶、海棠壶、柿子壶、合桃壶、合菱壶、狮球壶等。

4. **塑器**（图3.4）

塑器，现今紫砂业内称为“花货”，收藏鉴赏界中也有归类为“像生”的。肖形状物，模拟自然界植物、生物或其他物像之形态，是塑器的基本特点。塑器的制作，需运用捏、塑、雕、镂、印、贴等多种技法。常见的塑器壶式有：南瓜壶、百果壶、三友壶、鱼化龙壶、树瘿壶、矮竹鼓壶、木瓜壶、梅树桩壶、佛手壶等。

图3.3 清末民初 顾炳荣制高狮球壶

图3.4 清末民初 冯桂林制梅花树桩壶

二、砂壶各部位造型

整体而言，一件紫砂壶主要是由壶钮、壶盖、壶口、壶底、流、把等部位组成，每个部位，在造型上，也有诸多的变化。

1. 壶钮

亦称“的子”，为揭取壶盖而设置。钮虽小，在制作工艺上却并不容易，往往取壶身缩小或者倒置缩影为壶钮造型，制作中采用“捻摘子”工序，搓、转、压、挤而成。造型变化丰富，具有“画龙点睛”的作用，是砂壶造型中的关键部位。形制有圆珠形、扁圆形钮、宝珠形（火珠形）、碟形钮、乳钉形钮、菌形钮、伞形钮、桥梁形钮、条形钮、亭形钮、几何形钮、梗蒂形钮、瓜柄形钮、竹节形钮、桃形钮、树桩形钮、动物形钮、布结钮等。

圆珠形钮：钮形浑圆如球（图 3.5）。

扁圆形钮：钮形扁圆，如前图 3.1 仿古壶之壶钮。

宝珠形钮：又称火珠形钮，钮顶呈尖锥状，如图 2.4 吴经墓提梁壶之壶钮。

碟形钮：形似钮扣，钮中央出棱，钮上下内敛，如杨彭年制合欢壶（图 4.84）。

乳钉形钮：钮形呈乳突状，采暗接方式与盖面衔接，如杨彭年制乳瓯壶（表四 108）。

菌形钮：钮面扁平大于钮柱，状如菇菌，如南京博物院藏邵大亨制捆竹八卦壶（图 3.6；表四 143）。

图 3.5　清末民初　草菊壶

图 3.6　南京博物院藏 清中期 邵大亨制捆竹八卦壶

伞形钮：钮形呈三角锥状，如天津博物馆藏吴月亭制锥钮三足壶（图 3.7；表五 145）。

桥梁形钮：形似拱桥（图 3.8）；有的两端刻划成筋纹如意状，或者方折呈“品”字形，如图 3.2 桥钮方壶。另有一种宽而平缓的桥形钮，两侧为挖空硕大的环孔，称为“牛鼻盖”，一般简称为“牛盖”，此种形制出现时间较晚，民国初年以后才有，如牛盖洋筒壶。

图 3.7　天津博物馆藏 清末民初
吴月亭制锥钮三足圆壶

图 3.8　香港茶具文物馆藏 清末民初
冯桂林制直筒圆壶

条形钮：有圆柱状、方条状等，如故宫博物院藏描金三足圆壶；有的条形钮还串上单环或双环，称为“串盖”，如天津博物馆藏杨彭年制葫芦形壶（图 4.93）。

图 3.9　南京博物院藏 清中晚期 蒋万泉制六方壶

亭形钮：钮顶如古建筑的飞檐，下承二立柱，如故宫博物院藏包漆长方壶（表三 19）。

几何形钮：呈圆柱体、四方、六方、八方等形态，有的棱线分明，有的则为方圆兼具的浑方形制，如扬州出土时大彬制六方壶（图 4.7）、南京博物院藏万泉制六方壶（图 3.9）。

花蕾形钮：呈圆形、扁圆形或长圆形，表面有棱线，状如花之苞蕾，有时顶部气孔周围突起一周线圈作为点缀，多为筋纹器配合壶体筋纹线采用，如清早期陈殷尚制菱花式壶（表三 53、54）。

梗蒂形钮：钮形仿效植物梗蒂，如故宫博物院藏百果壶及树瘿壶、南京博物院藏菊瓣提梁壶。

瓜柄形钮：钮形如瓜柄般向一侧微曲，此为花塑器常用的钮式，如故宫博物院藏范大生制瓜式壶。

动物形钮：此类造型源于瓷器和印章的印钮，主要多为狮、虎、龙、鱼、蟾蜍等具有吉祥象征的瑞兽，其中狮、虎的姿态变化较多，有的呈卧伏状，有的昂首蹲踞，有的憨态可掬，有的威严肃穆。如故宫博物院藏惠孟臣款狮球壶、陈绶馥制龙首三足壶、南京博物院藏邵大亨制鱼化龙壶。

树桩形钮、竹节形钮：取树桩、竹节的形态捏塑而成，如图 3.4 冯桂林制树桩壶。

湖石形钮：借鉴园林景致中的湖石作为壶钮造型，主要出现在清代中晚期，如表五 151 故宫博物院藏湖石钮提梁壶。

布结钮：用于印方包袱造型的壶式，钮形与壶身融为一体，是全器的视觉焦点所在。如故宫博物院藏壶痴款包袱式壶。

2. 壶盖

具有防尘、保温的实际功能，其成型工艺需要多道泥片完成，在现代紫砂工艺专门术语中，与壶口置平的泥片称为“座片”，表面弧起的泥片称为“虚片”，壶口泥片称为“坨子”，壶墙的泥圈为“子口”，即使是构造最简单的壶盖，都是这几个部分泥片接合，才得以完成一个壶盖的制作。壶盖的主要形式，有压盖、嵌盖、截盖三种。

（1）压盖：亦称“完盖”。此为壶盖覆压于壶口之上的盖式，配合壶体造型，分方盖和圆盖两种，均与壶口相呼应，通常壶盖直径略大于壶的口面外径（图 3.10）。

图 3.10　民初 宝真制孤棱壶

（2）嵌盖：嵌盖是壶盖嵌于壶口内的样式，并与壶身融于一体，有平嵌盖与虚嵌盖之分。平嵌盖与壶口呈同一平面，制作时在同一泥片中切出，故收缩一致，切合度高，有圆形、方形、不规则形等形式（图 3.11）。虚嵌盖与壶口呈弧形或其他形状，口部以装饰线处理，有直口、瓢口、雌雄片口等结构，与平嵌盖手法相似。

（3）截盖：这是紫砂茗壶特有的一种壶盖样式，以壶形的整体截取一段作为壶盖，故名。其特点是线型简洁、流畅、明快、整体感强，制成后盖与口不仅大小合适，而且外轮廓线相互吻接，工艺难度最高，有截盖、克截盖（简称克盖）、嵌截盖之分，最典型的截盖即梨形壶式（图 3.12）。

图 3.11　清末民初 岩如制吉直壶

图 3.12　清晚期 朱泥小品

3. 壶嘴

紫砂茗壶的嘴，也称为“流”，为倾注茶汤而设置。壶嘴与壶体的连接，有明显界限的称为“明接”，如福建漳浦博物馆藏时大彬制鼎足盖圆壶。无明显界限，自然过渡的称为“暗接”，如江苏淮安出土时大彬制扁圆壶。壶嘴的形式，大体可以分为一弯嘴、二弯嘴、三弯嘴、直嘴、流形鸭嘴等几种，配合壶身造型，亦有方、圆之分。

一弯嘴：形似鸟啄，俗称“一啄嘴”，一般采用此嘴多以暗接处理，如图 3.1 程寿珍制仿古壶。

二弯嘴：此类形制较为少见，壶嘴接近壶身的根部较大，出水流畅，明接或暗接法处理均有，如图 2.4 吴经墓提梁壶。

三弯嘴：源于铜锡壶的造型，多以明接法处理，此型之壶嘴出现频率较高，最能体现自明晚期到清末民初不同时期的演变。如图 3.5 草菊壶、图 3.11 岩如制吉直壶等。

直嘴：形制简洁，出水流畅，明接和暗接处理均有，但以明接法居多，如图 3.3 顾炳荣制高狮球壶。

流形鸭嘴：此种壶嘴造型，近似金属或者瓷制匜流的部位，应是由其演变而来，不同之处在于，紫砂器的流形鸭嘴，其顶部是密闭的，仅在前端开口，如图 3.15 杭州清墓出土彩绘注壶。

4. 壶体孔眼

此为使壶身与流相通所打通的孔眼，有独孔、多孔、直排孔、方形孔等形式，其中直排孔、方形孔主要用于明晚期和清早期的汉方壶，其孔眼或为排成一直列的直排孔，或者挖成较窄的长方形。早期的孔眼，打通后较少对孔眼边缘的泥痕加以修整，或者不会修整得十分精细，越后期的砂壶则孔眼边缘处理得越齐整。

虽然明清时期以独孔居多，但是故宫博物院中一件清宫旧藏的大清乾隆年制款莲荷纹壶，其内部即为多孔，由 11 个排列满密的出水孔组成，原图录中即以“出水孔为多孔”推断此壶非乾隆时期①，但是以其“清宫旧藏”的收藏历史而言，假若是后仿，此壶制作年代也不可能晚于清末，但是其胎土、器型、装饰所呈现的时代特征，都一再说明此壶实为清乾隆时期的作品。以胎土来说，这样优质上乘的段泥在清代中晚期所有传器中是找不到的，与同时期清宫旧藏乾隆年款紫砂器相比，虽也未发现泥色完全一致之传器，但其质地之纯净，胎质之透亮，却是可以比较的。就器型、装饰而言，其壶流的形制及流侧贴饰泥条的装饰

① 王健华主编：《故宫博物院藏宜兴紫砂》，第 89 页，紫禁城出版社，2007 年。

手法，与诸多乾隆时期紫砂器一致，如故宫博物院中多件砂壶、茶叶罐，还有杭州乾隆年间清墓出土彩绘注壶。壶腹的薄片贴花装饰，和故宫博物院收藏的乾隆年款莲荷寿字壶下半腹手法风格亦是如出一辙。相反的，如果要说明其为清中晚期后仿，在胎土、工艺、装饰上要提出其类同性，不能先以“出水孔不是独孔”就先入为主地判断其时代不可能早于清中期。

“明清砂壶只有独孔”，这是许多研究者较为根深蒂固的观点，虽然总体而言，多孔确实是极少数例外，独孔是普遍特征，但是笔者仍坚信这不是判断时代的前提。这里再次说明了，研究宜兴紫砂，绝对要遵循胎土、器型、装饰等时代特征优先的研究思路，否则就容易舍本逐末。

5. 壶把

为方便握持而设置，自商周时期的青铜爵杯上，已有此种便于握持的弧形把，在瓷质的壶类器型中，也经常可见。紫砂壶的壶把形制，除了造型比较特殊的如提梁把外，壶把的首尾一般分别与壶肩和壶腹下端连接，与壶嘴位置对称、均势。常见的壶把形式主要有圆把、方把、耳形把、竹节形把、树桩形把、横把、提梁把等。

圆把：也称为端把、圈把，其使用方便，变化丰富，如程寿珍制仿古壶（图 3.1）。

方把：线形方折，方器多采用此类型把，如南京博物院藏万泉制六方壶（图 3.9）；也有部分圆器，使用线形弧方的圆柱体把，呈现圆中寓方的线型之美，如南京博物院藏邵大亨制捆竹八卦壶（图 3.6）。

耳形把：如耳形般作两段折曲，如阿拉伯数字“3”，在明晚期和清早期的壶式中，有时会采用此类形制的壶把，此后则少见，如法国吉美博物馆藏加彩带座圆壶（图 3.13）。

横把：在唐代长沙窑瓷器中，已有此类横把出现，一般多是煎煮器采用此种横把，在明代中晚期的紫砂器中，也有发现这类用于煎煮的横把器类，如江苏徐州出土的明代中晚期穿心吊（表-40）。

提梁把：借鉴铜质及瓷质壶类造型而来，其高度、大小、造型等需与壶体配合得当。提梁把可分硬提梁和软提梁两种。硬提梁以紫砂制成，在制作中与壶身一起完成，依照其形式可分为呈方折“ㄇ”型或者呈圆拱形的单式提梁、三叉提梁和两泥条相交缠的绞式提梁（图 2.4）。软提梁则是在壶体肩左右安附一对带有双圆孔的耳，烧成壶身后再用金属提把或者藤条编结作为提梁。

6. 壶底

砂壶底部虽然在视觉上并非直观的部位，然而底足的尺度和形式处理，直接影响整体视觉的美观，亦是彰显制作工艺高下的关键。壶底的形式，大体可以分为平底、一捺底、圈足、钉门、加底足几种。处理方式有明接、暗接二种，大体而言，直方挺直造型的壶宜用明接，圆韵流线的造型则多采暗接处理。

平底：底片呈水平状，无曲线起伏，如图 2.4 吴经墓提梁壶。

一捺底：底部线形与壶腹一气呵成，中心处向里微凹，线形显得简练、灵巧，如天津博物馆藏葫芦形壶。

加底：在壶身成型时加一道足圈，并用脂泥复合嵌接，亦称“挖足”，其线形与瓷器圈足相同，有高圈足、矮圈足、假圈足等形态，如陕西延安出土时大彬制提梁壶。

钉门：在底部加上一道足圈，借鉴花盆底足处理手法，在方壶上挖出扁梯形托足的钉门，如图 3.2 蒋燕亭制四方桥顶壶。

加底足：底足的形制，源于铜器的鼎足，紫砂茗壶的底足，有高矮之分，其形态主要有圆片状、半球状、圆柱状、云头状、钉足几种。圆弧器型多为三足，少数采四足，方器均为四足，部分塑器则有以贴塑物件作底足的表现手法，一般用于底大口小的壶体造型，如图 3.7 吴月亭制四锥钮三足圆壶。

7. 底座

少部分的紫砂壶，伴有作为配套的底座。底座的作用，主要是增加安放的稳定性，增加陈设的装饰性，如收藏于香港茶具文物馆的清早期贴花狮钮圆壶，底附镂空钱纹圆座。还有一种尺寸较高的暖座，具有保温的作用，内部可置热炭，表面有可以出烟的镂孔，如法国吉美博物馆藏加彩带座圆壶（图 3.13）。

图 3.13　吉美博物馆藏 清早期加彩带座圆壶

三、其他品种紫砂器造型

1. 盘、碟

相传欧窑所产的盘，呈六角、八角或多角形，署阳文“子明仿古”四字款识[①]。江苏扬州城北公社卜西大队马庄小队曾出土一对明代印花小碟，两碟印花图案一致，为同一模版印出，分别为红紫砂和乌泥胎，器身胎体极薄，厚度仅为 0.1 厘米，底部指纹清晰可见，工艺十分精美。明末清初以故宫博物院所藏逸公款素面小碟及寿字纹碟为代表。乾隆时期，有宜钧天蓝釉委角方盘、梅花式盘传世。咸丰时，有于子良制蓝釉高足盘传世，至光绪三十四年（1908 年），宜兴窑场开始烧造果盘、七拼盘，胎质为红中泥（红紫砂），表面饰朱红色化妆土，口边压印凹纹，镌刻书画，盘底施低温铅白釉，制品轻巧雅丽。

2. 碗

清代雍正乾隆年间，江苏宜兴窑场为宫廷承制紫砂贡碗，品种分正德、罗汤两类，有紫砂、红紫砂、段泥、朱砂等色[②]。此类碗饰采用阳文模印，多饰以莲瓣纹或回纹，碗底钤“惠逸公”、“徐汝成”、“陈觐侯”、“汤天如”、“慎京”等款。故宫博物院藏有一件带有夹层的清代温碗，直口出边，卧足，口一侧有流紧附器壁至底，器内有夹层，并有 11 组出气孔。清道光时期，传世有行有恒堂款菊瓣碗，内壁挂白釉。清晚期的传世品为葵瓣式盖碗，亦是内壁挂白釉。咸丰三年（1853 年），宜兴贡碗呈鬲形，单口圆润，碗体光洁，以陶刻钟鼎文装饰。咸丰六年（1856 年）于子良制作的蓝釉高足碗也极为精美。1912-1936 年，宜兴利永陶器公司、吴德盛陶器店分别聘用名工制作盘、碗，款署花边纹商号，参加美国芝加哥博览会展出。紫砂名手王寅春创制的“满汉全席盘碗”计有盘、碗、鸭池等 144 件，由任淦庭铭刻书画装饰，其价格与银质器相仿[③]。

---

① 江苏省地方志编纂委员会：《江苏省志·陶瓷工业志》，第 140 页，江苏人民出版社，1994 年。

② 此处按《江苏省志·陶瓷工业志》原文照录，未知其所言“正德、罗汤”为何样形制，然而以朱泥之稀少，制作碗类器物的可能性不高，推测此处所谓的“朱砂”，或为装饰喷撒朱砂点的段泥器，或者是器物表面装饰朱泥的红紫砂器，而以前者可能性较高，天津博物馆所藏清早期汤天如制段泥碗，即是以喷撒朱砂点手法装饰。

③ 江苏省地方志编纂委员会：《江苏省志·陶瓷工业志》，第 68-69 页，江苏人民出版社，1994 年。

3. 匜

仅有一件，收藏于故宫博物院，为清代制品，敞口，单侧出流，圈足。

4. 杯

目前为止，未见有明代的紫砂杯，但是从《阳羡茗壶系》中所载擅长仿生塑艺陶人来看，明代未必没有紫砂杯。清代早期，模拟花果造型的仿生紫砂杯颇为风行，故宫博物院所藏陈圣恩款佛手杯、项圣思款梅花杯是典型的代表。汪文柏《陶器行赠陈鸣远》中提到："赠我双卮颇殊状，宛似红梅岭头放。平生嗜酒兼好奇，以此饮之神益王。"此处"殊状"且"宛似红梅岭头放"的"双卮"，应当就是项圣思款梅花杯这样形制的杯具。从文中还可以得知：（1）当时艺高名盛的陈鸣远自然没有缺席这类工艺奇巧的杯具制作；（2）从"双卮"一词看来，这类杯具在最初应该是以成双成对的方式配套制作的；（3）其用途是作为酒具使用。清代嘉庆道光时期，有一种形制较为特别的公道杯，也称为平心杯，杯身利用虹吸的原理，如斟酒过满，超过空心柱时，酒就会从杯底的小孔内完全流出，故宫博物院收藏的道光时期公道杯，形制为花口，圆底，下承三圆珠状足，器底有一小孔，里外松石绿釉铺地，绘粉彩团花纹，杯里中心有中空的立柱莲蓬头，旁边伫立一小童。南京博物院和香港茶具文物馆也藏有同式公道杯（图 3.14）。清中晚期的杯具造型装饰不强调装饰仿生的艺术效果，形制较为简化，故宫博物院藏行有恒堂款蝠桃式杯虽有装饰，但比起清早期玲珑奇巧的装饰风格已经简朴得多。清晚期还有与砂壶配套的杯组，其造型与砂壶一致，如黄玉麟和江案卿所制树瘿壶茶具组，与此前的酒杯不同，是作为茶具使用。

图 3.14 南京博物院藏 清中期荷叶形公道杯

5. 盖碗、注壶

盖碗，是茶碗、碗盖、碗托三件配套的茶具，应是由唐宋时期常见的盏托发展而来。注壶形制近似于盖碗，但不带碗托，一侧附有流，可以倾注茶汤。常州文物商店收藏的清代中期木纹加彩盖碗，碗为敞口，小圈足。盖径小于碗口径，有小圈顶，碗内壁开鱼子片白釉。南京博物院则有一件清代中晚期的盖碗，内壁上湖绿色釉，外壁以淡蓝、深蓝、洋红等釉色绘云龙纹，近足处绘莲瓣纹，上下圈足饰回纹，造型与纹饰皆承袭自景德镇瓷器。注壶目前发现有二例，造型相同，均以双桃为盖钮，盖、身、圈足均作四瓣筋纹型，流口朝天，流侧饰卷云纹边线，一件出土于杭州乾隆年间清墓（图 3.15），一件收藏于镇江博物馆。

图 3.15 浙江省博物馆藏 清乾隆彩绘山水注壶

6. 勺

勺，古称瓒，用以从盛酒器中取酒。始见于新石器时代的彩陶勺，明清时期有各式各样的餐具瓷勺，紫砂材质的则相当罕见。1985 年无锡出土一件明代晚期的紫砂勺，故宫博物院则藏有一清代凤首勺（原图录中定为嘉庆时期）。

7. 四系壶

四系壶的形制为小口，短颈，扁圆腹，椭圆形小圈足，拱形圆盖扣合壶口，腹部两侧上下各有一穿带系，也称为背壶或马挂瓶，造型源于游牧民族迁徙途中挂在马背上使用的穿带水壶。无锡地区曾出土一件明代晚期的四系壶，上印有楷书“独占鳌头”及鲤鱼孩童图案。此外，故宫博物院中藏有一件雍正时期的四系壶，腹部刻有“齐醉中山酒，同倾北海杯”楷书铭文，由铭文看来，此时的四系壶是做为盛酒器使用。在清宫造办处雍正六年的档案中，也有宜兴窑马挂瓶的记载。

8. 香薰

根据《阳羡茗壶系》记载，明代陈仲美曾制作过狻猊炉，即炉盖上塑以瑞兽出烟口造型的香薰，其后未见相关记载或者出土存世实物。

9. 鸟食罐

紫砂鸟食罐在最近的蜀山窑发掘中发现一些标本，完整的传世品目前仅见一例，收藏于故宫博物院，为清代制品，外壁有模印贴饰的螭龙纹和团寿字纹（图 3.16）。

图 3.16　故宫博物院藏 清早期贴螭龙纹鸟食罐

10. 蟋蟀罐

用紫砂制作的蟋蟀罐，因具有良好的透气性，适合蟋蟀的生长。紫砂蟋蟀罐有圆形、方形二式。圆形如苏州文物商店收藏的一件清代早期至中期的荷花鹭鸶蟋蟀罐，罐呈鼓形，压罐盖，盖面有三个小气孔。器壁通体贴饰荷花、鹭鸶、兰花纹饰。另外，故宫博物院收藏一件清晚期邹东帆款蟋蟀罐，形制为子母口，平面平底，腹微鼓，黑色泥胎，盖面上印有大篆、楷书等字体，其中楷书为“太极”、“万古”、“三佛”、“小山”、“流香”十字，盖内有“广惠桥内邹窑上细”铭文。淮安市博物馆收藏的清晚期蟋蟀罐为方形，构造较圆形蟋蟀罐更为精巧，由五个部件组成：大盖，小盖，隔板，暗抽门，罐体。大盖为长方形，位于顶部，中有一直径 3.7 厘米的圆孔，孔上覆盖一外径 4 厘米的圆形小盖；罐中有一木质的活动隔板，将罐隔为大小二室。大室的侧面有一梯形活动暗抽门，上有指扣，打开抽门，罐壁有一拱形小洞，可供蟋蟀进出①。

11. 围棋罐

目前仅见一例，为民国初年产品。整体做成鼓的形状，器壁为红紫砂，盖和底饰以段泥，似皮革鼓面，周围装饰一周黑色鼓钉，壁面刻行书：“山似蜀，泥可琢，东坡云，此间乐。乙丑秋。”乙丑为 1925 年。

12. 雕塑

在砂壶造型分类中，塑器便是一项独具一格的门类，因此，纯粹的紫砂雕塑，历来也不乏名家名作。紫砂雕塑的题材主要有人物，神像或者动物、植物等造型。自明代起，“多规花卉果物”的欧正春，捏塑眠牛“曲尽厥状”的徐友泉，“意造诸玩”的陈仲美，都是擅长雕塑的佼佼者。徐友泉的塑艺天份，为时大彬惊叹：“异日必出吾上。”《阳羡茗壶系》更是大力称赏陈仲美所塑大士像“庄严慈悯，神采欲生，璎珞花鬘，不可思议”，足见明代紫砂塑艺之精。

① 梁白泉主编：《宜兴紫砂》，第 258 页，文物出版社、两木出版社，1990 年。

清代早期，则有陈鸣远继续发扬此艺，不过所制多为小巧的文房摆件，未见大件的雕塑作品。故宫博物院藏有乾隆时期的异兽、梅花鹿、三连核桃雕塑，神态肌理丝丝入扣（图 3.17）。清代中期，扬州文物商店收藏的杨彭年制罗汉骑象摆件，塑一罗汉坐于象背，大象四足作缓缓前行状，象身作回首张望姿态，罗汉神态安详，大象神态端庄威严。清晚期，同为故宫博物院收藏的徐鼎、徐艳等人制作干果九品，说明此类仿真果实类摆件直到清晚期仍然制作不辍。1931-1934 年，宜兴窑场开始烧制戏剧人物雕塑，有专门的分工，制品注重表现人物动态和面部表情，有较强的艺术感染力。比较有名的陶人是杨大丫头（具体姓名不详），精于神像和动物雕塑，主要作品有弥勒佛、刘关张（三国人物）、福禄寿三星以及麒麟、蟾蜍、狮鼎炉等。1935 年，范鼎甫的力作“鹰”在英国伦敦国际艺术博览会上获得金质奖章[①]。

图 3.17 故宫博物院藏 清早期 宜兴窑梅花鹿

13. **文房摆件**

根据《阳羡茗壶系》记载，明代陈仲美曾制作香盒、辟邪镇纸等文房摆件，故宫博物院藏有宜钧天青釉莲瓣形洗、灰蓝釉海螺洗以及大彬款月白釉山形笔架（万历二十三年，1595 年）等物可资参照。故宫博物院另有一件贴塑蟠螭的带盖砚滴，原图录中定为清代，但应当是明代，至少是明末清初之物。

清代张燕昌《阳羡陶说》提到，康雍时期，陈鸣远也制作各式文房陈设，如研屏、梅根笔架等，清人查慎行亦有《以陈鸣远旧制莲蕊水盛、梅根笔格为借山和尚七十寿口占二绝句》之诗存世，故宫博物院藏有一件陈鸣远鼓钉纹小水丞，苏州文物商店有一石榴形水丞，为难得的实物，精巧非常。故宫博物院还藏有圣思款双螭水丞、双螭福寿水丞、扁圆水丞、桃式水丞、瓜式水丞、挂钧釉核桃式洗、宜钧天蓝釉小水盂等，都是明晚期和清雍乾的文房佳作。雍乾时期，宫廷定制的泥绘人物山水圆形大笔筒工艺细腻，风格清雅，具有相当高的工艺水平，也有四方形、梅桩形的笔筒，还有桃形、百果造型的砚滴，小巧可爱。除此之外，雍乾时期还有相当数量的紫砂砚或紫砂澄泥砚颇具特色，造型有圆形、椭圆形、瓦形、八方形、风字形、长方形的样式（图 3.18），其中故宫博物院收藏乾隆时期专门定制，六砚一组配套的紫砂澄泥砚，装潢十分考究，每一方砚台均配有嵌玉的紫檀木盒，盒面刻有填金御铭，极富皇家气派，为乾隆四十年（1775 年）特制的御用砚品。乾隆时（1736-1795 年），陈滋伟制作的紫砂梅枝式笔架和陈觐侯制作的紫砂觚、松竹梅笔插等，皆是此时期的文房巧作。《阳羡名陶录·文翰》中收有一阙《蜀冈瓦暖砚歌》[②]，可知至少在乾隆时期，已经有可以加热保温的紫砂暖砚。

清代中期，在以陈曼生为代表的文人参与紫砂茗壶制作的风潮下，也有一些朴雅的文房摆件，如阿曼陀室款的井栏水盂、延年款灰绿釉水盂、笔洗，杨彭年制竹节式印泥盒等，其中故宫博物院收藏的杨彭年制友石山房款四方委角诗句方盘是难得的杰作。此盘为置于桌案盛放文房用具之用，四方委角，浅壁，平底，下承四条形足，盘心刻划的十字形纹与内壁四

① 江苏省地方志编纂委员会：《江苏省志·陶瓷工业志》，第 112、135 页，江苏人民出版社，1994 年。

② 题名中的“蜀冈”即指宜兴丁蜀产紫砂矿的山冈。

边线恰好形成河洛图形，盘外四壁模印贴花螭龙三条，凹进的四委角各贴饰螭龙一条，其铭文纪年为道光甲午年（1834 年）。类似的文具盘在常州文物商店也有一件，其年代约为清中期，以低温彩釉满饰蝶花图案。苏州博物馆藏有一件无款的菊花印盒，推测其年代亦不晚于清代中期。清代晚期，有不少竹节造型的笔筒问世，泰州市博物馆藏有一清晚期的紫砂暖砚，呈长方体，腹微鼓，有圈足，一侧有四个小孔呈菱形排列，另一侧有一个大圆孔，直径 3.7 厘米，盖内部可作砚池用。光绪年间（1875-1908 年），黄玉麟深谙国画皴法，以善制假山著称，所塑紫砂盆景，层峦叠嶂，妙若天成。清末民初时期，陈光明、裴石民所制的灵芝、海螺也都惟妙惟肖，妙不可言，金鱼水滴一类的文房用具仍有生产。

图 3.18　故宫博物院藏 清雍正 金漆云蝠砚

14. 钵

钵形器是佛堂或寺庙中的供器，其型制为敛口，鼓腹，缓收成圜底。传世有故宫博物院收藏雍正时期带盖钵和乾隆时期的莲瓣钵。雍正时期带盖钵通体阴刻《般若波罗蜜多心经》和乾隆时期的莲瓣钵所装饰的莲瓣纹，都体现了这类器皿鲜明的宗教色彩。南京博物院藏有一件清代晚期的钵，肩部楷书铭文：“相国寺施戒一坛衣钵具牒并送。大清同治十三年岁次甲戌云龙旧衲敬助。”

15. 瓶、鼎、尊

明清时期，根据文献的记载，当时即已烧造瓶、鼎类陈设器，但少有实物流传。故宫博物院收藏的宜钧天青釉鸠首壶、花插、花囊（图 3.19）、葫芦瓶、方瓶是现今难得的明代紫砂陈设实物，还有清乾隆时期的彩绘天鸡尊、蟠螭瓶、宜钧八卦纹琮式瓶、宜钧天蓝釉兽首衔环方耳瓶等，造型别致，装饰华丽。嘉庆时期的彩绘装饰花鸟纹壁瓶（图 3.20），道光时期的泥绘海棠式瓶及行有恒堂款饕餮纹瓶则是清中期此类陈设器的代表。还有一种是仿树桩造型的花插，如南京博物院收藏的杨彭年制松鼠葡萄花插。另外，南京博物院收藏的道光八年（1828 年）杨彭年仿国山碑花瓶，通体篆书镌刻碑文，亦是清中期金石风格浓厚的佳作。清代晚期，故宫博物院收藏的宫廷紫砂陈设器有彩绘山水兽耳活环方瓶和鸠首壶传世。另外南京博物院收藏的光绪三十四年（1908 年）家羽后身款仿三代铜器造型的紫砂器是此时陈设器的代表作，为成套制作，共十一件，计有簋（有方、圆二式）、尊、罐、壶（青铜器造型之“壶”）、盨、鐙、豆等器型。

图 3.19　故宫博物院藏 明晚期 宜钧花囊

图 3.20　故宫博物院藏 清嘉庆 花鸟纹壁瓶

到了清末，瓶、鼎已经成为紫砂行业常年生产的品种，装饰仅以陶刻为主，彩釉或泥绘逐步淘汰。宣统三年（1911 年），鲍明亮创烧高 1.6 米的钧釉大花瓶，获南洋劝业会奖状。各大窑户竞相仿造，并注重耳环、耳饰的变化。耳环一般呈圆形，可自由摆动；耳饰的造型有狮头、龙凤、象鼻等。1932 年，朱可心创制云龙鼎、竹节鼎。云龙鼎器型硕大，鼎身雕塑腾云驾雾的巨龙，出神入化，获得美国芝加哥博览会"特级优奖"。南京博物院也收藏有邵六度和俞国良制造型类似的云龙鼎。朱可心制作的竹节鼎，构思奇巧，泥色配比合理，竹节清晰有致，轮廓分明，竹叶扶疏，秀丽大方。这件作品在上海蓬莱市场展出时，被宋庆龄女士以 500 英磅购去。1933-1936 年，江苏省宜兴陶业工厂、利永陶器公司、葛德和及吴德盛的陶器工场大量烧造花瓶，经销全国各地。主要品种有帽筒、圆筒、挂瓶、长颈瓶、美人瓶、牛腿瓶等①。

16. 盒、盖缸

盒类器皿在故宫博物院存有一些明清传世器，造型颇为丰富，年代较早的是陈子畦制海棠式盖缸，整体呈六瓣海棠式，底接同型海棠式足，盖钮和两把手呈松树老根状，盖顶贴饰松针，口沿与足边凸起弦线装饰，足墙贴饰四螭龙，两两相视，作奔跑状，是明末清初的罕见珍品。乾隆时期尚有核桃式盒、加彩菊瓣盒、鸳鸯式盒（图 3.21）、葵花式盒等式样。

17. 盖罐（图 3.22）

紫砂盖罐的主要用途也和茶事有关，多为贮存茶叶之用。茶叶相当不容易贮存保质，很容易受周遭的环境影响而受潮走味，即使是放在密闭的容器中亦然，因为反复的开启取用仍然不免使外部的空气湿气侵入其中。紫砂材质的盖罐则完全没有这样的烦恼，可以发挥其材质本身优良透气性的作用，利于茶叶的保存。一般而言，明清时期贮存茶叶，除了紫砂或者陶瓷材质外，以锡罐具有较好的密闭贮存效果而广为采用，然而紫砂罐除了密闭性之外，其材质可以吸纳保存茶叶的香气，因此茶叶的香气不会逸散，即使经年累月地久放也无虞，保存效果较只具有密闭性的锡罐更好，况且锡器本身终不免有自身的金属气味，因此，紫砂盖罐是最适于贮存茶叶的容器。所以，明清时期有相当数量的紫砂盖罐存世，其中以故宫博物院收藏的雍正、乾隆时期宫廷定制紫砂茶叶罐最具有代表性，也说明了紫砂罐作为最适于贮存茶叶的容器，深受宫廷认可。

① 江苏省地方志编纂委员会：《江苏省志・陶瓷工业志》，第 136-137、141 页，江苏人民出版社，1994 年。

图 3.21　故宫博物院藏 清早期 鸳鸯式盒

图 3.22　清早期 王南林制 盖罐

18. **花盆**（图 3.23）

明代崇祯年间（1628-1644 年），社会风气崇尚奢靡豪华，士大夫多耽于逸乐，琴棋书画、饮酒品茶之外，栽花养草成为一项雅事。为适应盆栽花卉的需要，紫砂花盆便流行起来。但造型简朴，品种较少，大多素面，不加装饰。2006 年江苏金坛明代废弃的枯井中出土一批明中晚期的紫砂器，其中就有花盆。清初的花盆则沿袭了明代晚期的简练风格，如故宫博物院收藏的素面椭圆花盆、委角四足花盆（盆景的套盆）可为代表。雍正乾隆时期，紫砂花盆的面貌就已经相当丰富多彩了，可分浅腹和深腹二种形制，浅腹花盆造型有长方形、三角形、长方六角形、三折斜方式、菱花形、树桩形、叶形等，深腹花盆造型有圆形、四方形、菱花形等，泥色也很特别，以陶刻诗句或者模印花卉、贴花夔龙纹、低温彩绘、泥绘等为饰。

图 3.23　故宫博物院藏 清早期 贴花夔龙式花盆

清乾隆时（1736-1795 年），有陈文伯、陈文居以“寄石山房”、“荆溪水石山人”等署款的紫砂花盆远销日本，久而不衰。花盆形制俊美，盆壁饰以阳文篆字、山水花草，图案用白泥嵌贴或色釉彩绘。嘉庆年间（1796-1820 年），杨彭年也曾为陈曼生制作紫砂花盆，由曼生以竹刀镌刻书画，目前未见传器，但天津博物馆收藏有一对杨彭年制作的长方形花盆，工艺极为精美。同治二年（1863 年），紫砂花盆大量远销日本，受到日本盆栽界的珍视，称之为“古渡盆”。常滑医生平野忠司鼓励陶工片岗二光仿制宜兴紫砂花盆，获得成功，被日本人尊为常滑朱泥陶始祖。至光绪五至十六年（1879-1890 年），日本人鲤江高须绘制《紫砂盆栽图谱》，对中国砂盆的形制、装饰和落款分别注释，重点介绍的品种有长方盆、折角盆、凸奎盆、蒲色口盆等。宣统二年（1910 年），葛英南、邵甫亭从日本带回反映日本社会风习的图案，应用于大件花盆的装饰[①]。

1918年，宜兴阳羡陶艺公司、利永陶器公司、葛德和陶器商店工场分别烧造京钟盆、水仙盆、东洋水底盆以及各式三尺花盆销往国外。其中利永陶器公司的“元上刻花盆”获得上海总商会商品陈列所优秀奖状。1932年，紫砂盆时兴陶刻装饰，工具以竹刀为主，盆类器皿可供陶刻装饰发挥的空间更大，采用的手法也灵活多变。其陶刻手法可分琢砂地、冲刀法、刻刀五分法、单刀侧入法、双刀直进法等，或保持书画原有的“笔味”，或发挥刀刻的“刀味”，画面反映的轻重、虚实、粗细、顿挫与用刀的快慢、浮沉、宽窄、利钝和谐地统一，从而显示意在形外的特色。陶刻艺人陈少亭曾与蔡元培合作，为一只树桩盆镌刻。1933年，顺兴、利信等陶器厂烧造的花盆计有二十四个品种，其中海马槽盆、海长方水仙盆、折角大签筒适宜栽种树桩，金钟盆、三尺盆适宜栽种花草，菖蒲盆、水仙盆适宜案头陈设。大型花盆的对径约60厘米，器形有长方、四方、六方、菱花、圆口等。其口面稍敞，利于翻盆，口面与立面施以线饰，造型端庄稳重。民初知名陶人裴石民擅于制作微形花盆，以玲珑精巧著称。此时花盆上的陶刻工艺也有新的发展，采用红、黑、白、绿等泥填色或勾染，使之突出陶刻刀路，产生绘画效果。1935年，江苏省宜兴初级陶瓷职业学校校长王世杰用油纸镌刻图案，然后将其贴于砂盆坯体上作色泥装饰，使盆体纹饰规范化，有利于提高装饰质量与工效。该方法应用于金钟花盆、四方大签筒花盆。图案有花草纹、古代车马纹等[②]。

19. 枕

陶瓷材质的枕，在唐宋时期曾风行一时，紫砂枕目前仅见一例，且年代较晚，香港茶具文物馆藏有一对清末民初时期的东溪紫砂枕。这对紫砂枕高11厘米，宽14.8厘米，系用四片厚薄均匀的泥片镶接成型，并用木拍将较为厚实的底片和枕身打紧，筑成一个上呈弧形，下部平稳，两侧留有圆孔便于散热的枕头。气孔上方刻“雪香外史倩东溪制”。枕面如同清末民初紫砂器的装饰风潮，一面作画，一面题诗。

20. 埙

故宫博物院藏有一件紫砂材质的埙，造型奇特，呈歪葫芦式，小口，硕腹，背上留有一孔，平底，试吹声音奇妙，是罕见的紫砂乐器。

21. 挂屏

挂屏是用于装饰室内的陈设品，清末民初时期曾有此类摆件生产，但数量不多，是在红紫砂平板上用不同色泥彩料绘制图案，如苏州文物商店收藏的松鼠葡萄挂屏和花鸟挂屏，其中松鼠葡萄挂屏左上角署款：“岁次壬寅冬月朔日阳羡跂陶刻”，其时为清光绪二十八年（1902年）。

第四节 装饰技法

紫砂器的装饰，由于其原料和制作方法的独特性，除了加彩上釉或者包镶之外，大多必须在成型工艺中同时完成，其装饰技法部分吸收了明清时期的瓷器、玉器、漆器、竹雕、木

① 江苏省地方志编纂委员会：《江苏省志·陶瓷工业志》，第137-138页，江苏人民出版社，1994年。

② 江苏省地方志编纂委员会：《江苏省志·陶瓷工业志》，第138页，江苏人民出版社，1994年。

雕、家具等各种类型工艺美术的装饰形式，巧妙移植，又自成一格。

紫砂器的装饰技法主要有：胎土装饰、线条装饰、陶刻、贴饰泥片、添附活动缀饰、贴花雕塑、镂空透雕、泥绘堆泥、加彩上釉、包镶等。这些装饰手法，有的简洁含蓄，有的繁复华丽，形成了千姿百态的紫砂装饰艺术。

一、胎土装饰

瓷器的釉面，既是瓷器组成结构中必要的一部分，也可以视为一种装饰手法，宜兴紫砂的胎土，则如同瓷器的釉面一样，胎土本身的变化，即已蕴涵了许多装饰手法的呈现。同样的画笔颜料，在不同画家手上就会有不同的笔触和色调，在紫砂器的装饰中亦然，即使是同一种胎土，经由不同陶人的巧手幻化，所配制的泥料各有特色，呈现出千姿百态的色调和质地。大体而言，紫砂器的胎土装饰有调配胎土、多色泥并用、掺砂、调砂、铺砂、洗砂、化妆土、绞泥这几种手法。

1. 调配胎土

明清时期，景德镇的制瓷技术达到了前所未有的进步，可以按照不同配方，调配出各种高低温的颜色釉；宜兴紫砂的胎土，除了其原矿本色以外，同样也可以利用各种不同的原矿相互调配，或者添加其他氧化钴、氧化锰等矿物质，又或者改变烧成的温度，变化出多种多样的胎土色调。在《阳羡茗壶系》中，仅徐友泉一人的作品，便有海棠红、朱砂紫、定窑白、冷金黄、淡墨、沈香、水碧、榴皮、葵黄、闪色梨皮等琳琅满目的诸多泥色，对时大彬，周高起只以一句简单到不能再简单的“诸土色俱足”带过，然而，“俱足”二字，足证其作品泥色多变，绝不在徐友泉之下。虽然这些巧妙的工艺久已失传，且尚未发现有实物存世，但笔者认为，这些绝对是周高起对其所见的忠实记录，而非夸张的渲染，早在明晚期，紫砂胎土的调配工艺就已经达到我们现今难以想象的工艺成熟度。

从部分出土或存世胎色特殊的紫砂器看来，在紫砂泥中添加金属氧化物作为着色剂的做法应在明代已有，只是较为少见，且和后来民国初年较多出现的人工调配墨绿泥、黑泥并不相同，如上海博物馆藏时大彬虚扁壶，其胎色偏墨绿。清代早期，故宫博物院收藏的同式多色茶壶、茶叶罐，其中就有属于特别调配的胎色。民国初年，大约1920年前后，则有本山绿泥中加入白泥和氧化钴成为墨绿泥，紫泥中加入氧化锰成为拼料黑泥的做法。

2. 多色泥并用

这是在一件器物上使用两种或者两种以上不同颜色的泥料，互为对比、映衬的装饰手法，在像生题材中，更可以增强写实的效果，如以棕色泥作枝干，绿色泥作叶片，黄色泥作竹节等。故宫博物院收藏的多件百果壶、清乾隆时期双螭福寿水丞、双桃式水丞、清晚期镶棕竹纹笔筒都采用了多色泥并用的表现形式。

3. 掺砂、调砂、铺砂、洗砂

相比于瓷器釉面，宜兴紫砂更加别具一格的，是利用各种粗细不同的紫砂矿土和砂粒，相互掺配出质地特别、视觉感强烈的掺砂、调砂、铺砂、洗砂等装饰手法。掺砂，是在质地较细的紫砂矿土中掺以相当比例的粗砂粒或细砂粒，由于底胎和所掺砂粒的土性和收缩率相异，烧成后器物的表面会产生砂粒突出的视觉效果。调砂，是在坯泥配制的阶段，在熟泥料中调入极少量的生泥，通常是在紫泥中调入朱泥或者本山绿泥，烧成后，在紫褐色的壶胎中隐隐显现出或红或黄的不同色泽。铺砂，是仅在尚未镶接成型的泥片表面嵌入砂粒，将砂粒撒在打好的泥片上，然后压平，铺砂的视觉效果较掺砂、调砂更为浮于表面。掺砂、调砂胎泥内外壁的肌理一致，铺砂胎泥的外壁有斑驳的肌理效果，内壁则没有，如黄玉麟制铺砂方斗壶（图 3.24）。通常所言“桂花砂”、“梨皮”都是属于调砂和铺砂的范畴，调入的生泥过筛粗，成桂花砂，过筛细则为梨皮。洗砂，则是在底胎掺入大量细砂后，将表面的细泥洗去，使隐含其中的砂粒完全裸露。除了操作手法上的差异外，所掺砂粒与底胎的异同，砂粒属于未煅烧的生砂或者已煅烧的熟砂，皆会呈现出不同的质感和视觉效果。

图 3.24　宜兴陶瓷陈列馆藏 清末民初黄玉麟制铺砂方斗壶

4. 化妆土

所谓的化妆土，是把较细的陶土或瓷土，用水调和成泥浆涂在陶胎或瓷胎上，通常是施于质地较粗糙或颜色较深的瓷器坯体表面，器物表面就留有一层薄薄的色浆，颜色有白、红和灰等。这种色浆，在陶瓷工艺技术上称“陶衣”，也叫“化妆土”、“装饰土”、“护胎釉”。运用化妆土，可以改变坯体表面的颜色；掩盖坯体的粗糙及缺陷。在陶瓷史中，化妆土工艺早在西晋时期浙江金华婺州窑就已开始运用，东晋时期浙江德清窑等处也开始采用，南北朝起，湖南、江西、四川、河北等地的窑口相继使用。

在紫砂装饰工艺中，以朱泥作为化妆土来装饰同属红色系的红紫砂，是最常见到的一种手法，至少在乾隆时期便已出现，如贡局款外销泰国圆壶就是一例。但是在清晚期以前，这种化妆土手法很少看见，清末民初时期，化妆土装饰手法较为风行，除了朱泥外，表面粉饰黑料化妆土或是墨绿泥，为民国初期年装饰手法上的开创，如胡耀庭制砖方壶。以表现手法而言，有的全器表面设化妆土，有的则是采取局部施化妆土的做法。

5. 绞泥

绞泥，亦称绞胎，是将两种不同颜色的泥料相互揉合、挤压，使两种色泥相互交融，形成自然变幻的花纹，近似木头的纹理，色彩对比鲜明，是借鉴漆器、瓷器的工艺技法而来。绞胎陶瓷器始烧于唐代，产地主要在北方的山西、河南、陕西一带，唐代以后甚为少见。由于不同泥料之间烧成时的收缩率有所差异，如控制不当，两种泥料之间会产生裂痕，影响成品的完美度，因此，此种装饰手法在紫砂器中甚为少见。

不过，在明代中晚期，即已出现这种较大难度的装饰工艺，1989 年泰州市迎春住宅小区基建工地出土了一件缺盖的绞胎圆壶①，壶的造型为直口，溜肩，圆鼓腹，在出土时破为好几块，故而可以从剖面看到制作工艺。其具体制作工艺也很特别，是先分别做好口沿、腹部、流、把手、圈足，流的内口为单孔，腹部和流的内胎是砖红色素胎，表面再贴上一层红、白相间的薄绞胎泥，壶把、口沿和圈足部位未贴绞胎泥，然后将各个部分用白色胎浆粘连成型，统一罩透明釉，壶腹部施釉至三分之二处，入窑烧成。清代的绞胎器也不多见，天津博物馆收藏的杨彭年制四方花盆，在紫褐色的胎体中局部隐现如流云般的红痕，似有采用绞泥手法；常州文物商店有一件清中期的绞胎盖碗，则以紫砂和红紫砂绞出似木纹的纹理。

① 黄炳煜：《从泰州出土的绞胎罐、壶谈绞胎器》，《南方文物》1993 年第 3 期。

二、线条装饰

从南京出土的吴经墓提梁壶或者泰州市博物馆藏的“周氏俊造”款盖罐可知，最早在明代中期，紫砂器已经采用了线条装饰。紫砂壶线条装饰的种类很多，各式各样的线条都必须用牛角或铁、木、竹制成的专用线尺进行加工，使线条挺拔清晰。这些线条不仅加强了紫砂壶的装饰效果，并且可以增强成型黏接处及边缘部分的应力，减少产品在烧成时的缺陷[①]。这些辅助性的线条装饰，与明清家具中所采用的线条装饰手法，具有异曲同工之妙，其手法或刻划或压印，类型主要有以下几种：

（1）灯草线：这种小圆线以状如灯草得名。其出现位置，主要是在砂壶的口沿或者底部，出现在口沿的称为翻口线，出现在底部的称为底线；可单独或成组应用在壶体、肩、腹，以增强整体造型的装饰效果。

（2）子母线：此为一组一粗一细的双线，又称文武线。用于砂壶口盖组合和口沿，一般上端的线较粗，下端的线较细。

（3）云肩线：主要出现于壶的颈部，线条较薄，其与颈部的距离与壶腹的尺寸必需相呼应。

（4）凹凸线及腰线：此类线装饰主要出现在紫砂壶的腹部，用这类线条进行装饰，分别以线条的粗细、厚薄和宽窄来达到不同的艺术效果。其中腰线现今也称皮带线。

（5）凹肩线：此为一种双曲线，用于紫砂壶肩部装饰。

（6）筋纹线：也称筋囊线，这是一种垂直线条，可将紫砂壶形体分成若干等份。筋纹线的装饰，要随着壶体器形变化，线条深浅做相应的变化。

（7）抽角线和折角：主要出现在方器的面与面交接之处，具有藏锋避棱，柔和方器棱角感的视觉效果。

（8）云水纹、菱纹和花瓣纹：这些纹线也属于一种花式的筋纹线，与筋纹线的不同处在于，这些线形的走向多为横向，且是起伏波动的弧线（图 3.25）。

图 3.25　宜兴陶瓷陈列馆藏 清末民初 黄玉麟制鱼化龙壶

三、陶刻（图 3.26）

陶刻是指在砂壶坯体上，用竹制或铁制雕刻工具镌刻书画或者装饰图案的一种方法，其中书画装饰的陶刻，融合了文学、书法、绘画、金石篆刻等诸多妙趣在其中，因此深得文人雅士的青睐，甚至亲自参与陶刻创作，乐此不疲。紫砂陶刻的艺术特点，在于注重写意笔墨的线描变化，以及辞章、短句、诗词在壶体上的布局，使造型、陶刻二者协调共融。

图 3.26　清末民初 胡耀庭制印方包袱壶

在明代中晚期，陶刻主要是用于作者名款、纪年的书刻，偶有题句，但较为少见。清代乾隆、嘉庆时期以后，由于陈曼生的带动，陶刻逐渐成为宜兴紫砂装饰中最常见的装饰手法。民国初年，从事紫砂

① 韩其楼编著：《紫砂壶全书》，第 154 页，韬略出版有限公司，1996 年。

陶刻装饰的匠师，大都来自书人画师。其时比较著名的有韩泰、路兰芳（一说卢兰芳）、邵云如（一说邵云儒）、陈少亭、任淦庭等人，师徒相承，师法竹刻、碑刻，借鉴中国绘画的章法布局，逐渐发展成为一种紫砂工艺的专门分工，专事紫砂坯的书画铭刻装饰，宜兴当地业内称为"刻字先生"。

陶刻工具在较早的明晚期、清早期，是以竹刀为主，《阳羡茗壶系》言："镌壶款识，即时大彬初倩能书者落墨，用竹刀画之。"清代乾嘉道光时期以后，深受金石篆刻技法的影响，采用钢刀逐渐成为主流。陶刻，必须注意行刀的浮沉利钝、深浅宽窄，笔势的气脉连贯，以显示迹外传神的格调①。

陶刻的手法有印刻、空刻之别，刀法则有单入侧刀法、双入正刀法之别。所谓单入侧刀法，是在坯体上直接下力刻划；双入正刀法则是每刻一笔，施以双刀，中间剩余泥块，用刀口刮平。其他如涩刀、涩刀、迟刀、留刀、轻刀、切刀、舞刀等金石用刀法也交替运用。大体而言，线条粗的部分，刀法要深，细的部分，则采用浅刻，当然，各种刀法如何变化应用，是陶刻创作者自身的匠心独运，难以一概而论。在民国初年，形成陶刻专业分工后，普通商品壶大多采用单刀行刻，较为精制的工艺茗壶则讲究书画意味，注意刀法与紫砂器形的协调。其时在国际博览会上获奖的紫砂精品，多数都有陶刻装饰，因此，这些获奖作品享誉海外的原因，除了精湛的制器工艺外，极富中国文化之美的书画陶刻装饰也是其魅力之所在。

1. 印刻

印刻，俗称刻底子，是采用双刀法，依据在紫砂器坯体上预先打好的墨稿加以镌刻，并保留墨稿的笔势原貌。按照对陶刻底面处理的差异，可以细分为平底刻、圆底刻、凹底刻、三角底刻、琢砂底刻、阳刻、阴刻等刻法。

2. 空刻

空刻，指不借用画稿，直接在紫砂器坯体上镌刻，故名。采用此法必须胸有成竹，握刀似笔，注重指腕用力，并具有娴熟的陶刻技巧。单刀法的刻划，具有自由驰骋，不受画稿约束的一气呵成流畅感，强调用刀的起头落笔，并适当作相应的刀法变换，其用刀方法，可归纳为"划、竖、撇、提、捺"五个字。刻"划"，刻刀先下后上；刻"竖"，刻刀先左后右；刻"撇"，先用顺刀，后用逆刀；刻"提"，先用逆刀，后用顺刀；刻"捺"，刻刀先上后下。

3. 清刻、填色刻、着色刻

所谓清刻即是刻后在刻痕中不加工染色；填色刻是先在紫砂坯体表面陶刻书画图案后，刮平底面，填入红、黑、白、绿等色泥打底，通常是白泥或者黄泥，使之突出陶刻刀路；着色刻是在陶刻后，利用多种紫砂色泥点染或勾画，摹拟绘画的笔触。

着色的原料，主要是青、绿、红、白几种紫砂陶土的天然矿物原料本色或调配成深浅各种颜色，其色调和原料成分如下②：

白色：白泥。

绿色：氧化钴与本山绿泥配制而成。

① 韩其楼编著：《紫砂壶全书》，第156页，韬略出版有限公司，1996年。

② 韩其楼编著：《紫砂壶全书》，第158-159页，韬略出版有限公司，1996年。

蓝色：氧化钴与白泥配制而成。

红色：将紫泥中的山黄泥料提炼经过煅烧而成。

淡红色：生白泥与生红泥配合组成。

褐黄色：黑料与生红泥配合组成。

色料的炼制：先将不同比例配合的矿物原料碾细，然后用清水浸漂，浮在水面的一层腊膏，即为有用色料。除此之外，还可以用氧化钴和氧化锰作为色剂。

若依照坯体的干湿程度及刻划手法来区分，紫砂器的陶刻方法尚有四种：

（1）写泥刻款：紫砂器坯体中尚含有20%的水份时，以圆钝的铁笔或竹刀进行刻写。

（2）湿泥刻款：紫砂器坯体接近干硬状态时，以锋利的钢刀进行陶刻。

（3）干坯刻款：紫砂器泥坯基本干燥后，以毛笔书绘字画墨稿，然后再用钢刀依笔划进行陶刻。

（4）描边剔泥刻款：先以细刀描出图案或字体的轮廓边缘，再以挑或点的手法剔去其中的部分，具有别具一格的视觉效果。

四、贴饰泥片

在砂壶的盖顶、壶腹、底部等处贴饰泥片，也是一种装饰手法，对于线型简素的圆器、方器，贴饰泥片既简练又可收丰富线条变化之效。贴饰泥片的具体表现形式大致有盖顶贴饰泥片，如上海博物馆藏时大彬虚扁壶；底部贴饰泥片，如南京博物院藏菊瓣提梁壶，以模印菊瓣状的扁平圆片作为底部的饼形实足；菱花瓣或柿蒂纹，如无锡出土时大彬制三足圆壶盖顶；壶盖、壶腹贴饰绶带状、布片状泥片，如表二30陈子畦制龙带壶（图3.27）、故宫博物院藏印方包袱壶；盖面贴饰八卦纹，如南京博物院藏邵大亨制捆竹八卦壶（图3.6）。

图3.27　明晚期 陈子畦制龙带壶

五、活动缀饰

在砂壶的钮、盖、流或者瓶、鼎类陈设器的耳部等附属部位，有时会加上一些可以活动的点缀性装饰，增加使用和视觉上的仿真性和趣味性，其手法有滚球、套环、垂耳、链子、莲子、龙首等。滚球是在壶盖顶部的伏狮前嵌缀一可以活动的滚球，表现“狮子滚绣球”这一题材，新近的蜀山窑发掘中，就有这样的标本①。套环是在条形钮中嵌套一个圆环状的活动环，也称为“串顶”或“串钮”，如天津博物馆藏阿曼陀室款葫芦形壶。垂耳是在瓶、鼎的耳部嵌套圆环，如南京博物院藏家羽后身款仿古铜器。链子是将紫砂泥条仿拟金属链条，做成环环嵌套的缀饰。龙首是在壶盖顶部嵌套活动的龙首，如宜兴陶瓷陈列馆藏黄玉麟制鱼化龙壶（图3.25）。

六、贴花雕塑

宜兴紫砂矿土以其稳定的可塑性、结合性等多方面的特点，赋予了紫砂器多种独特的手工成型技法，在这之中，贴花雕塑的装饰技法是一门需要灵巧的手工技艺的紫砂装饰技艺，

① 图片可参见南京博物院“紫砂研究”专题网页。

充分应用紫砂胎的色泽和质感，巧妙构思，精心营造，极大地丰富了紫砂器的装饰之美，使得紫砂器除了抽象的方、圆线条表现外，拥有更加丰富的艺术创作内涵，因而主要表现贴花雕塑工艺的塑器也是紫砂器造型中的一大门类。具体而言，此类技法是在紫砂坯上利用模印、捏塑、堆贴、雕镂、刻划等多种手法，描摹各种物象，常见题材有竹节竹叶、梅花梅干、松针松枝、瓜果藤蔓、狮虎瑞兽等等。贴花雕塑的具体工序，一般是先用手指将紫砂土捻成一大概的雏形，然后用专门的工具延压、修饰和刻划，然后再将其贴附在紫砂坯上。这种装饰手法与瓷器装饰中的堆塑相类，同时借鉴了漆器、玉器、铜器、石雕、竹木雕刻等各种工艺美术技法。紫砂的贴花雕塑大多是采用和坯体一致的本色胎土，也有用与坯体不同的多色胎土相配合的。

1. 平面模印

模印，分印板和印章两种方法，印模采用木、石、陶等为材质。印板模印的工序，是将所需要的装饰图案刻在印板上，印板在泥片上印压出花纹图案或文字后，再将泥片镶接成型，这种技法大多用于模印装饰的方器，如香港茶具文物馆藏外销六方茶叶罐（图 3.28）。印章模印的工序，则是将图案刻在印章上后，在壶盖、壶肩、壶腹、流、把等部位重复排列压印，如回纹、卷草纹等装饰图案，有凸起的阳文和凹陷的阴文两种表现形式，如故宫博物院藏龙首三足壶。花塑器的附件，如叶片、花朵手法与印板类似，将图案模印出来后，用泥浆粘贴于紫砂坯体上，如故宫博物院收藏的梅桩笔筒、南京博物院收藏的陈荫千竹节壶。

图 3.28 香港茶具文物馆藏 清早期外销六方茶叶罐

在明代中晚期，便开始运用模印手法来装饰紫砂器（图 3.19），及至清代早期，模印成为这个时期最具有时代特征的装饰手法，模印图案精美复杂，纹饰的繁缛较明晚期更甚。乾隆时期模印装饰达到极盛，器表往往缀满模印装饰图案，此后模印装饰虽然偶见，但是再难有乾隆时期的华美效果。北京故宫博物院收藏的乾隆时期印花六方壶、首都博物馆收藏的乾隆时期印花四方壶、南京博物院收藏的模印菊瓣提梁壶都是属于运用此类装饰手法的典型代表。

2. 立体塑形

以模具或者手工捏塑的方式模拟各种动植物或者其他事物，是紫砂器常用的装饰手法。自明代中晚期，就可以发现此类装饰的实例，从羊角山的残片中，便有以龙首作壶流、松鼠作壶钮的残片。清早期手工的贴花雕塑可以故宫博物院收藏的各式桃形水丞为代表，乍看其贴饰叶片并不十分精细，这是因为其叶片贴饰完全不借助模具，纯粹以手工裁切泥片，然后加以修整刻画叶脉，正是深得天然趣味，没有矫饬的清代早期塑艺真貌。清代中期开始，以书画铭刻为主要装饰手法，贴花雕塑以局部点缀为主要表现形式，多见竹节题材。到了清末民初时期，对贴花雕塑又较为倚重，许多紫砂壶造型充分运用贴花雕塑手法，如树桩、合桃及各类竹节造型即是。

3. 镂空透雕

镂空透雕是一种费工费时的装饰技法，具有玲珑奇巧、虚实相间的视觉美感。因工艺难度较大，成品率低，采用此种装饰手法的紫砂器极为少见。根据《江苏省志·陶瓷工业志》所载，故宫藏有清代宜钧镂空花篮，是在泥片上直接使用缕雕技法刻出图案，再镶接成型进行加工[①]，但未见实物图片发表。镂空透雕可分全器、局部二种表现方式，如法国吉美博物馆收藏的镂空竹节壶是采取整体器身大面积的采用镂空透雕装饰，盖顶及壶身外壁为镂空的竹枝竹叶图案，如此壶全器镂空装饰的，内部需另套一内胆（图 3.29）。

图 3. 29　吉美博物馆藏 清早期镂空竹节壶

七、泥绘堆泥

泥绘及堆泥是极为有特点而且精致复杂的紫砂装饰工艺，此种装饰手法由来已久，在明代的日用陶器中，已经出现一种宜兴本地所特有的“堆花”装饰手法，即泥绘装饰法的前身。堆花装饰法在明初已有，至明末已达成熟阶段，画面讲究工整，边框纹饰稍有立体感。永乐年间（1403-1424 年），宜兴窑场出现“大拇指堆花法”，即在陶器的坯体上，运用右手大拇指，堆贴各式花卉人物、飞禽走兽图案，主要技法有手抹、摞叠等。另用竹片、木片、牛角等小工具进行装饰性加工。有一件容量 350 公斤荷花缸，其两侧粘接木模印制的兽头形耳饰，缸体堆花图案中的荷叶、莲瓣均以拇指堆贴，边框的纹饰和莲枝则用手工捏塑[②]。

清代顺治十一年（1654 年），宜兴汤渡窑户林十万承烧御用大缸，该缸水容量 1000 公斤，缸体需堆贴“龙戏海涛”图案，并施金黄色釉。由于器型庞大，缸坯装窑时，窑门须拆除砌宽，烧成难度很高。官府规定：“不能成器责以必办，不能办则官窑以高价市之。”就是说，如果烧不成，要承烧的窑户照官府所估的高价赔偿。林十万虽竭尽全力烧成，终因赔累过大，几乎倾家荡产。康熙年间（1662-1722 年），堆花陶器的品种日益增多，花缸类有花缸、龙缸、寿缸、荷花缸、金鱼缸；花绿缸类有龙四石、龙三石、小龙三石、龙申放、腰圆；花坛类有洋坛、龙坛、粮坛；其他有罗盘、挂盘等器。堆贴的画面不仅有人物、花草、龙凤、走兽，而且有书法、款章。有一件清代康熙甲辰年（1664 年）菊月制作的寿缸，堆贴的颜体楷书端庄古雅，韵致清绝，堪称佳作。雍正六年（1728 年），景德镇御窑督陶官唐英特地到宜兴窑场观察大龙缸的堆花和烧造技术，并采办样品运回景德镇仿造。乾隆、嘉庆时期（1736-1820 年），葛明祥、葛源祥兄弟的葛窑创烧可以加锁的“六方圆形堆花锁坛”。该坛的腹部圆框内堆贴牡丹，其余部位堆贴各式花卉图案。这种堆花形式俗称“满花”。葛窑和其他窑户烧造的堆花坛、龙坛也很别致，其中放龙坛、市龙坛采用“蘸浆画花”工艺，即以毛笔蘸白色泥浆，在龙坛表面描绘花草虫鸟等图形，并施黄色釉。苏北一带农村均采办这类制品，作为女儿陪嫁妆奁。日本和东南亚各国特别喜爱葛窑所产花缸、花坛诸器，一般用于存放食物、衣服、饮水或庭院摆设。日商以重价收购，再转销秘鲁、智利、墨西哥、西班牙和欧洲各地，获利丰厚[③]。

光绪年间（1875-1908 年），宜兴窑场相继出现从事堆花的艺匠，或子承父业，或拜师习艺，艺徒都须先行习练书法、绘画等基本功，因而拇指堆花的技艺日益精进。堆花的主要手法有搓、掀、撩、贴、抹、叠等，画面的浓淡、疏密、主次一般靠腕力调节，细微处运用小

① 江苏省地方志编纂委员会：《江苏省志・陶瓷工业志》，第 113 页，江苏人民出版社，1994 年。

② 江苏省地方志编纂委员会：《江苏省志・陶瓷工业志》，第 143-144 页、彩图 126，江苏人民出版社，1994 年。

③ 江苏省地方志编纂委员会：《江苏省志・陶瓷工业志》，第 144 页，江苏人民出版社，1994 年。

工具修饰，也配合使用刻花、镂雕等装饰手法。民间常见的堆花图案有兰、菊、莲、藕、松、竹、梅等，大都是寓意吉祥的图案。1916 年，宜钧名匠戈根大创制抽角四方和抽角六方金鱼缸，并由堆花名手葛保林采用墨蓝、天蓝、铬绿、嫩红等色泥堆绘不同层次的画面，并镶嵌扇挡形线饰，使缸体的造型和装饰具有新颖的风格。金鱼缸获上海首届国货展览会特等奖。1917-1930 年，堆花艺匠鲍六芝自制数十种专用工具应用于堆贴工艺。他所堆贴的“八骏图”，采用木篦梳刷马鬃、马尾，使骏马栩栩如生，纤毛毕现。平时他还十分注意揣摩金鱼悠悠游动的神态，所堆贴的金鱼，出没于水草丛中，姿态各异，形神兼备。1936 年，堆花陶器声誉日隆，畅销于江苏、浙江、安徽、山东、河北等省，并出口日本、东南亚和欧美各国。常州天宁寺住持僧曾订购一件抽角八方堆花寿缸，由名工杨耀生承制。杨耀生采用色泥在八角抽角处堆贴“暗八仙”，八方堆贴“明八仙”，上盖堆贴“四大金刚”，并辅以琪花瑶草、飞禽走兽，结构严谨，布局合理，人物形态各异，形象生动自然。住持僧以一百银元酬谢，其价值相当于一般堆花寿缸的十多倍。宜兴丁山葛德和工场为国内各大中药铺、食品店承制钤刻店号的锁坛、花洋坛。可以加锁的锁坛内壁涂白，外壁“满花”，用以盛放名贵药材，并防止受潮霉变。花洋坛用以盛藏茶食、糖果、糕点或茶叶，美观实用[①]。从上述堆花日用陶器的沿革中可知，紫砂器的泥绘堆泥装饰与日用陶器的堆花装饰有一定程度的近似，应是由同时期明清日用陶器的堆花技法演化而来。除了宜兴本地日用陶的渊源，紫砂器的泥绘堆泥装饰对漆器的堆雕工艺方法也有所借鉴。

泥绘是在已经成型完工的，而且保持一定湿度的坯体上，用调和得较为稀软的紫砂泥浆堆绘于紫砂坯体上，堆泥则是全手工在器表一点一点堆塑较厚的泥块、泥条，泥绘或堆泥都具有一定的厚度，且经常同时并用。以手指或毛笔堆画，有时局部、细部用专门制作的工具再加以精细雕琢，具有浮雕式的立体感、层次感。若壶坯干湿度不一致，粘附情况不佳，烧成后的泥绘或堆泥图案容易剥落，因此，如为完美没有损坏的作品，十分珍贵。泥绘堆泥的装饰题材，风格布局相近的山水、花鸟、岩石、屋舍、树木、小舟、飞鸟等构成的画面，或者是吉祥喜庆纹样，另一种是堆泥所构成的行书或篆字诗文。其布局亦师法书画的布局结构，极为典雅而富有文艺气息(图 3.30)。

图 3.30　清早期　泥绘直壁圆壶

泥绘及堆泥的具体表现形式可以分为三种。第一种是和器身泥色不同的单色泥堆绘，通常采用白、黄、绿、黑等色泥装饰，和器物本身的胎色形成对比的视觉效果，如故宫博物院收藏的泥绘花盆；第二种是和器身泥色相同的单色泥堆绘，如故宫博物院收藏的六方茶叶罐及堆泥寿字莲荷纹壶；第三种是多色泥堆绘，如故宫博物院收藏的段泥笔筒上，是进贡宫廷精品的繁复工艺。

泥绘及堆泥工艺明代已有，而且手法较清早期更细腻，但是泥绘堆泥真正的鼎盛期仍是清代的康雍乾时期，到清中嘉道时，仍然沿袭了清代早期的泥绘山水，但单纯是泥绘，较为稀薄，没有层层叠加的堆泥，且笔法较为粗率不羁，清代中期堆泥的内容有所转变，少见山水图案，而是立体篆书文字装饰，意在描摹金石器物上的铭文，如南京博物院藏吉安制堆泥

① 江苏省地方志编纂委员会：《江苏省志·陶瓷工业志》，第 144-145 页，江苏人民出版社，1994 年。

篆字方壶。

八、加彩上釉

紫砂器加彩上釉的装饰手法，借鉴了瓷器的工艺，其工序是在紫砂器烧成后，以施釉加彩手法装饰后，二次低温烧成，主要有珐琅彩、炉钧、红绿蓝彩低温铅色料等品种。早在4000多年前，江苏境内的先民们就开始在陶器制品上施一层红土泥浆作为装饰。商周时期（公元前16世纪—前771年），宜兴开始生产施有青黄色釉的原始青瓷。秦汉时期（公元前221—公元220年），陶工在泥浆中加入草木灰和天然矿物组成的单色釉（后称为“泥浆釉”，泥浆即氧化钙含量较高的易熔粘土），釉色有青绿和灰褐色等，广泛用于各类陶瓷器的装饰。至隋代开皇年间（公元581-600年），宜兴的部分日用陶器开始施用一种绿釉。至晚唐，青瓷的烧制已经十分成熟，釉面光亮；少量的日用陶开始施用老红釉，制品烧成后呈棕红色。北宋时期（960-1127年）出现钧蓝釉。万历年间（1573-1620年），嫩红釉试制成功，并逐步应用于日用陶产品。嫩红釉与老红釉一般用土骨、白土、石脂等原料制成，烧成后呈紫棕色。清初，嫩红釉发展成花缸釉。到了1925年，釉水种类已有蔚蓝色、橘红色等十多个品种。1936年，釉水作坊计有十几家。作坊一般为独资经营，也有两三人合伙经营。有的大窑户则雇用技工在自己工场内配制釉水，以保证产品的外观质量①。

在紫砂器表面加彩上釉，肇始于明代晚期，其起源有二说，一是传为欧正春所创立的欧窑，另一则有可能原是江西景德镇的瓷工陈仲美传入。笔者认为，若是全器挂釉，宜兴本地创设的仿钧欧窑应是其发端，若是彩绘图样，则受景德镇瓷器工艺的影响较大，但并不一定是陈仲美，由《阳羡茗壶系》对陈仲美的记载来看，其人在雕塑方面的影响更大，在明代晚期，景德镇的制瓷分工已经十分精细了，一个精于塑型的陶人未必通晓施釉彩绘工艺。在中国古陶瓷历史中，各地区之间自然而然地会互相学习、效仿其工艺的长处，景德镇制瓷施釉彩绘工艺必然对宜兴地区陶瓷工艺也有所影响，可能自明代早期的日用陶制作中就已经开始。

虽然紫砂加彩上釉技法起源很早，不过，其大为流行是在清代康熙、雍正、乾隆三朝，此时宜兴已经出现专门制作釉水的作坊“釉水行”，常年生产和出售釉水②。在装饰纹样上，也益趋华丽繁琐。不过，此类加彩上釉装饰的紫砂器，虽然在宫廷、民间蔚为风行，始终不符合文人雅士所偏好的古朴典雅的审美观，清人吴骞《桃溪客语》中便提到：“阳羡茗壶自明季始盛，上者与金玉同价。百余年来，时工所制，率粗俗不雅，或涂以黄丹，无一可以清玩。”③不过，吴骞的观点只能代表部分文士的赏鉴观，虽然说有一定的道理，过多的色彩及装饰图案，对于紫砂器本身胎土和器型的欣赏是一种视觉上的干扰，但是清早期紫砂器的工艺，也并非仅以“粗率不雅”便可一笔抹杀，仍然具有其可观之处。

清末民初时，在彩釉的色调上又有了一些新创造。清末，宜兴陶工在泥浆中加入金属氧化物和“窑汗”制成铜绿釉，成为钧釉中的一个新的重要品种。1921年，宜兴窑场的紫砂业先后研制成低火釉的古铜色、天青色、雨过天晴色釉料④。

---

① 江苏省地方志编纂委员会：《江苏省志・陶瓷工业志》，第37-38页，江苏人民出版社，1994年。

② 江苏省地方志编纂委员会：《江苏省志・陶瓷工业志》，第38页，江苏人民出版社，1994年。

③ 吴骞：《桃溪客语》，续修四库全书影本，上海古籍出版社，1995年。

④ 江苏省地方志编纂委员会：《江苏省志・陶瓷工业志》，第38、131页，江苏人民出版社，1994年。

1. 宜钧

宜钧，也称宜均，是指产于宜兴均山一带的带釉紫砂器，釉色甚多，其着色剂为氧化铜，取料于冶铜的铜灰，加上石灰窑烧结的窑渣，即以“窑汗”作为乳浊剂，使釉面呈流状[①]，其制品下脚处大都挂釉，因而宜钧产品常常被称为“挂釉器”。宜钧的釉色主要有天青、天蓝、灰蓝、云蓝等，还有乳白、墨绿、葡萄紫、金黄、古铜等数十种，其最大特点是釉面醇厚清雅，并在烧成中产生奇异的窑变现象，使釉面斑斓璀璨，五彩缤纷。其中以灰蓝色釉最为珍贵，有“灰中有蓝晕，艳若蝴蝶花”之赞誉。由于其天青、天蓝的釉色似宋代钧瓷，因而称为宜钧，虽然其釉色与宋代钧瓷相似，但在制造工艺上与宋钧有较大的区别，宋钧是以还原气氛烧成，而宜钧是在氧化气氛中烧成[②]。

明清两代，宜兴的钧陶工艺就已达到相当水平。在羊角山和新近蜀山窑的发掘中所发现的宜钧残片，说明宜钧的起源和成熟和紫砂器是同步的。明代万历年间，宜兴人欧正春（字子明）烧造的钧釉陶是明代宜钧的代表，时人有“欧窑妍且姱，绚丽同晨葩”之赞誉，世称“欧窑”。欧窑的器型，形制繁多，有花盆、瓶、盂、尊、洗、钵等品种，尤以洗类为多。相传欧窑所产的盘，呈六角、八角或多角形，署阳文“子明仿古”四字款识。其素三彩佛像的面部及手足均不施釉，有极庄严或极潇洒者，面部皆露胎，往往呈黑色，衣服则为蓝色，其造型于浑朴中见妍整[③]。谷应泰所著《博物要览》“均窑”条下载：“近年新烧，皆宜兴砂土为骨，釉水微似，制有佳者，但不耐用。”[④]王穉登《荆溪疏》也提到：“近复出一种似钧州者，获值稍高，故工价踊贵。”[⑤]至明末，宜钧的釉色有仿哥窑纹片、仿官窑釉色，也有似青瓷的缥色。

清代雍正年间（1723-1735年），宜钧紫砂器进入宫廷，成为御用器物，其器型有花觚、圆盒、瓶、桃形水盂、花插、叶式洗、仙鹤砚水盂、环耳瓶、出戟觚、六方盆、兽纹鼎以及缠枝莲纹瓶等。内侍郎中海望曾奉旨依照宜钧挂釉罐“旋一木样”，将两头收细，命年希尧交景德镇瓷窑仿造。由于欧窑花瓶被皇帝认为“款式甚好”，朝廷曾下令“照此款式打造银壶、珐琅壶”。乾隆时期，清代的宜钧以丁山的葛明祥、葛源祥两兄弟的葛窑最为著名。葛窑继承欧窑传统工艺并有所发展，葛窑烧制的钧陶，釉彩丰富，变化万千，釉面纹理如星、似晕、若花，颇有自然的美感，器型以火钵、花盆、花瓶、水盂为多，日本人收购宜钧，必择底铭“葛明祥”、“葛源祥”款识才以重价收购。葛窑的火钵、花盆大多销往日本和东南亚各国。日本人称钧蓝釉为“海鼠色”、“海参色”，视葛明祥、葛源祥为“海参器之祖”。葛窑和欧窑的装饰手法基本相同，除了主要突出釉彩美外，还采用刻花、镂雕等技法。一般的宜钧制品坯件都比较细腻，陶工在坯体上运用尖刀、剜刀、斜刀等工具，在毛笔画就的画面上，依照笔意雕刻，绘画的笔意、浓淡层次、疏密曲直，全凭刀路体现出来。有一种钧陶凉凳，是在泥片上直接使用镂雕技法刻画图案，再镶接成型，图案有古钱形、双月形等。这一方法后来普遍使用于小型制品。光绪年间（1875-1908年），宜钧紫砂器多产于宜兴丁山白宕一带，形制以仿古为主，日用品有杯、碗、盆、盂、火钵或几案陈列器，由新加坡鼎生福陶器店外销。

---

① 江苏省地方志编纂委员会：《江苏省志·陶瓷工业志》，第37-38页，江苏人民出版社，1994年。

② 江苏省地方志编纂委员会：《江苏省志·陶瓷工业志》，第125页，江苏人民出版社，1994年。

③ 江苏省地方志编纂委员会：《江苏省志·陶瓷工业志》，第140页，江苏人民出版社，1994年。

④ 谷应泰：《博物要览》，丛书集成初编本，1560册，卷二，第16页，中华书局，1985年。

⑤ 王穉登：《荆溪疏》，《说郛续》四十六卷，第5页，1964年，新兴书局。

宣统三年（1911 年），鲍明亮创烧高 1.6 米的钧釉大花瓶，获南洋劝业会奖状[①]。

1912 年，宜钧窑户采用加重施釉法（别称复式施釉法），即在坯体上施釉后，再涂上一层钧釉（别称体面釉），使釉层凝重，呈现美丽的云斑纹或垂流状，釉的质感更加强烈，色彩鲜艳绚丽。丁山窑户葛逸云为了扩大宜钧窑产品的外销，先后在日本大阪、京都开办陶器店和洋行，同时在丁山设立制釉作坊和陶器工场，以重金聘用名工烧造特色火钵、花瓶、花盆等器，直接运销日本。日商见宜钧获利甚丰，悉心模仿，旋因品质不佳、釉色黯淡，无人问津而终业。第一次世界大战后，宜钧外销一度兴旺，葛逸云的"雨过天晴"钧釉钵为日本人所钟爱，年销售金额十多万元。上海葛德和、鲍源信等陶器店的宜钧陶外销量也逐年增加，年成交额逾十五万元。1915 年，由江苏宜兴利用陶器公司介绍，吴云根、杨阿时、李宝珍、江案卿等人赴山西省平定县平民陶器工厂担任技师，历时三年，此间不仅传授紫砂器的成型技术，还利用炭釉炉窑试验成二次烧成的炉钧紫砂彩釉陶。1930 年，日本政府对宜钧进口采取关税限制政策，甚至以宜钧在日本的市场售价计收税率，致使宜钧对日出口中断。1931-1937 年，宜钧窑户开始应用化工原料配釉，相继制成钧红、天蓝、深蓝、金黄等釉色。名工戈根大（葛根大）首创抽角四方盘底成型法，使钵盂、花盆等产品逐步定型形成系列，以利于套装焙烧。他还在钧釉钵盂上镶嵌金黄釉画面，饰以阴阳纹，更加突出钧釉湛蓝的光泽，加强钧釉的感染力[②]。

2. 炉钧釉

炉钧釉是清代雍正年间新创烧的一种低温釉，属于宜钧的一种，以色彩斑斓的窑变效果享誉于世。其釉面两种色泽交融，与宋元时期的钧窑窑变天蓝釉近似，其低温釉彩是在 650℃-950℃的彩炉中二次烧制，故名炉钧釉。宜兴紫砂胎的炉钧釉在乾隆年间烧造得非常成熟，外表已经很难和景德镇瓷胎相区别，它的色彩特点是红、蓝、紫诸色斑驳交杂，或者是亮丽的浅蓝杂细碎的深蓝窑变斑点，底部有的满釉，有的露胎。前面所提到的葛明祥、葛源祥兄弟亦善烧造炉钧器。故宫博物院藏有这类施炉钧釉的紫砂壶数件。

3. 低温彩釉

紫砂器的低温彩釉装饰是借鉴同时期景德镇瓷器的彩绘工艺而生，盛行于清代康雍乾三朝，清代中晚期至民国初年亦偶然可见，但此后不及清早期流行，如南京博物院藏吴露色制绿釉瓜楞壶。它的工艺是在烧好的紫砂器上进行彩绘，然后入彩炉二次烘烤而成。紫砂壶上的彩绘成功地模仿了粉彩瓷器的不同效果，清宫养心殿旧藏的绿地彩绘描金菊蕾壶是模仿乾隆官窑粉彩瓷器的极程式化图案化的官窑粉彩瓷效果，但是其上的彩料，应当不是粉彩，据耿宝昌先生推断，可能是类似漆一类的物质。故宫博物院收藏的另一件彩绘花鸟纹四方委角笔筒则是典型的模仿一般工笔画粉彩的效果。一般的低温彩釉装饰紫砂器，其画工可能来自江西瓷彩工匠，由于为民间市坊流通的商品，彩绘的精细度不及官窑瓷器。清早期加彩挂釉的装饰方式大为盛行有二个原因，一是追求华丽繁复装饰的时代风尚，另一是为了掩饰此时期部分紫砂及红紫砂特有的砂气重的干涩胎质。

加彩的手法，一种较为单一，主要为蓝白釉彩绘（图 3.31）。以浅蓝色釉涂绘图案轮廓，其上以深蓝色勾勒线条细节，以白釉书写词句，字体或为篆字，或为较草率的行草，有的局

---

① 江苏省地方志编纂委员会：《江苏省志·陶瓷工业志》，第 125、140-141 页，江苏人民出版社，1994 年。

② 江苏省地方志编纂委员会：《江苏省志·陶瓷工业志》，第 141 页，江苏人民出版社，1994 年。

部夹杂黄、绿等其他釉色，有的在画面留白处以白釉，并在文字首尾以圆形或方形白地红釉画记模拟书画上的落印，盖、把、嘴多半也绘以花卉装饰，这种彩绘装饰手法，称之为“蓝白釉彩”，其蓝彩较为深邃的，年代较早。蓝白釉彩绘，其色调及装饰纹样应当意在模仿景德镇的青花瓷器，虽然实际上仍稍有差异，使用这种蓝色釉装饰的大都是棕褐色的紫砂胎，如故宫博物院收藏的清乾隆蓝釉加彩缠枝莲大花盆。

另一种则是彩色釉彩绘（图 3.32），用彩搭配缤纷华美，图案布局疏落有致，其画面布局和前述泥绘装饰相似，多见山水、岩石、屋舍、树木、小舟等构成的画面，但不如泥绘细致淡雅，如故宫博物院收藏清中期粉彩百果壶。也有其他题材的，如故宫博物院的四方花鸟纹笔筒，也有整个器表绘满彩釉的全器满彩（底部露胎），如乾隆十二年款方衡禄制彩釉圆壶，或者以锦地开光的形式表现。

彩釉装饰的手法及纹饰布局，体现了清早期喜将紫砂器外观“瓷器化”的审美取向，尤其是壶肩及近底部的带状边饰手法，和瓷器可以说是如出一辙。

图 3. 31　清早期 华凤翔制加彩直壁圆壶

图 3. 32　清早期　“顺时听天”款加彩圆盖大壶

4. **珐琅彩**（图 3.33）

珐琅彩是在康熙年间，受法国珐琅画的影响，由法国传教士传入中国，其色泽华丽，较五彩更有层次变化且饱满鲜明，得到康熙皇帝的格外垂青，在宫廷中尝试烧制各种材质的画珐琅器。在试烧阶段的初期，以各种不同材质的铜胎、瓷胎、紫砂胎画珐琅加以试验，因而留下了数量有限的珍贵紫砂胎画珐琅器。因此，不同于其他装饰，珐琅彩的装饰是在宫廷中完成，而非宜兴本地，由地方将素面的紫砂器上贡至宫廷后，由清宫内务府交造办处，按照皇帝审定的图样，甚至选定哪一件紫砂器画珐琅也是皇帝亲定，由造办处珐琅作的宫廷画师们，使用珍贵的进口珐琅彩料加以绘制，然后入低温彩炉二次烧成。台北故宫收藏的一批传世清“康熙御制”紫砂胎画珐琅，器型以盖碗居多，还有各式圆壶、方壶、提梁壶等，题材以四季花卉牡丹为主，运笔较为拘谨，图案式的趣味高于写实性，“康熙御制”四字用黄色珐琅彩正楷端书。不过，相比于瓷胎画珐琅，由于紫砂胎表的气孔大，砂质感强，致密性不如瓷胎，与器表的珐琅彩结合不甚理想，所烧画珐琅彩料表面会有细小孔眼及气泡破裂的凹痕，纹饰略呈浮出，因此，在目前所见传器中，未见康熙年间以外的紫砂胎画珐琅装饰。

图 3. 33　台北故宫藏 清康熙 珐瑯彩四方壶

5. **描金**

描金是以金粉或金彩书写篆字诗句、绘以山水图案或者勾勒轮廓线的装饰手法。和珐琅彩一样，其加工装饰是在宫廷中完成的，是属于宫廷紫砂器所特有的装饰艺术，所绘的内容及笔法较为精致，故宫博物院藏龙象描金三足圆壶、天津博物馆藏描金山水八卦纹壶是此类装饰工艺的代表，此二壶的描金铭款署名皆为“郎岑”，应是当时宫廷中专事此类描金装饰工艺的画师，描金彩绘天鸡尊也大量应用了描金装饰（图 3.34），故宫博物院还收藏一件清代竹节壶，其通体外壁漆金的手法甚为少见。清代中晚期描金工艺目前仅见一例，为收藏于上海博物馆的邓奎监造金涂塔壶（图 3.35）。

图 3. 34　故宫博物院藏 清早期 描金彩绘天鸡尊

图 3. 35　上海博物馆藏 清中期 邓奎监制金涂塔壶

九、包镶

包镶是以其他工艺材料添加装饰，包附、镶嵌在紫砂器的外表的装饰手法，主要有包漆雕漆、包锡或者镶嵌金属、玉料、木料等方式。此类装饰工艺，从一个侧面体现了清代紫砂器行销四方，灵活变化其装饰手法，适应不同地域喜好的特色。

1. **包漆雕漆**

在紫砂壶外表涂漆，以漆绘或者雕漆手法加以装饰。紫砂的雕漆装饰是以紫砂为胎，其上用雕漆工艺装饰。紫砂雕漆装饰工艺仅仅在明代宫廷紫砂中有见。黑漆加彩是宫廷紫砂壶上特有的装饰技法，始于清雍正时期，有黑漆金彩和红彩描金等小品种。它的制作方法是，先在宜兴烧好素面紫砂壶，然后运到故宫造办处加工装饰，民间未见这种装饰技法的紫砂壶。它的装饰手法是，先在紫砂胎上罩一层黑漆，再于其上用金彩或者红彩绘画，尽显皇家华贵气派。故宫博物院收藏的明晚期时大彬制雕漆四方壶（图 3.36）、清雍正黑漆描金彩绘方壶、清雍正黑漆描金彩绘掇只壶等是此类装饰工艺的代表。

图 3. 36　故宫博物院藏 明晚期时大彬制四方雕漆壶

2. **镶嵌金属**

清末民初时，销往泰国及南洋一带的紫砂壶，由当地工匠在砂壶上用黄金、白银将颈沿、盖沿、底、流口等处加以镶扣，增添其富丽、喜气。另有一类也是在清末民国时期，紫砂茗壶运抵山东威海一带出口外销，当地工匠用银、铜、锡镂以花纹，并包裹壶体的一种装饰手法，在当时蔚为风潮。如香港茶具文物馆收藏的镶金圆壶、贴花折腰六方壶、镶锡提梁壶就是此类装饰工艺的典型代表。镶金圆壶的壶钮、流口、盖沿、颈沿、及三足均为黄金所镶，壶底钤有泰文椭圆印，说明其为外销至南洋地区的器类。贴花折腰六方壶的壶身饰模印贴花缠枝牡丹及蝴蝶，盖沿、颈部及圈足包镶金属镂空纹饰，流口包锡。镶锡提梁壶壶盖外沿包一层锡，盖中心外镶一枚“光绪通宝”铜钱做气孔，壶嘴用锡制成，连接镂空雕花的双龙戏珠图样和一寿字。壶底钤阳文中英文长方形印“威海卫同庆顺造 • TUNG KING SHUN FACTORY WEIHAIWEL. NO.1”。其印款也表明了此壶为山东出口的外销器（图 3.37）。

图 3.37 清晚期 威海出口镶锡壶

3. 包锡嵌玉

在无锡甘露乡萧塘明崇祯二年华师伊墓中，与时大彬制三足圆壶一起出土的，尚有一件紫砂胎锡壶①，壶体作竹节状，钮顶镶玉，由此可知在明晚期即已有这样的砂胎锡壶工艺，但是此类工艺的盛行，是在清代嘉庆、道光年间，主要是朱坚（石楳）所制作，在壶、嘴、把、钮等处嵌玉，表面包锡，并镌刻书画，增其书卷气（图 3.38）。此法工艺繁复，仅在嘉道时期风行一时，清晚期后此法即告失传。外表包锡可以更增保暖功效，钮、把等处镶玉，则可避免茶汤高温灼人。

图 3.38 香港茶具文物馆藏 清中期 杨彭年制锡包方斗壶

4. 包镶木料

采用包镶木料装饰手法的，目前仅见一例，也是朱坚所制，收藏于故宫博物院，其型

① 冯普仁、吕兴元：《江苏无锡县明代华师伊夫妇墓》，《文物》1989 年第 7 期。

制为垂腹、环柄、短流、平底，平盖圆钮；紫砂胎外以槟榔木包裹，盖沿、口沿底包一层银灰色锡皮；盖面、外腹、柄皆镶槟榔木，上刻有几何纹饰；流钮镶玉。在一件砂壶上同时采用玉、槟榔木、锡皮三种材料装饰，工艺复杂、费工费时。然而从实用功效的角度出发，木料在砂壶沏茶时受热及接触水气，很容易变形毁损，因此，极少砂壶采用此类装饰工艺。

第五节 印章与款识

紫砂器的印章与款识，就内容而言，主要有人名款、纪年款、斋号款、纪念款、图形款、商标款、吉语款、闲章款、诗文款、假托款几种，一件砂壶，可能只有单一的一种款识，也可能同时出现多种内容的款识，比如作者与题铭者，或者商标、作者、题铭者这样的多重署款形式。

就署款方式来说，主要分印款与刻款，有时单独采用，有时二者结合并用。印款由于印章的材质不同，印迹也稍有差异。有木质章款及石质章款之分，木质章款的印痕比较柔和，石质章款的印痕比较锋棱分明。刻款由书刻的工具来分，有竹刀、钢刀之别，亦是前者刻痕较柔和，后者爽利（仅就刻痕而言，并非字体书风）。但是，这些差异是相对的，并没有绝对的分界，因此，无论印款与刻款，有时并不易仅就砂壶上的款识做绝对区分，所以一般在论及紫砂器的印章与款识时，也并不一定就此下明确的评断。此外，根据宜兴现代制壶者的实际经验，同样的印章，印在紫砂、绿泥、朱泥等壶上的收缩率也不一样，经过烧成后，印章的尺寸会大小不一[①]，这种情况，在明清砂壶上应当也同样存在，这是鉴别印章款识时应当注意的。

虽然纪年及人名款经常是说明一件紫砂器确切年代最直接的证据，但是，必须在确定其胎土、制作工艺各方面的特征均符合其款识所提示的时代后，款识本身才具有佐证的意义，可以作为和胎土、制作工艺互相印证的旁证。若将款识作为印证紫砂器年代的第一顺位，而不考虑其器物自身的工艺特点，则会出现许多相互矛盾的情形。以南京博物院收藏的一件加彩掇只壶为例（表三 74），其盖上有清末民初著名的店号“豫丰”印款，但是其壶身器型、装饰方式却是典型的清代乾隆时期特征，款和器身工艺风格都毫无疑义，可能是后来的人将二件残器拼凑在一起了。如果对于器物本身的时代特征没有清楚认识（清末民初也有和乾隆时期风格雷同的加彩器），就不会发现此器其实是“张冠李戴”，若以为款识正确便以此先入为主地判断年代，所得的结论自然也就偏离事实。大体上，我们可以由同时代的出土及传器实物中归纳出某一个时期的署款所惯用的形式，但也不可过分拘泥，以明代来说，落款于底部是最为常见的，但是亦有器物的款识落于把下、盖内这些位置，因此，没有完全绝对的定规，亦是在探究款识时应存有的客观态度。

一、人名款

紫砂器上的人名款，由其身份划分主要可以分为制作者、题铭者、订制者、受赠者几种。

1. 制作者

陶瓷工艺发展到明清时期，大多数的陶瓷器，其制作工序是由许多人分工完成的，制坯、

① 夏俊伟：《中国紫砂茗壶珍赏·印章与款识》，第 431 页，上海科学技术出版社，2001 年。

上釉、装饰都各有专门分工各司其职，而宜兴紫砂从胎土配制到制作成型，大体上都是由单一的创作者独立完成，因此，在各类陶瓷中，宜兴紫砂格外重视制作中的个人因素，所以，紫砂器上经常可见陶人的署款，此类是紫砂器的印章与款识中，最常见的一种。

2. 题铭者

从《阳羡茗壶系》中的相关记载可知，明代晚期就有专门为陶人刻款的题铭者存在，其中提到："陈辰，字共之，工镌壶款，近人多假手焉。"但是从目前所见出土与传器物实物看来，明代题铭者所书刻的，还是制壶者之名，并非题铭者自己的姓名，可以说只是代制壶者署名而已，清代开始，才逐渐发展出留下题铭者之名的习惯，从曼生开始，题铭者的落款位置较制作者更为明显。

3. 定制者、监制者

除了制作者和题铭者之外，有些人名款应当是属于定制者或监制者，但是由于所得资讯有限，这类人名有时会被误认为制作者或题铭者。如南京博物院藏光绪二十三年腰线钟形壶，底款为阳文篆书方印"符生邓奎监造"，腹署"丁酉年初秋符生品定"；另一件提梁柱础壶底款为"南林监制"。故宫博物院收藏的几件宣统元年"匋斋"款紫砂器，则为当时官员端方订制。

4. 受赠者

在砂壶的铭文中，有时题铭者会书刻此壶所赠与的对象，此种署款与书画相类，是因循书画的落款形式而来，反映了当时文人相互往来应酬的一个侧面。如故宫博物院收藏的杨彭年制描金直壁圆壶（表四 3），其壶腹书"乙未冬日，松岑先生大人清玩，介峰"。

二、地名款

紫砂器在明清时期，人们多以产地来指称，因此砂壶落款中，也可见经常以"宜兴"或者其古称"荆溪"、"阳羡"来署款，多冠于制作者的人名款之上，有时甚至没有作者款，仅以地名标记。在明代晚期，地名款较为少见，只有故宫博物院藏宜钧七孔花插底部有印款"宜兴内用"（表二 54）、惠孟臣制圆盖大壶底部署"崇祯戊辰年荆溪惠孟臣制"（表二 7）。清代地名款较为多见，但是在嘉道时期，因为文人参与题铭，强调个人独创性，这段时间较少地名款，民国初年，仍然存在署地名款的习惯。除了最常见的"宜兴"、"荆溪"、"阳羡"以外，目前传器中所见的地名款有："宜兴内用"、"宜兴紫砂"（表三 25、表五 12、30、87、156、168、170、192、219）、"宜兴名壶"（表三 80）、"宜兴紫砂名壶"（表四 140）、"阳羡名壶"（表五 46、112、118）、"阳羡茗壶"（表五 134）、"龙山名砂"（表五 39、58）、"蜀山名壶"（表五 76）、"上袁翰文制"（表五 158）等，其中"龙山"指丁蜀出产紫砂矿的黄龙山。除了宜兴地名外，其他地名则为制作者、题铭者或定制者之所属地，如宜兴陶瓷陈列馆俞国良制掇球壶，其底款"锡山俞制"的"锡山"，为作者俞国良籍贯，香港茶具文物馆藏万泉制肩线钵盂提梁壶，署"广陵花虎卿制"，"广陵"即为定制者籍贯。

三、纪年款

纪年款的形式，主要有以下几种，一种是仅署帝王年号，无具体年份；另一种是署当时之年号及年份，或者年号干支；还有一种是仅有干支款。后一类仅有干支款的款识，有时仍无法确认其具体是哪一年份，必须详究其胎土、器型，方能作出较为准确的判断。帝王年号款有“康熙御制”、“乾隆年制”、“大清乾隆年制”、“乾”“隆”圆、方章式款、“嘉庆年制”、“宣统元年月正元日”等等，一般都是清宫藏品，其中“大清雍正年制”、“乾隆年制”在清代晚期也有伪托仿款，如香港茶具文物馆收藏的一件加彩井栏壶（表五 254），其壶腹还有年代矛盾的“曼生”署名。

四、斋号款

斋号款主要是订制者或者监制者，以其书斋居所之名作为砂壶落款，订制或者监制，此行为本身就是对砂壶的品质、工艺有较高的要求，因此，此类斋号款的砂壶，质量大多在一般水平之上。目前出土或传世所见的斋号款，明代晚期有：万玉山房、茶香室、源远堂等；清代早期有：五福堂、静远斋、筠石居、“青□堂”、澹然斋等；清代中期有：桑连理馆、阿曼陀室、乐陶陶室、红珊馆、行有恒堂、定郡清赏、博雅居等；清代晚期有窸斋、宝华庵、曼陀华馆、日岭山馆等。

五、纪念款

以铭款特为纪念某一特殊事件。如香港艺术馆藏嘉庆二十年款汉君壶，其壶肩刻：“叔陶作壶，其永宝用”，壶中腹铭文刻：“嘉庆乙亥秋九月，桑连理馆制。茗壶第一千三百七十九，频迦识”，壶下腹刻“江听香、钱叔美、钮非石、张老蕫、卢小凫、朱理堂、张晴□、施辛萝、高犀泉、释嬾堂、高午庄、缪朗夫、孙仲疋、沈春篴、陆星卿共同品定并记”。由铭文可知，当时有这些人参与了陈曼生桑连理馆的这次聚会，并共同参与砂壶品评，留下了铭文作为纪念，壶肩仿青铜的铭文也有誌记纪念的意味。香港茶具文物馆等处所藏民初时期程寿珍制掇球壶（表五 61、62），底部有不规则印隶书“八十二老人作此茗壶巴拿马和国货物品展览会曾得优奖”，是程寿珍在 1915 年获得在美国旧金山举行的太平洋万国巴拿马国际赛会获得头等奖后的特殊用印。后来俞国良也采用过这种“得奖纪念章款”，如南京博物院藏三足大鼎（表五 292）。

六、商标款、图形款

商标款、图形款主要出现在清代，多以简单的字号或图案作为识别标记。乾隆晚期，钤“玉”、“回”、“清”、“香”、“宝”，为作坊或者陶工艺人之代号。在图案款中，龙印、梅花印为商家记号，自清乾隆时期起，已有出现，如故宫博物院收藏的陈綬馥制龙首三足壶。还有一种是以山树屋石作为印款图案，此外还有树叶形、葫芦形等样式。故宫博物院收藏的六方竹节壶，其图案款为瓶花香炉构成的博古图案，是较为少见的图案款题材。清末光绪七年至十六年间（1881-1890 年）紫砂茗壶所用底部印款，仿古之风盛行，为制止他人仿冒的现象，商家纷纷上诉江苏常州抚台，经核准并刻石碑告示，不准冒用名款刻字，只用花纹印记来区别商家。目前所见的商标款名号有：玉香斋、雷仁记、权寅敖记、为记、艺古斋、自宜轩、金鼎商标（吴德盛）、铁画轩、德丰陶器、万丰顺记、威海卫同庆顺、威海新和成、豫丰、陶厂出品、利用、利永、宜兴蒋记、郭记、春记、闻记、瑞记、立新主人出品、毛顺兴等。

贡局款自《阳羡砂壶图考》中已有记载，但未详其具体的性质，推测贡局仍是一个管理营销渠道的机构，目前所见传世的贡局款传器，明晚期、清早期、清晚期皆有，署款方式也各不相同。

七、吉语款

吉语款在紫砂器上并不多见，以寓意吉祥的词语作为款识，以此寄托美好的祝愿，如明代晚期四系扁壶（表二 39），壶身印楷书“独占鳌头”及鲤鱼孩童图案、清代早期“顺时听天”款兽钮六方壶（表三 118）、清末民初“圆满菩提”款狮球壶（表五 220）。

八、闲章款

以富有诗意哲思的短语或诗句作为铭款，也是紫砂器中时有所见的一种款识内容，甚至某些作者不落名款，以此作为名款代表，如清代中期陶人申锡多以“茶熟香温”作为其作品印款。目前所见的闲章款有：“一片冰心在玉壶”（表三 72）、“刻薄成家以能久平”（表三 73）、“逸闲”（表四 30）、“竞媚清香”（表三 136、表四 4）等。

九、假托款

假托款是将砂壶署款依托为早前的知名陶人或其他名号款，此类署款并非蓄意的仿冒造假，只是借用其“名人（牌）效应”为其作品增光，或者只是增添一些复古趣味，这种署假托款的情况，主要出现在清代。此时在闽南、台湾一带的工夫茶区，许多日用的紫砂壶上，或者外销海外的水平壶中，都有“孟臣”的名款，它们并不表示这些砂壶的制作者为明晚期陶人惠孟臣，而是一种文化现象——孟臣壶在当时当地成为紫砂壶的代名词。在南海清代沉船迪沙如号中，就有数件这样的假托孟臣款梨形小壶[①]，其胎土、工艺、造型和同船的其他人名款或者无款外销商品壶都完全一致，十分清楚地表明了清代使用假托款的情况。除了“孟臣”以外，“君德”也是朱泥小壶常见的假托款，如潘虔荣制朱泥小品，底款刻“冰心映玉壶君德”，把下署的才是作者本人的名款“菊轩”。

在清代晚期，除了“孟臣”以外，清代早中期的知名陶人名号，也被应用于假托款中，如范章恩、彭年等。范章恩是清乾隆时期的名家，其家族后人（或者假托其后人）在清末民初时期以同样的“范章恩”款或者“范庄农家”落款。如香港茶具文物馆藏光绪二十九年竹节壶，底钤阳文篆书方印“范庄农家”，另有一件同年同式的竹节壶，底款为阳文篆书方印“范章恩制”。“彭年”款多见于民国初年陶人史莲生的作品，其人惯以“彭年”之名署款，但其章款形式与清中期陶人杨彭年不同，如香港茶具文物馆收藏的史莲生制石瓢壶。

---

① 史坦·史卓斯特朗（Sten Sjostrand）：《南海沉船 宝物回归》，嘉德四季拍卖图录：《明万历号、清迪沙如号海捞陶瓷》，第60-61页，2005年。

第四章　宜兴紫砂的时代风格

第一节　明代中期

一、胎土

对于明代中期紫砂器的胎土特征，文献上记载的不多，仅能从周高起的《阳羡茗壶系》中找线索，可资推敲的有以下三条：

其一，在“创始”条目中提到金沙寺僧“……习与陶缸瓮者处，抟其细土，加以澄练，捏筑为胎”。

其二，在“正始”条目中说供春所作之壶“今传世者，栗色暗暗，如古金铁”。

其三，此外，该书还提到，“壶之土色，自供春而下，及时大初年，皆细土淡墨色”。

在本书第一章第三节关于宜兴紫砂的起源中已提到，《阳羡茗壶系》将金沙寺僧列于“创始”，将供春列于“正始”，这其中的区别，说明在周高起所认知的概念中，明代中期紫砂工艺的初始发展可以由此二人为代表，分为前后二个阶段。以供春为正德年间陶人推断，明中期的前后期大约以正德年间作为分野。在前期，即正德年间以前，由文献所提到的金沙寺僧与陶缸瓮者处抟其细土来看，紫砂器的胎土最初是由生产日用陶器之土淘练而来，虽然是“细土”，但这是相较于生产缸瓮之粗陶而言，宜兴羊角山古窑址调查简报亦提到，“发现的紫砂胎质与粗陶缸泥相比，较为细腻”[①]。然而，若和后期紫砂器相比，此时期的胎土质地仍然较粗，质地更接近于类似日用陶的缸胎，其原料基本尚未与日用陶完全区隔出来。由于紫砂是一种“泥中泥，岩中岩”，是蕴藏在其他岩矿中的，推测在紫砂工艺萌芽的初期，有可能尚未单独地利用精纯的紫砂矿，因此其胎土是较为粗杂，近似日用陶的缸胎。

到了后期，即供春所处的正德、嘉靖年间，其特点则是“栗色暗暗，如古金铁”，或者“细土淡墨色”。虽然《阳羡茗壶系》将金沙寺僧和供春至时大彬初年的紫砂胎，都很笼统地称为“细土”，但是，随着工艺的演进，此时的“淡墨色细土”，应当与金沙寺僧时的“细土”并非同一面貌，即便对胎泥的捡选、炼制还没有后来细致，但是，和原先用于做缸瓮的粗陶也有了比较不同的区别，开始逐渐有意识地利用更为精纯的紫砂矿，这应当是周高起对金沙寺

① 宜兴陶瓷公司《陶瓷史》编写组：《宜兴羊角山古窑址调查简报》，载《中国古代窑址调查发掘报告集》，文物出版社，1984年。

僧和供春给予“创始”、“正始”不同历史定位的原因之一。

将目前此时期唯一有纪年可考的吴经墓提梁壶（图 2.4；表一 1）来印证的话，其所呈现的胎土特点更接近《阳羡茗壶系》所描述的金沙寺僧时期，虽然吴经墓提梁壶出土于明嘉靖十二年（1533 年）的墓葬，但是这毕竟只是一个下限，就胎土特点而言，应当较有可能是较早正德年间的产物。由实物而言，金沙寺僧和供春作为代表的前后期，虽以正德年间作为分界，但演变的历程是渐进的，因此，在正德年间前后期也必然有所重叠。

至于江苏无锡、金坛等地出土的匜口罐（表一 5-7），以及宜兴羊角山古窑址发现的早期紫砂残片，其胎土特征更接近前期的缸胎，它们所代表的，应当正是早于供春，相当金沙寺僧时期，即正德年间以前，尤其是单把罐，从器型而言，仅是盛水容器，还不是带有壶盖的茗壶。

到了万历前期，随着开采、淘选方式的精进，此时的胎土已更为精纯，完全脱离近似日用陶“缸胎”的范畴。

从《阳羡茗壶系》所描述的“栗色暗暗”、“淡墨色”并对照前述的出土器来看，明代中期胎土的色调偏暗沉，色泽应非完全一致，但变化不如后期多。如表一 9 的平盖圆肩壶，胎色看介乎紫砂和段泥之间的褐黄色，无法严格界定其胎质胎色属于哪一种，但是颇为符合《阳羡茗壶系》所描述的“栗色暗暗如古金铁”。

《阳羡茗壶系》在“正始”条末提到：“自此以往，壶乃另作瓦缶，囊闭入陶穴。故前此名壶，不免沾缸坛釉泪。”由于此时烧造方式较原始，尚未使用匣钵，因此烧成之紫砂器表面往往都有同窑烧造陶器釉水喷溅以及火疵的痕迹，从吴经墓提梁壶及羊角山发现的早期紫砂残片可以清楚地看到此一特征，表一 9 平盖圆肩壶上亦有喷溅的釉泪，但是器表的烧结度已较为完美，也没有火疵痕。不过，在后期的传器中，也偶见器表沾有陶釉的情况，如明晚期陈子畦制锥钮三足圆壶（表二 31）上的釉泪是类似细密水蒸气状态的凝结，平均分布于全器，极为细小，以放大镜观察才看得出来。清末民初的砂壶，有时可在器身上发现单独的一二滴釉珠，或许是生坯时沾带上的。

二、制作工艺

明代中期的早期紫砂器制作工艺，当以吴经墓提梁壶为代表。其中最特别的，是吴经墓提梁壶的壶盖做法，不像一般壶盖是带有墙沿的子母口盖，吴经墓提梁壶盖内仅以交叉的十字形泥条来保持壶盖与壶身的稳定，壶腹的片接处，接痕比较不规则。

在供春之后，相当于《阳羡茗壶系》中记载的董翰、赵梁等明四家时期，紫砂器的成型工艺又有了进步，实物可参照平盖圆肩壶（图 4.1；表一 9）。观察此壶内部，在壶把处有原始而明显的泥片相接交叠的挡坯痕迹，完全没有掩盖修饰，用手触摸壶肩内沿，可摸到镶接处微隆起的泥痕。整个内部完成后没有再刻意修刮平整，泥片接驳处可见残余泥痕。底部泥片接上后也没有再修整细部泥接痕迹，底微凹似假圈足，但这个微凹的的高低差是此壶原始的成型手法所形成的，后来的圈足制作工艺和此壶不同，都是再另接一圈泥片，工艺较细致。壶把与壶体衔接的位置较高，在肩上之部位，壶把上方内部相接的部分突出一小块。壶流或者壶把嵌入壶体内壁是明代中期紫砂器部件嵌和的工艺手法，如镇江博物馆收藏的缺盖一粒珠壶（图 4.2），虽然没有纪年或者人名题款为其制作年代提出佐证，但是由其壶流嵌入壶体内壁的工艺特征推断，属于较早的明中期工艺特征。壶嘴的三弯流，由下而上是先做小幅度的水平伸出，呈现一个比较类似直角的转折角度（清以后则转为向上伸出），再以较小幅度曲度向上，壶嘴口沿平削不收小，也没有再修整得更平滑。壶盖为单一泥片直接和盖沿相接，壶盖内部接痕亦清晰可见。此壶的特色在于所有泥接之处仅做初步修整，但并不刻意把接痕修去（尤其是内部），但这并不表示其制作技术不佳，如此壶平盖微倾的斜度，壶肩线条的曲度，壶钮形状则是壶身的倒映，壶把的弯折也和壶身相对应，虽然制作工艺或者工具原始，只是说明这时还不注重细部的修饰（将泥接痕迹修去），但此时对于器物整体线型的把握较后期是有过之而无不及。

图 4.1　明中期 平盖圆肩壶

图 4.2　镇江博物馆藏 明中期 一粒珠壶

三、造型

宜兴羊角山古窑址调查简报将早期紫砂的器形分为壶、罐两大类。壶类分高颈壶、矮颈壶、提梁壶三种，罐类亦大体分为高颈罐、矮颈罐两种，“罐肩饰横系，器型扁圆，有的带流，有的无流，有的带短柄把手”①，由带流或把手来看，这些罐类应是盛水或烹煮用的器物。表一 3“周氏俊造”款盖罐（图 2.3）则可能是和羊角山紫砂残片相当时期或略晚的产物，从它带盖收小口的型制来看，应是贮藏用途之物。

壶类器物中，提梁壶在明代中期相当风行，羊角山古窑址发现的早期紫砂残片中就有不少提梁残件，吴经墓所出也是提梁壶。或许因为此期的壶型颇大，试想这样的大壶注满水时，提梁把会较在壶侧之壶把提携倾注来得省力容易，在瓷壶上也可发现同样的情况，相同时期的景德镇官窑中，也常见这类容积较大的瓷壶，如台北故宫博物院藏隆庆青花云龙纹提梁壶②。除了圆形的大容量提梁壶型外，《阳羡茗壶系》记载李茂林“制小圆式”，可见到了此期之末，已开始有较这些大壶略小一点的圆壶，如表一 9 平盖圆肩壶，有可能就是《阳羡茗壶系》中描述的“小圆式”。方器方面，由羊角山古窑址发现的紫砂残片可知，六方形的壶型这时也已经出现，但为无盖的形式，或者是壶盖已缺失。《阳羡茗壶系》记载董翰：“始造菱花式”，这应当就是紫砂造型中的筋纹器型，但也有可能是指像吴经墓提梁壶那样，以菱花状泥片贴饰的装饰手法，不过目前尚未见到明代中期的筋纹器型实物。至于塑器，明代中期紫砂器有在局部采用贴塑装饰工艺，但是全器高度采用捏塑手法的塑器造型，是否在明代中期已有，目前仍然是个疑问。

① 宜兴陶瓷公司《陶瓷史》编写组：《宜兴羊角山古窑址调查简报》，第 61 页，载《中国古代窑址调查发掘报告集》，文物出版社，1984 年。

②《也可以清心—茶器、茶事、茶画》，第 95 页，台北故宫博物院，2002 年。

明代中期的紫砂壶造型以平盖平底为主，应当是成型工艺较为单纯的缘故。如果要变化盖与底的式样，则不是单独一片泥片所能达到，此时的盖与底都是单片泥片直接和器身相接，这由羊角山的早期紫砂残片、吴经墓提梁壶（表一1）、周氏俊款盖罐（表一3）皆可印证，吴经墓提梁壶较为特别，盖内没有盖沿而是二道交叉的十字形泥条，可见在最初连盖沿制作的工艺都还未成熟。除平盖外，羊角山古窑址调查简报还提到另一种弧度较大的罩形盖，其盖面微弧，但曲度仍是很有限的，和平盖相去不远。在壶把的型制上，羊角山古窑址调查简报中的高颈壶有单条把双条把两种，但是双条把后期就已逐渐淘汰；提梁形制则不是太高，非圆弧形，其弯折近 90 度但为圆角（图片参考羊角山调查简报图二之 1），吴经墓提梁壶的圆倭角提梁把堪称美的典范，其主体轮廓仍不脱前述单一的九十度圆角型制，但是多了一道转折，使线条更为灵动，简练含蓄的线条美感令人联想到相同风格的明式家具。另外，明中期紫砂器提把上可见仿瓷器的细小圈系，如羊角山调查简报中的六方壶（羊角山调查简报图二 2）、吴经墓提梁壶。

四、装饰

明代中期装饰的最大特色是柿蒂纹贴片装饰。这种柿蒂纹贴片装饰出现的位置多在流、颈和器身的接驳处，贴片边沿的切割痕迹没有再加以修整得更平滑，如吴经墓提梁壶及羊角山调查简报中的六方壶（羊角山调查简报图二 2）是在壶嘴和腹部相接处，表一 3“周氏俊造”款盖罐则是在颈部（图 2.3）。此外，部分砂壶在壶嘴局部，采用了捏塑装饰，羊角山古窑址的紫砂残片中，就有捏塑的龙头形壶嘴的高颈壶。不过，大体来说，没有太多繁复的装饰，是明代中期的风格。

五、款识

在最初供春所处的正德嘉靖时期，甚至更早的金沙寺僧时期，无款器多于有款器，尚未形成作者普遍在紫砂器上署款的习惯，因为明代中期工匠们或许尚未意识到能凭此一技而成名，再者制器工匠的文化水平有限，识不识字都很难说，因此署款对他们来说并非易事，即使是后期的时大彬，也是“初倩能书者落墨，用竹刀画之，或以印记”[①]，出土的吴经墓提梁壶便没有款识，但是也并不能由此排除以用印落款的方式，以表一 3“周氏俊造”款盖罐（图 2.3）为例，此罐即以印字署款，但尚无法确认此罐属于明中期偏早期或晚期之物，因此只能说大约在嘉靖晚期，就已经有用印署款的方式。

目前所见明代中期的署款器除了前述的“周氏俊造”款盖罐外，还有表一 9 平盖圆肩壶，由此二件来看，明代中期是以印字方式署款，尚未出现后期方框或圆框等形式的图章款，字体有篆字也有草书，字迹虽并不特别拙劣，但也并未着意讲求与法书碑帖比美之书法功底，落印的位置，平盖圆肩壶在底部，盖罐在盖顶，其中“周氏俊造”款盖罐是署作者款，平盖圆肩壶则是映衬茶事的词句：“满怀风月，尽付茶杯。”

---

① 周高起：《阳羡茗壶系》，檀几丛书本，上海古籍出版社，1992 年。

第二节　明代晚期

一、胎土（图 4.3）

1. 质地坚致

《阳羡茗壶系》曾用“金石同坚”来形容明代晚期名家沈君用的作品，可惜现今未能得见沈君用的真迹。但是，纵观明代晚期的紫砂器，胎骨坚致紧密仍是其他时期紫砂器所无法比拟的，这里所强调的“坚致”不仅是硬度，更是胎体泥料组织的紧密感。《阳羡砂壶图考》在“壶质辨别”一节亦提到：“由明以迄清初：凡紫砂制者，胎骨硬而坚。”这种特征并非一眼或者一二件器物就能观察得到，仅仅参看图册和照片效果也很有限，必须不断多方的比对实物方能有所体会。《阳羡砂壶图考》的记载亦是在一定的实物观察基础上的，这种质感很难明确描述，不过如以砂壶的盖沿轻扣壶身，可发现其声响特别清脆。这样坚硬紧密的胎质应是由于明代晚期泥料的陈腐风化的时间充分，锤炼工序也格外扎实的结果。

图 4.3　明晚期　惠孟臣制圆盖大壶

2. 珠粒隐隐

明代晚期的胎土有隐含在其中的明显的颗粒感，这种颗粒感是蕴含在胎土中的，从图片或不够近的距离不易看出，比较清楚的可参考如福建漳浦出土的时大彬制鼎足盖圆壶、惠孟臣制圆盖大壶、无锡出土时大彬制三足圆壶、陈子畦制平盖圆壶、无款平盖圆壶、佚名古莲子壶、无款仲芳壶、陈用卿制莲钵壶、无款菊瓣壶、无锡出土紫砂勺这些紫砂器的原文献图版（表二 5、7、8、13、14、15、16、26、36、45）。如以二十二倍的放大镜来观察，会发现明代晚期胎土潜藏的颗粒格外缤纷，红色、黄色、白色、青灰色、褐色、黑色、晶体状的，各色颗粒错杂纷呈，而且每件紫砂器蕴藏的颗粒也不尽相同，有的红颗粒多，有的黄颗粒为主。紫砂之所以称为“砂”正是因为这种砂质感，明代晚期之后的紫砂器虽也有各色错杂的颗粒，但单一得多，这可能是和当时紫砂矿土筛选较后来粗疏有关，“据有关资料表明，明代紫砂泥料的目数为 25~30 目[①]，清中期为 55~60 目，近现代为 100~120 目”[②]，后期的紫砂矿土则筛得越来越细，就没有这种特征了。

3. 硇砂和制[③]

掺杂硇砂，是明代晚期对紫砂胎土配制的一大创造，但是因为此手法工艺难度较高，采用掺杂硇砂工艺制作的紫砂器较为少见，上海博物馆藏时大彬制书扁壶是少数采用掺杂硇砂工艺的传器实物（图 4.4；表二 28）。综观《阳羡茗壶系》，

图 4.4　上海博物馆藏　明晚期　时大彬制书扁壶

① 目数是泥料筛选时网孔的密度，目数越多则筛得越细。

② 张浦生、王健华：《宜兴紫砂鉴定与鉴赏》，第 105 页，江西美术出版社，2000 年。

③ 李敏行：《<阳羡茗壶系>之考证》，《南方文物》2008 年第 1 期。

有两处提到过“硇砂”，一处是记载时大彬：“或淘土、或杂硇砂土”，另一处是论及明代紫砂胎的演变：“壶之土色，自供春而下，及时大初年，皆细土淡墨色，上有银沙闪点；迨硇砂和制，縠绉周身，珠粒隐隐，更自夺目。”

对于《阳羡茗壶系》所说的“硇砂”到底是什么，始终是众说纷纭。清代《阳羡名陶录·续录》本艺部分引李斗《扬州画舫录》记载：“宋尚书时彦裔孙名大彬，得供春之传，毁甓以杵舂之，使还为土，范为壶。”后来许多论著便引此段文字来说明《阳羡茗壶系》中提到的时大彬“杂硇砂土”，将其理解为在底胎中掺入熟砂，即将烧成之颗粒状熟砂再掺入生土中制作烧制。然而，事实应当不是如此。首先，这段记载的可信度令人怀疑。总体而言，《扬州画舫录》中关于紫砂器和陶人的说法，较多地有未经求证，道听途说的色彩，没有《阳羡茗壶系》严谨。比如《扬州画舫录》还提到供春作品“以无指罗纹为标识”，时大彬则“以柄上拇痕为标识”，这些观点对照出土及传世实物，很明显是毫无根据的，甚至时大彬是“宋尚书时彦裔孙”，也是不知所本为何的说法，因此，《扬州画舫录》关于掺入熟砂的这段记述，其可信度是有疑问的。

对于《阳羡茗壶系》中关于硇砂的记载，现今的解读也存在着分歧。如张浦生、王健华所著的《宜兴紫砂鉴定与鉴赏》，认为扬州出土的时大彬制六方壶“砂泥呈红褐色，夹有银白色的星点，这就是文献中提到的渗杂硇砂”[①]。这里显然是把《阳羡茗壶系》中的“上有银沙闪点，迨硇砂和制”视为上下连贯的一句话，《紫砂名陶典籍》中高英姿女士也作如此断句。但是笔者认为，句中的“银沙”并非“硇砂”。首先，原文字面的不同就已经说明周高起在这上下二句提到的并非同一种东西，“银沙”之“沙”是细小沙粒，“闪点”形容的也是因沙粒细小而若隐若现的状态；“硇砂”之“砂”则是较粗的砂粒，有强烈的视觉效果，因此“更自夺目”。其次，对照出土或传世器，“银沙闪点”是诸多紫砂胎都能见到的情况，“迨硇砂和制”却是比较少见的，“迨”之字义在此作“迨及”、“等到”解释，“縠绉周身，珠粒隐隐”才是硇砂的特点。若说“银沙闪点”就是硇砂，以扬州出土的大彬六方壶为例，那么又如何解释它并没有后文提到“縠绉周身，珠粒隐隐”的特点。因此，笔者认为《阳羡茗壶系》这部分的记载应作如下句读，义理较为通顺：“壶之土色，自供春而下，及时大初年，皆细土淡墨色，上有银沙闪点；迨硇砂和制，縠绉周身，珠粒隐隐，更自夺目。”应将“上有银沙闪点”作为上一句“皆细土淡墨色”进一步的补充说明，而非“硇砂和制”紫砂胎的特点[②]。

在《紫砂名陶典籍》中，对《阳羡茗壶系》“杂硇砂土”一条的解释是：“宜兴当地称土中的砂粒为硇砂。”[③]并特别说明是“通过筛选的粗颗粒，并非锻烧后的熟砂”，但是却又说“这种工艺即现在的调砂、铺砂”[④]。从上海博物馆藏时大彬制书扁壶的胎质来看，其胎土中所掺正是并未锻烧过的生砂，但是这和现代紫砂工艺的调砂、铺砂是同中有异，手法相似但仍然有所区别，这种胎中所掺砂粒就像前述胎土潜藏的颗粒那样红、黄、白、绿各色俱备，但是粒粒分明，而后来调砂、铺砂工艺所用之“砂”主要是段泥熟砂。另外明代晚期和清初也有少部分调配生砂的作品，作者也并非仅止于时大彬一人，但是所掺大多是单一的砂粒，及至目前所见，如上海博物馆的时大彬制书扁壶这般多色掺砂是绝无仅有的，也可见时大彬

---

① 张浦生、王健华：《宜兴紫砂鉴定与鉴赏》，第111页，江西美术出版社，2000年。

② 李敏行：《〈阳羡茗壶系〉之考证》，南方文物，2008年第1期。

③ 高英姿选注：《紫砂名陶典籍》，第12页，浙江摄影出版社，2000年。

④ 只在泥片表层铺一层砂粒，而非整块土掺入砂粒。

的掺砂工艺确有其独到之处。

此外，仔细观察表二 28 上海博物馆藏时大彬书扁壶，以及其他此时期作品之胎土，才能明白周高起所谓的“上有银沙闪点”所指为何，虽然原文说“上有银沙闪点，殆硇砂和制”，但“银沙”并非“硇砂”，由原文字面来推敲，“银沙”之“沙”是细小沙粒，“硇砂”之“砂”则是较粗的砂粒，对着光线看才可发现此期胎土中间或闪现的细小银沙，这是紫砂矿中所含之云母片成分，任何时期的紫砂胎土中都找得到云母片成分，但是只有在此时期云母片是呈特别细微的细沙状，而且含量不多，后期则较大且多，这应当也是此时期胎土锤炼得特别扎实的缘故。

4. 胎质类别及配土

（1）紫砂

《阳羡茗壶系》成书于明末，因此该书关于土质出产一节是探讨明代晚期紫砂胎土重要的文献参照，但是，在对照出土及传世实物时不一定能和《阳羡茗壶系》的记载相吻合。《阳羡茗壶系》中提到的胎色很多，不过从明代晚期出土及传世紫砂器概括来看，紫褐色胎（即纯紫砂胎）仍居最多数，如表二 7 惠孟臣制圆盖大壶（崇祯元年）、10 时大彬制鼓腹圆壶（崇祯十年）、15 佚名古莲子壶、21 陈用卿制鼓腹圆壶、25 陈用卿制曲把直壁圆壶、27 陈用卿制环钮直壁圆壶、36 无款菊瓣壶。明代晚期的紫泥呈色深沉饱满，状若紫檀，为后世所不及，表二 14 无款平盖圆壶、16 无款仲芳壶、22 陈用卿钱钮如意壶、42 盖罐亦是紫砂，但胎色较浅。

（2）红紫砂

明代晚期赭红或者棕红色胎的红紫砂以表二 30 陈子畦制龙带壶为代表，表三 129 陈子畦制狮钮圆壶亦属于红紫砂胎，但此壶的造型（主要是嘴之线条）较趋近清初，故此壶属于介乎明晚期至清早期之间的器物。此外如表二 5 时大彬制鼎足盖圆壶、6 时大彬制六方壶、11 时大彬制提梁壶、17 无锡南禅寺古井出土的缺盖圆壶、39 四系扁壶、46 红胎印花小碟，这类赭红胎有时被称为“朱泥”，如南禅寺出土的缺盖圆壶在简报中就被如此定义，但其应当也是矿层在紫泥之上的红紫砂，而非“陶之乃变朱砂色”的石黄。

此外表二 13 陈子畦制平盖圆壶，无论图片还是实物给人的直观印象是紫泥，但实际上是深褐红色的红紫砂，仔细观察会发现其胎体是微微泛红的，很微妙，但的确和紫泥有所区别，如与前述纯紫泥作品比较则更明显，如表二 7 惠孟臣制圆盖大壶。

（3）段泥

表二 31 陈子畦制锥钮三足圆壶是明代晚期段泥，呈色为深黄，胎中带有细密莹润的颗粒感。

（4）朱泥

明代晚期的朱泥目前仅见表二 37 佚名石榴花圆壶，其特点在于鲜明的深朱红色，坚硬细密近似石质的质感（由明晰的泥片镶接及刮修痕可见其坚硬程度），且胎中有细小的鲜黄色小沙粒。

图 4.5　明晚期 惠孟臣制狮球壶

（5）白泥

故宫博物院收藏的时大彬制白泥朱砂小壶（表二 29）及惠孟臣制狮球壶为明代晚期之白泥（图 4.5；表

二 35），除了茶壶，明代晚期尚有一些雕塑、文玩等，尤其是明代中晚期的宜钧，部分制品胎底颜色浅白，也属于白泥胎，如故宫博物院收藏的多件明代宜钧器，其中天青釉的七孔花插（表二 54）的各口沿，有露出底部灰白色胎。

（6）黄泥、团泥

目前尚未有能证实为黄泥及团泥胎之明晚期实物，但是由《阳羡茗壶系》的已经提到冻梨色的“梨皮泥”和出产于团山的老泥来看，明代晚期应当已经有黄泥或团泥胎的紫砂器了，只是缺少传器。

在练土时，将不同种类紫砂土相互掺和、调配，是明代晚期紫砂工艺的一个新进展。《阳羡茗壶系》中提到时大彬“或淘土，或杂硇砂土”、“诸土色俱足”；徐友泉“变化式土，仿古尊罍诸器，配合土色所宜”、“泥色有海棠红、朱砂紫、定窑白、冷金黄、淡墨、沉香、水碧、榴皮、（葵黄）、闪色梨皮诸名”；陈仲美“好配壶土”；沈君用“配土之妙，色象天错”。《阳羡茗壶系》在论及明代晚期诸位制壶名家时都提到了配土，可以说，配土也是紫砂工艺中一环很重要的“创造”，亦是当时诸名家引以为傲的独门绝技，因此“取用配合，各有心法，秘不相授”。见诸实物，这也的确是明代晚期紫砂胎独步其他时期之处。如表二 28 时大彬制书扁壶偏灰绿、墨绿的胎色，可能就是作者自己所特别调配出来的特殊泥色。而表二 26 陈用卿制莲缽壶，其胎土中微现褐色及栗黄色深浅不一的条状痕迹，由此可见此壶之胎色亦是调配而得。除上述二器，表二 3 时大彬制圆壶、8 时大彬制三足圆壶这些紫砂器，都可能是作者精心配制的特殊胎质。

二、造型

1. 整体造型

《阳羡茗壶系》云时大彬：“初自仿供春得手，喜作大壶，后游娄东，闻陈眉公与琅琊、太原诸公品茶施茶之论，乃作小壶。”从明代中期至万历早期，紫砂壶的尺寸便有略微收小的趋势，到了时大彬时，也就是万历中晚期，人们逐渐感觉到使用太大的茶壶泡茶并不方便而且泡茶效果不佳。《阳羡茗壶系》后文提到，“旋瀹旋啜，以尽色、声、香、味之蕴。故壶宜小不宜大”，“汤力茗香，俾得团结氤氲”；冯可宾《芥茶笺》也认为，“茶壶以小为贵，每一客壶一把，任其自斟自饮，方为得趣”；文震亨《长物志》则认为，“供春最贵，第形不雅，亦无差小者。时大彬所制又太小。若得受水半升，而形制古洁者，取以注茶，更为适用”。因此，在明中期流行的十几厘米高大壶逐渐减少，取而代之的，是以高十厘米左右的壶型为主流。不过，明代晚期仍有高于十厘米的大壶，大尺寸的茗壶也并未完全绝迹，如表二 7 惠孟臣制圆盖大壶（崇祯元年），但高度在十厘米左右的壶型逐渐兴起，不过，这类高度在十厘米左右，容量稍小的壶型仍然并非明人所谓的“小壶”，由《长物志》来推断，文震亨认为半升左右的容量属于适用，那么他认为“太小”的时大彬作品必然是小于半升的容量，也就是《阳羡茗壶系》所说的“小壶”。明代的一升，相当于现今的一千多毫升[①]，因此，明代晚期居多数十厘米左右高度的砂壶，其容量大多符合《长物志》中“适用”的标准，容量远小于五百毫升的，应当才是文震亨、周高起眼中的“小壶”。在小容量的砂壶方面，故宫博物院收藏的一件时大彬款小壶（表二 29）相当值得注意，此壶未必是原图录所推断

① 丘光明：《中国古代度量衡》，商务印书馆，1996 年。

的清代作品，其胎中朱砂与同样收藏于故宫的清代双桃形水丞相比，不是一个时期的胎土，壶底完全平底之形制，皆具有明代晚期之特征。此件小壶，高 4.8 厘米，口径 4.6 厘米，底径 5.5 厘米，其大小可于掌中盈握，由此可说明，明代晚期已经开始有此类小容量砂壶问世了。不过，相比之下，此类小壶的数量极少，《阳羡茗壶系》中提到的“品茶施茶之论”，只是一小部分文人雅士的品饮心得，并不是普遍现象，在时大彬也是未曾听闻的新论，因此，《阳羡茗壶系》言时大彬“乃作小壶”，也只是时大彬走在潮流之先，率先尝试创作小容量砂壶，不能就此粗率地将时大彬作品的特点概括为“早期作大壶，晚期作小壶”，将带有纪年的出土的时大彬作品加以比对，丝毫没有如此“早期大壶，晚期小壶”的现象存在。

图 4.6 明晚期 平盖圆壶

明代晚期的器型较明代中期丰富许多，由表二所列出土及传世器可知，圆器有平盖圆壶（图 4.6）、圆盖大壶（图 4.3）、鼓腹圆壶、金钱如意纹圆壶、三足圆壶、锥钮三足圆壶、平肩圆壶、鼎足盖圆壶、书扁壶、提梁壶、仲芳壶、莲鉢壶、曲把圆壶、环纽直壁圆壶等式样；方器有四方壶及六方壶（图 4.7）；筋纹器则以狮球壶（图 4.5）、菊瓣壶为代表（图 4.8）；塑器可参考表二 37 石榴花圆壶。除壶类器型外，此时尚有一些圆形盖罐、圆形小碟、匙以及宜钧挂釉的文玩或陈设器。

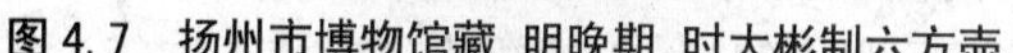

图 4.7 扬州市博物馆藏 明晚期 时大彬制六方壶

图 4.8 明晚期 菊瓣壶

然而，从文献上来看，明代晚期的造型远远不止于上述所列，只是很可惜这些东西似乎都失传了，使今人无法一窥它们的全貌。仅仅是徐友泉一人，《阳羡茗壶系》就列举了“汉方、扁觯、小云雷、提梁卣、蕉叶、莲方、菱花、鹅蛋、分裆、索耳、美人、垂莲、大顶莲、一回角、六子”等十余种。其中，汉方壶式在清早期到近现代一直都是紫砂方器中的经典造型，《阳羡茗壶系》在记载邵文金时再次提到此壶型：“邵文金，仿时大（彬）汉方独绝。”因此汉方应当早在明晚期就出现了，而且许多名家都有此型作品。梁白泉编《宜兴紫砂》58 页有一件出土汉方壶残件，该书将此壶定为明代，但仅由此缺盖缺把之图片，笔者尚难考证此件汉方之时代。根据张浦生、王健华《宜兴紫砂鉴定与鉴赏》介绍，故宫旧藏中亦有明代宜钧的汉方壶①，然而没有具体的图片、尺寸等介绍，亦无从得知其面貌。从“扁觯”、“提梁卣”、“分裆、索耳”这些器名来看，其造型的整体或局部应有借鉴铜器之处，虽然这些造型的具体面貌现今已不得而知，不过由表二 5 时大彬制鼎足盖圆壶（万历四十年）及 8 三足圆壶（崇

① 张浦生、王健华：《宜兴紫砂鉴定与鉴赏》，第 100 页，江西美术出版社，2000 年。

图 4.9 明晚期 陈子畦制锥钮三足圆壶

祯二年）、31 陈子畦制锥钮三足圆壶（图 4.9）可知，明代晚期这类借鉴铜器而创造出的壶式风貌，只是汲取其中的特点借鉴，如盖或钮的造型，或者器身线条和铜器有异曲同工之妙，并非完全如实模仿。

至于陈用卿，《阳羡茗壶系称》有“莲子、汤婆、钵盂、圆珠诸制”；“莲子”应当不是仿生的塑器，而是圆器中基本的素式圆壶，如表二 15 古莲子壶（图 4.10），后期则称为掇只壶，有时也仍沿袭旧名称为莲子；“钵盂”应当就是表二 26 的莲缽壶（图 4.11）；“圆珠”则有可能是一粒珠的壶式，这也是圆器中的基本造型，镇江博物馆收藏的缺盖一粒珠壶（图 4.2；表一 8）便是明代一粒珠壶式的代表，但从壶嘴的铆接工艺手法看，此壶是较早明中期的作品。由《阳羡茗壶系》所列的陈用卿作品来看，其人应当是擅长圆器的，如表二 26 的莲缽壶，形制虽看似简单，然而它口大底小的器身、扁而挺拔的桥形钮，皆是高难度工艺的体现。

图 4.10 明晚期 古莲子壶

图 4.11 明晚期 陈用卿制莲钵壶

从《阳羡茗壶系》中“欧正春，多规花卉果物”、陈仲美“壶象花果，缀以草虫，或龙戏海涛，伸爪出目”、沈君用“踵仲美之智而妍巧悉敌。壶式上接欧正春一派，至尚象诸物，制为器用，不尚正方圆，而笋缝不苟丝发”这些记载来看，明代晚期应当有一定数量的塑器，然而素胎紫砂塑器的传器却几乎不见。表二 37 的石榴花圆壶，笔者断代的依据是由其土胎、贴花手法（在下段装饰部分详叙）和后期完全不同而且更胜一筹，更重要的是，其壶嘴的弯折线形和表二 5 出土之时大彬制鼎足盖圆壶（万历四十年）、11 提梁壶（崇祯十二年）几乎如出一辙，由于此壶并没有纪年及作者款识，而且缺乏同类型的实物来比对，或许笔者的判断尚有可商榷处。由《阳羡茗壶系》对陈仲美的记载来看，“意造诸玩，如香盒、花杯、狻猊炉、辟邪镇纸，重镂叠刻，细极鬼工。……至塑大士像，庄严慈悯，神采欲生，璎珞花鬘，不可思议”。除了塑器类砂壶，文房用具乃至于佛像雕塑[①]应当都是存在的，而且由于陈仲美“初造瓷于景德镇”，这些雕塑工艺或许有借鉴景德镇制瓷工艺之处，只是缺乏实物，无从考证，不过，由北京故宫博物院藏的明代宜钧（见表二 47-55），可以略窥当时塑器的部分面貌。

除了壶类器型，明代晚期还有一些盖罐，它们的造型线条也体现了时代特征。和明代中期“周氏俊造”款盖罐比较，明代晚期的盖罐的线条便成熟得多。表二 42 盖罐仍为平盖平底

① 陈擎光：《试论嘉万时期有关佛道及祥瑞图案的官窑瓷器--兼谈艺术创作与当时社会风气的相互关系》，载《中国艺术文物讨论会论文集 器物（下）》台北故宫博物院，1991 年。此文中提及台北故宫藏有一件白泥胎弥勒佛塑像，底有阴刻款“时大彬塑”，工艺精绝，但从未见过相关图片发表，难以考证，附记于此。

造型，而表二 43、44 两件器身上部丰腴而下部做大幅度收束，盖型亦突破平盖弧度加大，腹部曲线起伏明显，是明代晚期圆形紫砂盖罐的时代特征。

2. 局部附件型制

明代晚期仍有部分器物承袭了明代中期平盖平底的造型，如表二 13 陈子畦制平盖圆壶（图 4.12）、14 无款平盖圆壶、26 陈用卿制莲钵壶，但开始有所突破，壶盖的弧度开始加大，底部也有圈足出现，如表二 5 时大彬制鼎足盖圆壶（万历三十八年）、7 惠孟臣制圆盖大壶（崇祯元年）、8 时大彬制三足圆壶（崇祯二年）、11 时大彬制提梁壶（崇祯十二年）、15 佚名古莲子壶、16 无款仲芳壶、22 陈用卿制钱钮如意纹圆壶、28 时大彬制书扁壶、31 陈子畦制锥钮三足圆壶、39 佚名四系扁壶，这些砂壶的盖与底已不是单一泥片即可成型，壶盖外部以一片泥片修出盖型，而壶盖内部则需另一片泥片和盖沿泥片相接，因此连盖沿算在内一共是三片成型。由于明晚期工艺已十分成熟，泥接痕迹大都会修得很平整，但接痕仍隐约可见。圈足则是在底部泥片和器身接上后再加上去的，制作工艺高的名家能够使它们看起来浑然一体，但还是一定能从相接处发现刮抹的痕迹。

图 4.12　明晚期 陈子畦制平盖圆壶

扁圆状的壶钮是明代晚期圆器壶钮中最具典型时代特征的，明代中期平盖圆肩壶，其壶钮（表一 9）是完全的扁平，到了此时期钮顶的线条较前者略多出一点弧度，但仍属于扁圆的形态，从表二 7 惠孟臣制圆盖大壶、8 时大彬制三足圆壶、13 陈子畦制平盖圆壶、14 无款平盖圆壶、15 佚名古莲子壶、16 无款仲芳壶、28 时大彬制书扁壶、36 菊瓣壶都可以发现这个共同点，壶钮的弧度内敛，转折角度笔挺，不十分追求过于浑圆的线条。

明代晚期壶嘴的型制，可以略分为四型，一型是延续明代中期平盖圆肩壶的型制，壶嘴蜿蜒向上的起伏度不大，如表二 7 惠孟臣制圆盖大壶、8 时大彬制三足圆壶、13 陈子畦制平盖圆壶、22 陈用卿制金钱如意纹圆壶、24 时大彬制平肩直颈圆壶、25 陈用卿制曲把直壁圆壶、33 时大彬制雕漆四方壶这些呈三弯式的壶嘴，但弯折幅度不大，这是明代晚期壶嘴型制中最常见最为典型的代表。二型则承袭了吴经墓提梁壶的特点，壶嘴较为向前伸出，如表二 5 鼎足盖圆壶、6 六方壶、11 提梁壶、38 四系壶。三型为笔直的壶嘴，如表二 3 时大彬制圆壶、14 无款平盖圆壶、16 无款仲芳壶、17 无锡出土圆壶、27 陈用卿制环钮直壁圆壶。四型较短肥，口略有收束，如表二 15 佚名古莲子壶、26 陈用卿制莲钵壶、36 无款菊瓣壶、39 佚名四系扁壶。

明代晚期壶把的特点如下，一是壶把衔接壶身的位置较高，仍然保留了和明代中期平盖圆肩壶（表一 9）相同的特点，这也是明代紫砂器型和后期的不同处，一般都接在壶肩偏上的位置，壶把弯折的弧度也拉得较高。其次是明代晚期许多壶把皆有外圆内平的特点，虽然不是全部的壶把都是如此，但是有一定数量明代晚期的紫砂器都采取这种做法。此外，此期也有少量的曲形把，但曲度不大，如表二 24 时大彬制平肩直颈圆壶、25 陈用卿制曲把直壁圆壶。但是目前看来除了表二 36 无款菊瓣壶之壶把尾端有勾起之外，目前所见明代晚期砂壶，其壶把较少在把的上部或尾端作勾卷的点缀。

三、装饰

在目前的明代晚期出土与传世器中，虽然未见明代中期手法的柿蒂纹贴片，但表二 8 时大彬制三足圆壶（崇祯二年）、22 钱钮如意纹圆壶盖上的如意纹贴片属于这类装饰手法的延续，此时的贴片手法较前期进步，泥片打得较薄，边沿也修整得更圆柔（图 4.13），表二 27 陈用卿制环钮直壁圆壶（图 4.14）、28 时大彬制书扁壶（图 4.4）盖上的圆形贴片也属于同类装饰手法。

明代晚期亦有少量的简单刻划纹样作为装饰，如表二 6 时大彬制六方壶（万历四十四年）的钮顶也是另外贴上一片泥片，并在其上以竹刀一类的工具划对合的半圆弧线，其盖上亦沿边沿划了一圈弦纹。表二 33 时大彬制雕漆四方壶由钮顶略向内敛的线条来看，似乎也是顶部另贴一片泥片的手法，但由于被漆面覆盖，有无装饰已无从考证。此外，表二 22 钱钮如意纹圆壶，其壶纽上以镂空手法刻划的钱纹，亦是紫砂器装饰中工艺难度较高的装饰方式。

图 4.13　明晚期 陈用卿制钱纽如意纹圆壶

图 4.14　明晚期 陈用卿制环纽直壁圆壶

在贴塑工艺上，则以表二 30 陈子畦制龙带壶及 37 佚名石榴花圆壶（图 4.15）为代表。陈子畦制龙带壶是以一大片带状泥片贴覆壶身，再将带缘起伏立体之感修整出来。再以石榴花圆壶来看，它和后期的贴花装饰最大不同在于其栩栩如生的立体感，从壶腹一侧模拟石榴表皮裂开的弯折及花朵茎叶的伸展可看出手工捏塑的痕迹，如壶身上之五瓣花朵，宛若从壶身上自然而然绽开出来一般；叶片都薄而细致，或稍微卷曲，或有如迎风摇曳；壶嘴和壶把则以较长的水滴状树瘤装饰，其树瘤形状拉得较长，和后来圆形的树瘤不同，水滴状凹陷部分刻划得深而立体；壶盖和壶底的石榴花不仅是装饰，底部三朵伸展方向各异的石榴花是承接全壶重心的三足，如果其位置大小稍有差池，那么整把壶就无法水平放置，而盖上的石榴花正好是持壶倾注时手指的支撑点，由此可知，其贴花各部件的位置方向是有巧妙安排的，而且全器无论是以上下左右任何角度观看，都能呈现布局完美的画面（图 4.16）。

图 4.15　明晚期 石榴花圆壶

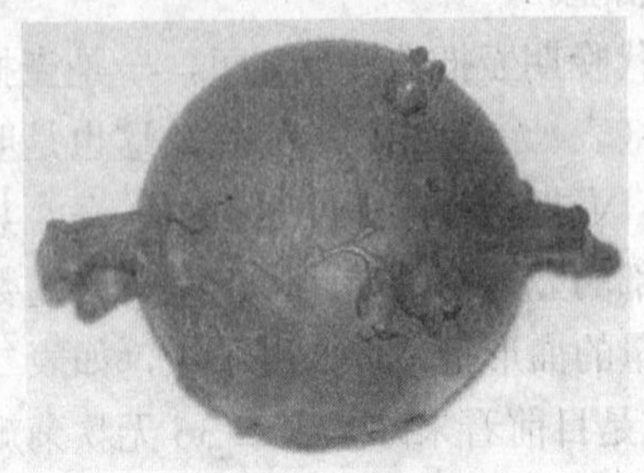

图 4.16　明晚期 石榴花圆壶（底部）

模印装饰方面，表二 46 出土的一对印花小碟，其内底则是同样内容的模印花卉装饰，和后期的模印装饰相比，其图案布局较疏朗淡雅，为整幅画面的模板所印出，因此二碟的图案是一样的。表二 45 的勺柄则有模印圆涡纹，表二 39 四系扁壶壶身则模印鲤鱼孩童图案及楷书“独占鳌头”四字，其图案及印字的风格亦较朴拙。

壶身铭刻或印字除了作者纪年的题记意义，也属于装饰的一种手法，明代晚期的铭刻，字体多为楷书或行书，词句较简洁，多单一的词句，因此字数较后期少，约四至八字长短，如表二 10 时大彬制鼓腹圆壶、11 时大彬制提梁壶、21 陈用卿制鼓腹圆壶、37 佚名石榴花圆壶、39 佚名四系扁壶，也有少数十字以上的，如表二 25 陈用卿制曲把直壁圆壶（图 4.17）、27 陈用卿制环钮直壁圆壶（图 4.14）、32 时大彬制圆壶（图 4.18），但此期仍以前者字句少的为主。

图 4.17　明晚期 陈用卿制曲把直壁圆壶

图 4.18　明晚期 时大彬制圆壶

四、款识

在明代晚期出土和传世器中，无款器和有款器的数量相当，相较于明代中期，此时陶人在紫砂器上署款的习惯开始形成，有款器亦多出于当时颇负盛名的名家之手，因此，有款器的土质及制作工艺大多优于无款器，但无款器中亦有制作和名家款紫砂器比肩者。由《阳羡茗壶系》的记载来看，此时已有专为陶人刻写款识之人①，书刻署款的方式成熟于时大彬时，因为《阳羡茗壶系》对于署刻款的记载是从时大彬开始，早于时大彬的记载，除了李茂林的“朱书号记”之外便没有了。

据《阳羡茗壶系》记载，“今世所传大彬壶，亦有仲芳作之，大彬见赏而自署款识者。时人语曰：‘李大瓶，时大名’”，陈信卿也有“伺弟子造成，修削署款而已”的情况，由此可知当时作者对于落款的态度有时也不甚严谨。不过，考证目前所发现的时大彬出土或传世器，较难辨别其中是否存在不同作者的情况，当然，其他非明晚期特征的大彬款紫砂器不在此列。由于目前尚未有没有疑义的李仲芳款传器，因此也缺乏可以参照的实物，但是时大彬、李仲芳二人为师徒关系，李仲芳的工艺风格和时大彬应当有一定程度的肖似，诚如《阳羡茗壶系》所言，应当是李仲芳一些达到其师水平的佳作，时大彬也才乐于署上自己的名款。

明代晚期最典型的落款方式，是以端正的楷书，在砂壶底部贯穿壶把至壶嘴的中心线的位置上刻作者之名，如“时大彬制”、“大彬”（图 4.19）、“子畦”等，或者以纪年加上作者姓名的组合，如“万历甲辰年大彬制”、“丁未夏日时大彬制”、“崇祯戊辰年荆溪惠孟臣制”（图 4.20）。亦有署名在器腹者，或行书或楷书，前面多冠以诗句，也有署纪年及作者的，如表二

① 《阳羡茗壶系》：“陈辰，字共之，工镌壶款，近人多假手焉。亦陶家之中书君也。”

3 时大彬制圆壶、11 时大彬制提梁壶。此外亦有在壶把下方腹壁处落款的，如表二 8 时大彬制三足圆壶，由此可见此期落款位置虽以底部为多，但也不是绝对的。至于表二 18 陈用卿制圆壶，其底部刻款也较特别，“陈用卿制”四字刻款是平均分散排列于壶之底部[①]，没有集中在壶底中轴线上。

印章款的部分，明代晚期仍有承袭明代中期的印字诗句款，亦是楷书或行楷，如表二 15 古莲子壶是在器底，39 佚名四系扁壶则在器腹，也有和明代中期一样，在盖顶落印的盖罐，如泰州市博物馆藏盖罐（表二 42）。图章形式的印款，则在明代晚期开始出现，表二 26 陈用卿制莲钵壶是在盖内落一小方印，字体为篆字，由此亦可知盖内落印款的方式在明晚期已有，表二 18 陈用卿制圆壶则在底部落葫芦形章款，可见早在明代晚期，印章款的形式就已不局限于方、圆二种了。

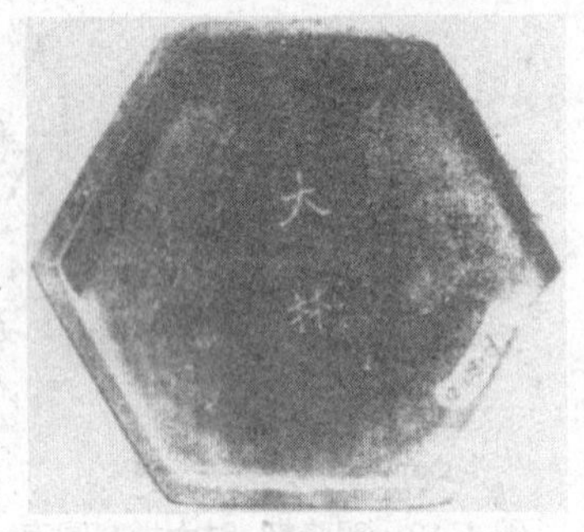

图 4.19　时大彬六方壶底款

图 4.20　惠孟臣制圆盖大壶底款

第三节　清代早期

一、胎土

1. 紫砂及红紫砂

清代早期早于乾隆时期的实物以红紫砂居多，胎质匀净杂质少是其特色，胎色呈绯红、棕红，如台北故宫博物院收藏的珐琅彩四方壶、珐琅彩瓜棱壶、珐琅彩盖钟、珐琅彩盖碗、珐琅彩茶碗（表三 4-10）。

《阳羡砂壶图考》在“壶质辨别”一节曾提到，雍正乾隆时期的胎土：“朱泥所制者，胎骨松而不结，色枯而不泽。”在解读这段文献之前，首先必须澄清文中“朱泥”的概念，文中所谓的“朱泥”不是原矿为石黄的朱泥，应当是红紫砂。纵观《阳羡砂壶图考》全书，对于朱泥和红紫砂并未有明确的区分，对于胎土呈色为红色一类的紫砂器，多以“朱泥”或者“朱红色”等字眼来描述，从客观存在的出土和传世实物即知，《阳羡砂壶图考》所描述的紫砂器中，或许有部分的确是朱泥胎，但不会是全部。如果对照福建漳浦蓝国威墓出土的陈鸣远制朱泥圆壶（表三 10）[②]，笔者虽尚未观看过实物，但从照片上浓重鲜明的朱红胎色来推断，

① 底款彩图可参考张浦生、王健华著：《宜兴紫砂鉴定与鉴赏》第 146 页，江西美术出版社，2000 年。

② 彩图可参考张浦生、王健华著：《宜兴紫砂鉴定与鉴赏》第 149 页，江西美术出版社，2000 年。

这当是一件朱泥器，这件朱泥圆壶的胎土和《阳羡砂壶图考》的描述恰恰相反，胎骨烧结完美密实，色泽温润明亮，可见《阳羡砂壶图考》所言之朱泥器应当只是红紫砂器。

不过，《阳羡砂壶图考》提到的“胎骨松而不结，色枯而不泽”，确是许多乾隆早期紫砂及红紫砂胎土的重要特征，实物可参照表三 25 秦钟壶、47 贴花兽钮长方壶、79，80 大小一粒珠、83 王南林制高圈足圆壶（图 4.21）、84 邵元祥制圆肩素身壶、89 邵元祥制加彩鼓腹提梁扁壶、90 邵旭茂制鼓腹提梁扁壶、93 华凤翔制加彩直壁圆壶、94 加彩圆肩大壶、103 杨季初制环钮曲把鼓腹圆壶、104 盖碗壶、105 桃形壶、107 陈荫千制竹节提梁壶、108 谈伯章制四方大壶、109 华凤翔制四方曲把大壶、110 徐飞龙制四方提梁壶、111 邵茂林制炉钧釉汉方、114 邵茂林制炉钧釉传炉、115 徐恒茂制彩釉六方壶、116 六方大壶、117 炉钧釉六方壶、119 外销贴花六方壶、121 加彩半月壶、122，123 双联壶、124 范章恩制狮球壶、126 莲瓣形壶、127 梅花瓣形壶、141 陈荫千制彩釉曲把蟾钮竹节圆壶、144 注壶、147 六方茶叶罐、150 王南林制盖罐、153 加彩盖罐、175 桃形杯等。总体来看，这些乾隆早期的紫砂器胎骨较为粗疏，组织中孔隙较大，烧结的表面状况也不如明代晚期理想，部分作品表面看起来很干涩，如表三 112 华凤翔制彩釉汉方壶，其内胎质地几乎近似砖头般粗涩。以二十二倍放大镜观察，紫砂中红色、黄色及草绿色颗粒较明晚期减少，此期之红紫砂胎中夹有少量淡墨色和鹅黄色颗粒，而紫砂及红紫砂中的闪亮的云母片则较明代晚期大得多。除了因砂气重而显现的干涩感之外，微泛黄色的光泽是乾隆早期紫砂、红紫砂的另一特征，其中红紫砂又比紫砂更明显些，可参考前述所列举器物之图版。此外有的紫砂胎呈深褐色，并且有不同程度的偏红，如表三 57 彩绘山水注壶、89 邵元祥制加彩鼓腹提梁扁壶、121 加彩半月壶、126 莲瓣形壶。

图 4.21　清早期 王南林制高圈足圆壶

到了乾隆晚期，这种砂气重的干涩质感有了很大的改进，微黄光泽也开始消失，如表三 152 无款盖罐，但也有胎色泛黄的例子，如表三 63 王南林制圆盖大壶，除此之外，故宫博物院所藏一批乾隆年制款紫砂茶具，应当也多属于乾隆晚期的产物。总体来说乾隆晚期的胎土明亮鲜润，粒子感不如明代晚期强烈，但更为细密匀净。

2. 黄泥及段泥

呈色为金黄、褐黄的黄泥、段泥类紫砂器在清代早期较明代晚期多了许多，如表三 56 印竹纹茶叶罐、58 百果盂（盂身、莲子、花生）、76 高颈圆壶（图 4.22）、92 象鼻壶、102 石瓢壶；156-166 杨季初、杨履乾等人所制泥绘山水笔筒筒身；170 贴花夔龙菱花式盆、171 双龙托珠福寿洗、172 汤天如制段泥喷朱砂碗、173 贴花夔龙碗。和紫砂、红紫砂大为不同，清代早期的黄泥、段泥胎质细腻，发色鲜嫩，如前述印竹纹茶叶罐，从图片上来看，胎质格外细腻，既为宫廷御用茶具，当是清代早期最上乘黄泥的代表。象鼻壶也是黄泥，但和印竹纹茶叶罐相比，颜色又深一些却不暗沉，色泽仍带有明亮的感觉，宛如秋天转为褐黄却未落下的叶片。表三 102 石瓢壶和 172 汤天如制碗的色泽也不尽相同，石瓢壶更偏近浅棕色，不过二者的胎土组织中明显的颗粒感是它们的共同特色，也是段泥和黄泥在外观上的区分点，至于杨季初、杨履乾制泥绘山水笔筒亦属于段泥，和前述黄泥制品相较，它的土质颗

图 4.22　清早期 高颈圆壶

粒仍是较粗的。以二十二倍放大镜观察，清代早期段泥为金黄色底泥中夹杂墨色及赭色颗粒，其间还含着微透明状的淡黄色颗粒。此外比较特殊的是表三 55 印梅花纹茶叶罐，它和编号 56 印竹纹茶叶罐胎色虽然近似，仔细比较就会发现其差异，梅花纹茶叶罐是褐黄色隐现淡红光泽，这件茶叶罐的土胎性质仅由图片尚未能下定论。

3. 朱泥

在清代早期偏早的朱泥制品以表三 11 陈鸣远制丙午款圆壶为代表，乾隆晚期亦不乏制作精巧绝伦的纯朱泥器，如表三 39 泥绘直壁圆壶、99 朱泥扁圆壶（图 4.23）、100 孟臣款朱泥扁形小壶、101 菊轩款朱泥小品，也有外涂一层朱泥内胎为红紫砂的表三 75 贡局款圆壶，这种以朱泥作为化妆土装饰的手法在清末民初较为多见，此壶则说明这种手法在清代早期已经出现。这些朱泥器的质感光润、色泽艳红，其中菊轩款朱泥小品尤为特别，胎内掺有细小的同质熟砂粒，掺砂工艺在明清时期绝少见到，它和明代晚期时大彬掺杂色生砂的手法也不相同，是目前所见最早采用掺熟砂工艺手法的紫砂器。清代早期亦有不少以朱泥作局部器身装饰的例子，如表三 156-166 杨季初、杨履乾所制泥绘山水笔筒画面中树枝花果的红点，以及 172 汤天如制段泥喷朱砂碗壁的朱砂点，其朱红发色鲜艳明亮，亦可以作为清初朱泥色泽比对的实例。

图 4.23 清早期 孟臣款朱泥扁圆壶

4. 团泥

表三 58 乾隆年间墓葬出土的百果盂，其中贴饰的核桃、枣，以及 81 陈鸣远制一粒珠壶（图 4.24）及 82 蛋包壶为清代早期很典型的团泥，胎色桔红，虽然同为团泥，其胎质仍有差异，其中陈鸣远制一粒珠壶同式有数件，有的杂有大量的云母片，有的则内含大量的细黄砂，蛋包壶胎色则较一粒珠壶更浅淡些。

图 4.24 清早期 陈鸣远制一粒珠壶

5. 白泥

表三 145 绿釉菊瓣大罐为清代早期白泥胎的代表，应是延续明代欧窑做法的白泥挂釉紫砂器，胎质灰白细密。

二、制作工艺

紫砂器的制作工艺，在明代万历年间时大彬的时候达到成熟的高峰。这样的荣景一直延续到明末。到了清代早期，或许是因为朝代更替的战乱，整体来说，此时期对前期虽有承继，但已达不到明代晚期那样工艺精绝的顶巅。《阳羡砂壶图考·造工沿革》提到："由明以迄顺、康，以捏造车坯为多，全以手捏与印模者罕覯。雍、乾市制之器，印坯车胎为广"，虽然《阳羡砂壶图考》对捏造车坯、印坯车胎的定义不十分准确，但这段记载大体上仍符合事实。在清初顺治、康熙这段时期，紫砂器的成型工艺仍是承继了明晚期以来纯手工的成型方式，如表三 11 陈鸣远制圆壶、81 陈鸣远制一粒珠（图 4.24）、82 陈鸣远制蛋包壶、133 陈子畦制贴花夔龙狮钮圆壶、145 绿釉菊瓣大罐；但是在乾隆时期，确有一定数量的紫砂器在成型过程中有套用模具。

套用模具的手法有二种，一种是单纯圆器的器身或器盖用模具套出形状或弧度，如表三 63 王南林制圆盖大壶（图 4.25）、64 杨履乾制泥绘山水圆壶、104 盖碗壶、105 桃形壶、107 陈荫千制竹节提梁壶、148 外销八宝如意盖罐等，另一种是使用各类瓣型或者其他图案样式的模板，使泥片扣出各类瓣型样式或图案，往往是一模重复扣出数片泥片，再和其他泥片镶接成型，如表三 126 莲瓣形壶是一模扣出壶身上下二片（图 4.26），127 梅花瓣型壶、128 菊瓣提梁壶是一模扣出壶盖及壶底；此外，表三 57、144 两件注壶的壶身壶盖也是同样的模制手法（不过器身之筋纹线应是再加以刻划的）。

图 4.25　清早期 王南林制圆盖大壶

图 4.26　清早期 莲瓣形壶

至于雍正时期是否已有这种借助模具的成型工艺则由于缺乏纪年实物来对照，因此尚难论定，前面所列举的这些紫砂器也没有明确纪年甚至是作者款识，但是由其胎土及成型手法来说都肯定不晚于乾隆时期。

在套用模具的紫砂器中，一部分是为了适应更为大量的商品化生产需求，如前述的外销八宝如意盖罐，即是当时的外销商品；不过套用模具的作品也未必就如《阳羡砂壶图考》所说是量产的、商品化的“市制之器”。由表三 63 王南林制圆盖大壶、64 杨履乾制泥绘山水圆壶、107 陈荫千制竹节提梁壶来看，以王南林为例，他曾为宫廷承制紫砂器[①]，是具有一定名声的匠人，由表三 83、150 其他王南林作品可知，其人并非没有全手工制作紫砂器的技艺，并不是手艺水平不够才使用模具，杨履乾、陈荫千等亦是当时名家，因此，在制作过程中使用模具应当是乾隆时期力求器形规整的时代风尚，不一定是为了商品化提高产量，这一点在后文叙述的模印装饰手法中也可得到印证，因为许多采模印手法装饰的紫砂器都是署乾隆年制款的宫廷用器。

由前述套用模具的紫砂器中可以发现，虽然有借助模具成型，但都只是局部，如盖碗壶是壶身的部分套用模具，王南林制圆盖大壶是壶身和壶盖，桃形壶及陈荫千制竹节提梁壶则只有壶盖，外销八宝如意盖罐应是器腹部分，套用瓣型样式模具者亦然，流、把、钮等附件及整体的成型仍是手工镶接。

① 中国硅酸盐学会编：《中国陶瓷史》第 439 页，文物出版社，1997 年。王健华主编：《故宫藏紫砂器》第 34 页，紫禁城出版社，2001 年。

虽然使用模具成为部分乾隆时期紫砂器的一大特征，但是不借助模具，全以手工制作的工艺手法也并没有式微，如表三 25 秦钟壶、79 大一粒珠、80 小一粒珠、84 邵元祥制圆肩素身壶、86 邵旭茂制圆肩素身壶、88 鼓腹提梁扁壶、89 加彩鼓腹提梁扁壶、92 象鼻壶、94 加彩圆肩大壶、102 石瓢壶、110 徐飞龙制四方提梁壶、112 华凤翔制彩釉汉方、121 加彩半月壶、122 双联壶、146 外销六方茶叶罐、150 王南林制盖罐、153-155 加彩盖罐、172 汤天如制碗等。然而，除了汤天如制碗这类宫廷贡品外，这些清代早期全手工紫砂器大多在细部修整上已经不如明代晚期，有些器身内部的接坯痕修饰得很潦草甚至几乎没有修整。

在明代晚期时，壶盖的工艺已进步到以三片泥片来制作，但是在乾隆时期或者再更早，却又出现回复到较原始的二片泥片成型方式，壶盖内沿出现一种特殊的转折作法，盖沿和盖顶内侧的泥片并不再以另外一片泥片相衔接，且盖沿不直接衔接于盖内顶，因此壶盖内部会有一空悬的转折角度，如表三 25 秦钟壶（乾隆三十二年）、92 象鼻壶、111 邵茂林制炉钧汉方、112 华凤翔制彩釉汉方、133 陈子畦制贴花夔龙狮钮圆壶。

三、造型

1. 型制大小

在清代早期，各种大小的紫砂器俱备，大件的高达十多厘米甚至二十厘米以上，如表三 25 秦钟壶、63 王南林制圆盖大壶、79 大一粒珠、80 小一粒珠、83 王南林制高圈足圆壶、84-91 邵元祥邵旭茂之作品、108 谈伯章制四方大壶、109 华凤翔制四方曲把大壶、110 徐飞龙制四方提梁壶、112 华凤翔制彩釉汉方、116 六方大壶、141 陈荫千制彩釉曲把蟾钮竹节壶、145 绿釉菊瓣大罐等。一般大小则高度大约介于 8 到 12 厘米左右，参见表三，此处不一一列举。高度小于 8 厘米的小壶，虽然在明代晚期已有，但目前仅见一例，自清早期才逐渐成为较为常见的器型之一。清早期的小品壶，大多以朱泥制成，所谓“朱泥小品”的小壶应是清代早期较多出现的器型，如表三 11 陈鸣远制圆壶、99 朱泥扁圆壶、100 鼓腹孟臣扁形小壶、101 菊轩款朱泥小品（图 4.27），此外表三 39 泥绘直壁圆壶、82 陈鸣远制蛋包壶、98 泥绘山水扁圆壶亦是较为小巧的型制。《阳羡名陶录·谈丛》引周澍《台阳百咏》注云：“台湾郡人，茗皆自煮，必先以手嗅其香，最重供春小壶。”此处的“供春小壶”指的即是小型的紫砂壶，闽台潮汕这些南方地区，历来皆有以容量极小的茶壶泡所谓“功夫茶”的习惯，《阳羡名陶录》成书于乾隆时期，因此这种喜用小壶的泡茶方式可能是清初以来逐渐形成的，表三 24 外销梨形圆壶则为乾隆初年的南京沉船货物，这类型制极小的朱泥小品，很有可能就是因应这种南方的泡茶习尚而产生。

图 4. 27 清早期 菊轩款朱泥小品壶

2. 圆器

清代早期的圆器器型，延续明代晚期而来的有表三 27，72-74 掇只壶（图 4.28）、63-67 圆盖大壶（图 4.25）、68-71 各式加彩圆壶、79-81 一粒珠壶（图 4.29）、37 泥绘寿字扁圆壶、97 扁圆大壶、98 泥绘山水扁圆壶、99 朱泥扁圆壶。其中掇只壶是明代晚期莲子壶式延续而来，37、97-99 的扁圆壶式则是明代晚期时大彬制书扁壶的延续，但是型制较为简化，其扁度及曲度的幅度降低，下腹的收束较小（表三 97；图 4.30）。表三 99 朱泥扁圆壶的大小、壶式以及完全平底的做法在所谓的朱泥小品中都是比较特别的（图 4.23），这类朱泥小品的演进轨迹可由表三 11 陈鸣远制朱泥圆壶（雍正四年）追溯起，99 朱泥扁圆壶则介于前者和 101 菊轩款朱泥小品之间，而菊轩款朱泥小品则是更为典型的朱泥小品：更加小巧，造型为简练的梨形，底为内凹的假圈足。

图 4.28　清早期 掇只壶

图 4.29　清早期 大一粒珠壶

图 4.30　清早期 惠逸公制扁圆大壶

表三 32 贡局款圆壶（图 4.31）壶式传承自明中期吴经墓提梁壶（图 2.4），与吴经墓提梁壶相较，此贡局款圆壶整体线形更为圆润，壶盖亦改为四周平坦中央隆起的斗笠盖，体现了明清两代不同的时代风格。

如表三 92 象鼻壶（图 4.32）这种壶式，在吴梅鼎的《阳羡名壶赋》中，曾提及“番象”一式，其后按语即说明为“番象鼻”，不过文中所形容的是明代晚期陶人徐友泉的壶式，因此这也可能是明代晚期就已经存在的壶式。但是笔者认为《阳羡名壶赋》所罗列的器式也有可能混杂了一些清初新出现的器型，毕竟明代晚期的一些陶人如陈子畦，其创作年限并不止于明晚期，必然有延续到清初，然而表三 92 象鼻壶由前段所言壶盖内沿的转折做法来看，此壶确为清代早期的器物，但其年代较可能是比乾隆更早的康雍时期。

图 4.31　清早期 贡局款圆壶

图 4.32　清早期 雷仁记款象鼻壶

表三 84-91 以邵元祥、邵旭茂之圆肩素身壶、鼓腹提梁扁壶（图 4.33）为主的这些器物风格粗犷硕大，是清代早期特有的器型，表三 41 锥钮直腹圆壶、44 贴弥勒础形圆壶、46-78 高颈圆壶（图 4.34）、82 蛋包壶、96 西藏酒壶形壶（图 4.35）、103 杨季初制环纽曲把鼓腹圆壶（图 4.36）等亦是此期的新器型，而表三 75 贡局款外销泰国圆壶（图 4.37）特别长而笔直的壶嘴是外销南洋器型的鲜明特征。

图 4.33　清早期 邵元祥制加彩鼓腹提梁扁圆壶

图 4.34　清早期 澹然斋款高颈圆壶

图 4.35　清早期 西藏酒壶形壶

图 4.36　清早期 杨季初制环钮曲把圆壶

图 4.37　清早期 贡局款外销泰国圆壶

石瓢壶式也是圆器中历久不衰的造型，表三 102 石瓢壶（图 4.38）和后期之石瓢壶式相比，壶身倾斜度不那么大，但壶盖则有稍许下弯的弧度，壶把为倒“U”型，壶底三足位置较靠外，近底之外沿，型制仍有区别。秦钟属于清末民初时期相当典型的器型，表三 25 秦钟壶（图 4.39）则说明早在乾隆时已有此类型壶式，和后期之秦钟壶相比，其壶盖及壶肩弧度比较丰满立体，壶把及壶嘴的线条较为上昂。表三 104 盖碗壶则应是由盖碗造型所创造出来的新器型。附带简单贴饰的圆器以 105 桃形壶、106、107 陈荫千制竹节提梁壶（图 4.40）为代表。表三 148 外销八宝如意盖罐应当是借鉴瓷器中的梅瓶造型。表三 172-174 的碗类器则说明了和明代晚期的勺、碟一样，紫砂器的器型中亦有一定数量的饮食器具，而且这些饮食器具都制作得相当精美，不是一般民间日用品。

图 4.38　清早期 石瓢壶

图 4.39　清早期 秦钟壶

图 4.40　清早期 陈荫千制竹节提梁壶

清代早期的盖罐，大体型制仍承袭明代晚期，一型以表三 149 为代表，较明代晚期的盖罐扁圆；二型的壶腹线条不若明晚期起伏度大，如表三 150 王南林制盖罐。

3. **方器**

在方器造型中，明代晚期的四方、六方造型皆有延续，但是清代早期方器的肩部以圆弧饱满的丰肩为其特点，如表三 108 谈伯章制四方大壶、110 徐飞龙制四方提梁壶（图 4.41）、115 徐恒茂制彩釉六方壶、146、147 六方茶叶罐肩部皆有隆起的弧度，和明代晚期时大彬制雕漆四方壶、六方壶的平肩大异其趣。另外清代早期的汉方壶式以表三 111-112 为代表（图 4.42），和前面提到梁白泉编《宜兴紫砂》中第 58 页出土的明代汉方壶残器相比，器型差别不大，和后期汉方壶相比则弧度较大，壶腹较为隆起但底部收束不明显，壶盖弧度比较挺拔饱满，内部和壶嘴相通的开口呈长方形。

图 4.41　清早期 徐飞龙制四方提梁壶

图 4.42　清早期 华凤翔制彩釉汉方壶

表三 1 双龙兽钮六方壶、2 双龙提梁六方壶、4“康熙御制”款珐琅彩四方壶、19 黑漆描金长方壶、23，118 兽钮六方壶（图 4.43）、46 描金山水方壶（图 4.44）、47 兽钮长方壶、48 堆泥篆字六方壶、49、50 六方壶、51 彩釉鼓腹六方壶、109 华凤翔制四方曲把大壶、116 六方大壶（图 4.45）、117 徐恒茂制炉钧釉六方壶、119 外销贴花六方壶、122 双联壶、123 加彩双联壶都是清代早期新的方器造型，其中双龙兽钮六方壶（图 4.46）、双龙提梁六方壶（图 4.47）的造型华丽奇特，器体左右对称是其特色，为外销紫砂器中的精品；双联壶的五方双联形式亦是较为特别的，这是清早期的特色器型（图 4.48）。表三 121 加彩半月壶则有可能是《阳羡名壶赋》中提到的“裁扇面之形（文后按语作‘扇面方’）”（图 4.49）。在清代早期的方器中，亦有一些造型介于方圆之间的方器，属于清代早期部分方器的特点，如表三 45 贴花福寿壶（图 4.50）、114 邵茂林制炉钧釉传炉、128 菊瓣提梁壶，传炉壶式多见于清末民初时期，此件邵茂林制炉钧釉传炉为此前仅见。

图 4.43 清早期 兽钮六方壶

图 4.44 故宫博物院藏 清早期 描金山水方壶

图 4.45 清早期 六方大壶

图 4.46 哥本哈根国立博物馆藏 清早期 双流兽钮六方提梁壶

图 4.47 大英博物馆藏 清早期 双龙六方提梁壶

图 4.48 清早期 捆竹双联壶

图 4.49 清早期 加彩半月壶

图 4.50 清早期 贴花福寿壶

4. 筋纹器

在清代早期，承继明代晚期菊瓣造型的有表三 52 珐琅彩描金菊瓣壶（图 4.51）、125 加彩菊瓣壶（图 4.52）、145 绿釉菊瓣大罐，后面两件菊瓣型器的整体造型较为扁圆。在瓜棱造型方面，表三 5、6“康熙御制”款珐琅彩瓜棱壶（图 4.53）和明代晚期惠孟臣制狮球壶相似，皆为四道棱线，故宫博物院收藏的两件瓜式水丞则较为趋近仿生的瓜形，由此两件瓜式水丞和南京博物院藏的陈鸣远款南瓜壶相比较，陈鸣远款南瓜壶的线形没有故宫博物院的瓜式水丞饱满，且壶身的瓜棱刻划极为模糊无力，不符合紫砂手工刻划棱线的正常情况。因为紫砂坯件是有一定硬度的，需要一定的力度才能在器身修刮出凹陷的棱线，在其他任何时期的筋纹器上都不会看到和此件陈鸣远款南瓜壶同样情况的棱线，倒是在一件同为南京博物院藏广西钦州窑烧造的提梁瓜棱壶①上可以发现雷同的筋纹线刻划痕迹，二者的胎泥质感也十分近似。此外，按照正规的紫砂片接成型工序，南瓜壶下部接往器底的部分必须镶接另一片泥片才能如此弯折，而此件陈鸣远款南瓜壶却是一体成型，完全不见片接痕迹，其壶盖型制也完全不符合紫砂的制作工艺，亦不见手工修痕，因此，这件经常被奉为“陈鸣远代表作”或者“清代早期标准器”的陈鸣远款南瓜壶，由于存在诸多疑问，并不适合作为分期断代标尺中的参照标本。在狮球壶式方面，清代早期的狮球壶（表三 124）筋纹线数目则更多，器口则配合筋纹线改为菱花状（图 4.54），表三 170 贴花夔龙菱花式盆亦是菱花状的筋纹器型（图 3.23）。

图 4.51　故宫博物院藏 清乾隆 彩绘描金菊瓣壶

图 4.52　清早期 加彩菊瓣壶

图 4.53　台北故宫藏 清康熙 珐琊彩瓜棱壶

图 4.54　清早期 范章恩制狮球壶

清代早期另一类筋纹器则是前面提到的模制瓣型器，即表三 126 莲瓣形壶、127 梅花瓣形壶、57、144 注壶。

5. 塑器

清代早期的塑器有表三 38 描金三足圆壶、58 百果盂（图 4.55）、129-133 各式的狮钮圆壶（图 4.56）、134 陈子畦制贴花夔龙纹圆壶、135 陈子畦制龙象三足圆壶（图 4.57）、136-140 螭龙云雷纹壶、141、142 蟾钮竹节壶、175 桃形杯等，无论是壶、杯、盂，其器身主体仍然不脱离较为规整的圆形，只是嘴、把、钮，或者器身再加以贴塑点缀，且龙、象、狮、蟾蜍

① 徐湖平主编：《南京博物院珍藏系列——紫砂》，第 38 页，上海古籍出版社，1998 年。

等带有祥瑞意义的形象在清代早期大量出现。此外表三 171 双龙托珠福寿洗、176 鸳鸯式盒及各式干果虽然没有纪年及作者落款，不过由图版上的器型风格及成型工艺来看，亦皆属于清代早期的器物。

至于传世的圣思桃杯[①]，最大的疑问和前述陈鸣远款南瓜壶一样，不符合紫砂器制作工艺的手法，由图片来看，其底部层层叠叠的花叶枝干，作者如何将这一片片的泥片贴附上去，叶片的弯折起伏也完全不见手工修刮的痕迹？以明代晚期石榴花圆壶（表二 37）和故宫博物院收藏的多件形式相似的桃式水丞和苏州博物馆收藏的桃形杯（图 4.58；表三 175）为例，无论工艺高下，必然可见正常合理的手工贴塑工序，只要是真正紫砂材质的器物，其制作必然会留下刮抹修整的痕迹，类似刮抹未干的水泥一样，再怎么着意平整，干透入窑烧成后，刮抹痕迹总是隐约可见，这是紫砂的特性。当代宜兴陶人徐秀棠先生亦就此壶的来历及工艺过于精致等问题对此桃杯表示怀疑[②]。在存在较大争议的前提下，此件圣思款桃杯也不宜作为清代早期紫砂塑器的标准器。

图 4.55　浙江省博物馆藏 清乾隆 百果盂

图 4.56　清早期 陈子畦制狮钮圆壶

图 4.57　清早期 陈子畦制龙象三足圆壶

图 4.58　清早期 桃形杯

6. 局部附件型制

清代早期的壶嘴型制，仍承袭明代晚期，可以归纳为四型，但一型有较大的演变并由此分化出三种类型。清代早期的一型壶嘴较明代晚期略微向前伸出，如表三 5，6 珐琅彩瓜棱壶、19 黑漆描金长方壶、22 方衡禄制彩釉圆壶、46 描金山水方壶、52 珐琅彩描金菊瓣壶、63 王南林制圆盖大壶、64 杨履乾制泥绘山水圆壶、94 加彩圆肩大壶、99 朱泥扁圆壶、100 鼓腹孟臣扁形小壶、101 菊轩款朱泥小品、103 杨季初制环钮曲把鼓腹圆壶、104 盖碗壶、106、107 陈荫千制竹节提梁壶、114 邵茂林制炉钧釉传炉壶、122、123 双联壶、128 菊瓣提梁壶、142

① 图片可参考徐秀棠：《中国紫砂》，第 178 页，上海古籍出版社，1998 年。

② 徐秀棠：《中国紫砂》第 178-180 页，上海古籍出版社，1998 年。

彩绘山水蟾钮竹节壶；表三 79、80 大小一粒珠、84-86 邵元祥及邵旭茂制圆肩素身壶、88-91 邵元祥及邵旭茂制鼓腹提梁扁壶、126 莲瓣形壶的壶嘴造型则是由前者演变而来，较为肥腴，线条更为向前伸出。另一种亦是由一型演变而来，更为强调壶嘴“S”型的曲线弯折，开口朝前且微敛，如表三 81 陈鸣远制一粒珠、82 蛋包壶。二型以 96 西藏酒壶形壶、110 徐飞龙制四方提梁壶、111-113 汉方壶为代表。三型见表三 35 堆泥荷莲寿字壶、48 堆泥篆字六方壶、75 贡局款圆壶、102 石瓢壶、117 徐恒茂制炉钧釉六方壶。四型如表三 25 秦钟壶、27 黑漆描金掇只壶、37 泥绘寿字扁圆壶、72-74 掇只壶、98 泥绘山水扁圆壶、105 桃形壶、121 加彩半月壶、125 加彩菊瓣壶。

类似“3”耳朵形状的曲形把是承袭明代晚期的壶把形式，但在清早期较为多见，成为清代早期的时代特点，而且较明代晚期弯折幅度更为加大，如表三 22 方衡禄制彩釉圆壶、94 加彩圆肩大壶、96 西藏酒壶形壶、109 华凤翔制四方曲把大壶（图 4.59）、123 加彩双联壶、141，142 彩釉蟾钮壶；表三 95 外销印花曲把圆壶、103 杨季初制环钮曲把鼓腹圆壶及 104 盖碗壶也属于另一类型的曲形把。另外圆形及双条形交错的提梁把则是清代早期创新的壶把形式，如表三 88-91 邵元祥及邵旭茂鼓腹提梁扁壶、106、107 陈荫千制竹节提梁壶、128 模印菊瓣提梁壶。在壶把上方或下部或和壶身相接处有反向勾卷，类似仿玉器的卷云纹，则是清代早期新出现的壶把型制，如表三 19 黑漆描金长方壶、27 黑漆描金掇只壶、46 描金四方壶、72-74 掇只壶、108 谈伯章制四方大壶、125 加彩菊瓣壶。

清代早期最典型的盖钮为承袭了明代晚期的扁圆形壶钮，但是更扁，如表三 5，6 珐琅彩瓜棱壶、11 陈鸣远制圆壶、37 泥绘寿字扁圆壶、52 珐琅彩描金菊瓣壶、56 印竹叶纹茶叶罐、75 贡局款圆壶、92 象鼻壶、98 泥绘山水扁圆壶、99 朱泥扁圆壶、100 鼓腹孟臣扁形小壶、101 菊轩款朱泥小品；但如圆盖大壶、一粒珠这类壶体浑圆的造型，其盖钮则配合整体较为圆润。另一种顶部为尖锥状的圆钮及方钮，早在明代中期吴经墓提梁壶就是锥形圆钮的造型，但是在明代晚期尖顶钮并不盛行，表二 31 陈子畦制锥钮三足圆壶的锥钮主要是为了仿铜器造型，而非对明中期吴经墓提梁壶（表一 1）的继承，清代早期的尖锥状钮出尖程度不一，如表三 46 描金山水方壶、49、50 六方壶、55 印梅花纹茶叶罐、88-91 邵元祥及邵旭茂制鼓腹提梁扁壶、114 邵茂林制炉钧釉传炉、148 外销八宝如意盖罐。表三 25 秦钟壶、48 堆泥篆字六方壶（图 4.60）、84-86 邵元祥及邵旭茂制圆肩素身壶之盖钮造型则是呼应壶身。

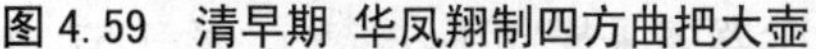

图 4. 59　清早期 华凤翔制四方曲把大壶

图 4. 60　弗里尔美术馆藏 清早期 堆泥篆字六方壶

四、装饰

清代早期的紫砂器装饰工艺极为兴盛，富于装饰正是此时期鲜明的时代特征，装饰的手法也极为多样化，有模印、贴塑、泥绘堆泥、器身加彩挂釉等多种手法，而且在许多器物上还常见多种装饰手法综合应用，使此时期紫砂器面貌显得华丽纷繁。

1. 模印

清代早期对于模具的应用在紫砂工艺史上是各时期之最，不但在制作成型工艺中借助模具，在装饰上更是大量使用模具，使用模具作装饰的手法主要有三种，一种是局部的纹饰或图案，在器物上重复戳印出多个相同的图案，如表三 76 高颈圆壶盖沿的如意纹和肩部的回纹、110 徐飞龙制四方提梁壶肩部的如意纹及壶嘴一面的花瓶和扇形菊花图案、127 梅花瓣形壶器身的椭圆印纹、136-140 螭龙云雷纹壶腹部的雷纹及盖上的纹饰（图 4.61），此外，表三 46 描金山水方壶颈部的回纹、172 汤天如制碗的带状纹饰，应是一带状（或者是滚轮状）模具印出整组纹样；第二种是以模具重复制作出两个以上相同的花、叶等局部装饰泥片再贴附于器表，因此可发现贴饰的位置不同，但图案的形状、大小、纹理等完全一模一样，如表三 35 堆泥荷莲寿字壶肩的如意纹、47 贴花兽钮长方壶的蕉叶纹及云纹（图 4.62）、106、107 陈荫千制竹节提梁壶上的竹叶图案、119 外销贴花六方壶；第三种是整片图版的模印，往往连同画面开光的图框也是模印，如表三 1 双龙兽钮六方壶、2 双龙提梁六方壶、33、34 束颈阔底圆壶、55、56 印纹茶叶罐、95 外销印花曲把圆壶、132 外销印花狮钮圆壶（图 4.63）、146、147 六方茶叶罐、148 外销八宝如意盖罐（图 4.64）器身的花卉图案，模印的工序应在泥片镶接成型前。

图 4.61　清早期 螭龙云雷纹壶

图 4.62　清早期 贴花兽钮长方壶

图 4.63　清早期　香港茶具文物馆藏
外销印花狮钮圆壶

图 4.64　清早期　香港茶具文物馆藏
外销模印贴花茶叶罐

由所列器物可知，清代早期许多宫廷用器及外销紫砂器多采模印手法装饰，表三 57、144 注壶嘴部的纹饰也是模印，可能是在整体成型时一起模印出来的。不过从故宫博物院收藏的诸多清代早期模印装饰紫砂器的图案细部，可以发现，这些图案在模印以外，也还借助可刻划、泥绘等技法，使整个图案更加完美细腻，不是单纯的模印所完成。

2. 贴塑

清代早期贴塑工艺有承袭自明代晚期石榴花圆壶（表二 37）的立体手法，但是不及前者精致细雅，如表三 58 百果盂、105 桃形壶、57，144 注壶的果实及枝叶、175 桃形杯，不过此时期动物兽形的刻划仍较清代中晚期更为生动细致，背部的鳞片、鬃毛甚至口中的尖牙都细细刻划，神态栩栩如生，狮、虎等瑞兽的威武气势表现得较为出色，充分反映了康雍乾三代盛世的内在精神风貌，如表三 1 双龙兽钮六方壶、2 双龙提梁六方壶、47 贴花兽钮长方壶、129-133 各式的狮钮圆壶（图 4.65）、141，142 彩绘竹节壶的蟾蜍形盖钮、136-140 螭龙云雷纹壶嘴部及壶盖的螭龙等。也有较为平面的贴塑装饰，如表三 44 贴弥勒圆壶的弥勒图案（图 4.66）、45 贴花福寿壶的寿翁图案、96 西藏酒壶形壶身的八仙图案、122 双联壶的蝙蝠寿桃图案、133，134，170，173 的贴花夔龙纹饰（图 4.67）（图 4.68）。总体来看，清代早期的贴塑图案的纹样内容大多带有喜庆祥瑞的寓意，即使是和宗教有关的佛像，四周所点缀的钱纹也说明了其纯粹宗教信仰的意味并不大，更多的是代表了人们求财求福的世俗祝愿。

图 4.65　清早期　范章恩制狮钮圆壶

图 4.66　清早期 贴弥勒圆壶

图 4.67　清早期 陈子畦制贴花夔龙纹狮钮圆壶

图 4.68　清早期 贴花夔龙纹圆壶

3. 泥绘及堆泥

泥绘及堆泥是极为有特点而且精致复杂的紫砂装饰工艺，此种装饰手法是由明代中期龙缸（表一 11）堆泥装饰所衍生出来更为精细化的装饰手法。泥绘堆泥的装饰形式可以分为三种：第一种是多色的色泥堆绘。这种多色泥绘都出现在圆形的段泥笔筒上，如表三 156-166 杨季初、杨履乾制泥绘山水笔筒。第二种是和器身泥色不同的单色泥堆绘，多是使用白泥或紫砂，如表三 39 泥绘直壁圆壶、61 鼻烟壶（图 4.69）、81 陈鸣远制一粒珠壶。第三种是和器身泥色相同的单色泥堆绘，如表三 35-37 堆泥寿字壶（图 4.70）、64 杨履乾制泥绘山水圆壶、98 泥绘山水扁圆壶。泥绘的题材多为风格、布局类似的山水、岩石、屋舍、树木、小舟、飞鸟等构成的画面，另一种是堆泥所形成的行书或篆字，其中最特别的是表三 81 几件陈鸣远制一粒珠器身的泥绘，在同为山石亭树的画面主题中，表现了四季的转变，有的呈现的是欣欣向荣枝叶繁茂的春景，有的枯枝则为萧瑟的冬景。

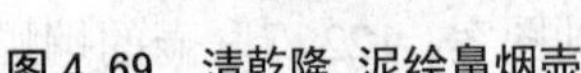

图 4.69 清乾隆 泥绘鼻烟壶

图 4.70 清早期 泥绘寿字扁圆壶

在这些泥绘装饰中，也有精粗之别，其堆泥的立体度和布局亦有所不同，是否能由此再区划出其时期的早晚及演变，是值得再进一步研究的问题，不过由于这些存世泥绘装饰的紫砂器皆没有纪年，较难有一个明确的参照标准区划，目前仅能由其制器者的年份约略推测。在上述的泥绘紫砂器中，陈鸣远是可以确定生卒年份较早的作者①，为康雍时期人，其器物上的泥绘较浅薄，"绘"的笔触多于堆泥的笔触，表三 98 泥绘山水扁圆壶则厚重得多。

4. 加彩挂釉

《阳羡名陶录·谈丛》引阮葵生《茶余客话》云："近时宜兴沙壶，复加饶州之鎏，光彩射人，却失本来面目。"在清代早期，加彩挂釉的装饰方式大为盛行有两个原因，一是当时追求华丽装饰的时代风尚，这样的装饰风格在同时期的瓷器或者铜胎珐琅器中也可以发现；另一个原因，是为了掩饰清代早期紫砂及红紫砂器其砂气较重的干涩胎质，因此，在存世传器中，以加彩上釉装饰的，除了表三 145 绿釉菊瓣大罐为白泥胎，其余都是紫砂及红紫砂胎器物，《阳羡砂壶图考•制工窑火》加釉加彩一条亦云："凡浇釉之壶，胎骨多属松砂，第松砂色枯，故以釉作皮，即生莹润。"

加彩的手法，一种较为单一，是以浅蓝釉作图案轮廓，以深蓝釉描绘纹饰线条，有的在画面留白处以白釉书写词句，字体或为篆字，或为较草率的行草，如"松风吟月"、"一片冰心在玉壶"等，并在文字首尾也以圆形或方形白地红釉画记模拟书画上的落印，盖、把、嘴多半也绘以花卉卷草纹装饰。此类实物可参照表三 74 加彩掇只壶、89 邵元祥制加彩鼓腹提梁扁壶、93 华凤翔制加彩直壁圆壶、94 加彩圆肩大壶（图 4.71）、121 加彩半月壶、123 加彩双联壶、125 加彩菊瓣壶、153、154 加彩盖罐等，从以上这些作品看来，使用这种蓝色釉装饰的大多是紫砂胎，也有少量的红紫砂胎，但是较为少见。另一种则是彩色釉彩绘，画面布局和前述泥绘相似，亦是山水、岩石、屋舍、树木、小舟等构成的画面，但笔触不如泥绘细致，如表三 57 彩绘山水注壶、65-71 各式彩绘山水圆壶（图 4.72）、142 彩绘山水蟾钮竹节壶。也有整个器表绘满彩釉的（底部露胎），一种绘上书画，如表三 22 彩釉直壁圆壶（图 4.73）、51 彩釉鼓腹六方壶、112、113 彩釉汉方、115 彩釉六方壶、141 彩绘山水蟾钮竹节壶，在开光内绘以人物、山水、竹叶、蝙蝠、诗句等内容；也有饰以抽象纹样，如表三 153 加彩盖罐上的团锦图案。

珐琅彩、上漆以及描金则是上贡至宫廷的紫砂器特有的装饰手法，如表三 3-10 各式清宫旧藏的珐琅彩紫砂器、19 黑漆描金长方壶、27 黑漆描金掇只壶、38 描金三足圆壶、46 描金

① 关于陈鸣远生卒年份的推论，可参考《紫泥清韵——陈鸣远陶艺研究》一书所附论文，其名见于康熙二十五年所修《宜兴县志》（原本已失传，据《阳羡名陶录》转载），福建漳浦出土丙午款圆壶，其干支推测则为雍正四年，故为康雍时期人。

山水方壶、52 珐琅彩描金菊瓣壶、60 描金鼻烟壶、177 觚。所绘的内容及笔法较为精致，珐琅彩的绘画主题以花卉为主，画面布局及绘画笔触师法自同时期的珐琅彩瓷，描金则以山水图案为主，乾隆时期还出现了描金篆字。

由文献上记载可知，宜钧挂釉亦是清代早期驰名远近的紫砂器品种，寂园叟《陶雅》云："明人欧子明所制宜兴花盘之属，每有阳文'子明仿古'字样，是曰'欧瓷'，亦犹之葛明祥也。葛乃乾、嘉时人，欧、葛瓷釉色略相似，在灰墨蓝绿之间。""宜兴砂皿上罩釉汁，多甜白淡青二色，乃欧氏所仿，曰宜均也。"[①]清代早期的宜钧有两种，一种即如文献上所记载，"在灰墨蓝绿之间"，色调偏暗，呈深蓝或蓝绿乳浊状的厚釉，施于瓶尊或者缸罐类器皿，器底多署葛明祥款，如表三 26 宜钧尊（乾隆三十三年）、178 葛明祥制钧釉梅瓶、179 葛明祥制钧釉圆形大缸、180 葛明祥制钧釉六角形大缸；另一种似乎文献未见记载，但是由其内胎的胎质及成型工艺判断，也是介于乾隆时期的产物，釉色呈亮丽的浅蓝杂细碎的深蓝窑变斑点，釉层较薄，施于壶类器物上，如表三 111 炉钧釉汉方、114 炉钧釉传炉、117 炉钧釉六方壶。表三 145 绿釉菊瓣大罐（图 4.74），由其浅绿色釉、细腻的胎质、精细的作工及器底落款来看，应当不是一般寻常量产的日用陶器，可能就是文献上所说"甜白淡青"呈色的单色釉宜钧。

图 4.71　清早期　加彩圆肩大壶

图 4.72　清早期　徐飞龙制彩绘山水高颈圆壶

图 4.73　香港茶具文物馆藏　清早期　彩釉直壁圆壶

图 4.74　清早期　绿釉菊瓣大罐

5. 段泥喷洒朱砂点

这是一种比较特殊的装饰手法，在故宫博物院收藏的双桃形水丞（桃实尖端的红斑）、表三 172 天津博物馆收藏的汤天如制碗上可以看到此类装饰手法的运用。由放大镜观察可发现，那些器表的朱砂点是外附在碗壁内外的错落有致的大小圆点，是在器物成型后另外喷洒上去，并非揉合在胎体组织中，只能确定这是用喷洒一类的方式所形成，但是现今已无从得知它的具体工艺手法。不过，笔者推测，可能和瓷器中洒蓝釉的工艺手法相似，洒蓝是以竹管沾取

① 桑行之等编：《说陶》，上海科技教育出版社影印本，1993 年。

蓝釉水，吹于白釉瓷器表面上，形成大大小小，如同水滴一样的形态，段泥喷洒朱砂点应当与此相类。

6. 镂空

清代早期也有和明代晚期近似的钱纹镂空，亦出现在壶钮，见表三 22 方衡禄制彩釉直壁圆壶、70 王明瑞制彩绘山水笠盖圆壶。

7. 铭刻

清代早期在器腹铭刻词句的紫砂器较少，如表三 25 秦钟壶、92 象鼻壶、102 石瓢壶，其中象鼻壶及石瓢壶上草书流畅奔放的风格是其共同特点。

整体来说，清代早期的紫砂器造型，尤其是圆器造型，颇有承先启后的意味，既有承袭明代晚期的传统造型，也有此时期发展出的新造型，而如石瓢、秦钟、传炉等壶式更为后期所继承。由一些清代早期特殊的器型，可看出此时期创作者在造型上独创的巧思，如盖碗壶、桃形壶、双联壶等，都是此前此后所没有的器型。此外，华丽与粗犷是清代早期众多紫砂器的共通特点，这两种类型的风格并不一定是对峙的，往往是表里同时并存于一器的综合风貌。如表三 89 邵元祥制加彩鼓腹提梁扁壶、112 华凤翔制彩釉汉方，外表是亮丽的彩釉，壶身器型及内部成型工艺却很粗犷，这种外显的华丽与内在工艺的粗犷与明代晚期朴素内敛的外形和内在工艺的“妍饬”，正是两种截然不同的鲜明时代风格对比，不过到了乾隆晚期，则更为趋向华丽，早期的粗犷风格则转化为恢弘的气派，而且在部分器物中，以模制工艺的规整为美的审美取向渐兴。

五、款识

自清代早期开始，有款器已多于无款器，即使是一些未署作者款的器物，也可以在底部发现商标作用或者富有装饰趣味的图案形印记，如表三 75 贡局款圆壶的龙纹图形方印、79 大一粒珠的梅花印记、98 泥绘山水扁圆壶的图形方印、102 石瓢壶的龙纹印、122 双联壶的图形方印、152 盖罐的图形方印，由以上这几件印款来看，其图案内容有龙纹、梅花、山树屋舍这三种，其中山树屋舍和此期盛行的泥绘彩釉的画面风格是一致的。这些图案形印记的涵义，可能是某些商号或者作坊的品牌标记，由其精细的画面构图，可以证明清代早期富于装饰的时代风尚，就连印款都充满了装饰风格，以表三 98 泥绘山水扁圆壶的印款为例，虽然是印款，但是内部的线条细节还特意以泥绘手法再加以勾勒，使画面更精细。

清代早期仍有承袭明代晚期底部刻端正楷书或行书落款方式，但是数量不多，且皆为朱泥小壶，如表三 21 梨形圆壶、99 朱泥扁圆壶、100 鼓腹孟臣扁形小壶、101 菊轩款朱泥小品，有的则在刻款后附以印款，刻款与印款并用而且出现在同一位置（比如同在壶的底部）是清代早期才开始的署款手法，如表三 11 陈鸣远制圆壶，另外表三 81 陈鸣远制一粒珠壶是在底部落作者刻款，在盖部落“陈”字方款及“五福堂监制”长方款。

在章款形式上，清代早期最大特点就是圆形和方形印成组出现的篆字章款，如表三 11 陈鸣远制圆壶、84-91 邵元祥及邵旭茂之作品，此外表三 49 六方壶、55、56 印纹茶叶罐则是在器腹以铭刻模拟圆、方章款。这类圆形和方形印款，有的是将单一人名、帝王年号拆分成二个圆、方款，如“鸣”“远”、“乾”“隆”，另一种则是以宜兴的旧称“荆溪”为圆章，配以作者名款的方章，如“荆溪”、“邵旭茂制”。表三 20 这件据原书资料载为清墓出土的圆壶，虽然缺乏实物图片，由其圆形和方形印成组的落款形式来推测，这或许是清代后仿的大彬壶，但如能由实物的胎土、制作工艺等特征，断定其确为早于清代早期器物的话，那么此器则说明这种落印方式可上溯至明代晚期。

署帝王年号款的紫砂器亦是清代早期的一大特点，其中一小部分为“康熙御制”款（表三 3-10），均为画珐琅紫砂胎，大部分则为乾隆年款。“康熙御制”款底部以珐琅彩料书绘楷书，是进献至宫廷后，由宫廷造办处再加工署款的，除了表三 4 四方壶为白地蓝料外，其余均为黄料，形式有方款、圆款，也有单纯书写款字而无圈框的。乾隆年款的署款方式就较为多样，表三 26 宜钧尊是在底部刻以御制诗，尾端铭刻署“乾隆戊子年御题”，前述六方壶、印纹茶叶罐是在器腹御制诗后刻“乾”“隆”圆、方章款，表三 37 泥绘寿字扁圆壶、52 珐琅彩描金菊瓣壶则是“大清乾隆年制”篆书方款，表三 46 描金山水方壶为“乾隆年制”篆书方款，其中珐琅彩描金菊瓣壶、描金四方壶的款字还加以描金。而表三 98 泥绘山水扁圆壶在其图形底款的左上方有篆书“大清”二字，虽然不属于帝王年号款，但其器型、装饰和表三 37 泥绘寿字扁圆壶是一致的，可能也是宫廷用器。

由实物比对中可发现，总体来说，清代早期章款印痕多有浅而模糊的特点，许多甚至无法辨认，如表三 57 彩釉山水注壶、102 石瓢壶、105 桃形壶、112 华凤翔制彩釉汉方、144 注壶、145 绿釉菊瓣大罐等，不过前述的帝王年号款则完全没有这样的情况。

在清代早期的款识中，还出现了假托名家字号的款识，如表三 21 梨形圆壶底署“孟臣制”、99 朱泥扁圆壶底署“孟臣”、100 鼓腹孟臣扁形小壶底署“孟臣制”、101 朱泥小品底署“君德”、102 石瓢壶腹部题字署“少山”、121 加彩半月壶腹署“少山”（时大彬之字），由胎土、制作工艺及器型各方面可知，这些紫砂器并非出自明代晚期的惠孟臣、时大彬之手，同样是“孟臣”、“少山”，笔体字迹也各异，是后人景仰其名声及制作技艺，因此附会其名号，署其名款。至于“君德”为何人，从文献中已不可考，不过“孟臣”、“君德”确是朱泥小品底部习用的落款名号，因此这类朱泥小壶也常被称为“孟臣小品”、“君德小品”。表三 99 朱泥扁圆壶、101 朱泥小品在底部的“孟臣”、“君德”款之外，在把下另有“复盛”、“菊轩”款，“复盛”之名未有文献记载，“菊轩”则是乾隆时期名家潘虔荣之字，由此可证明在清代早期时，开始有在底部落假托款，在壶把下落作者款的做法。

由部分款识的内容，使我们看到了当时紫砂器行销海内外的踪迹，表三 92 象鼻壶底印款“雷仁记制”、99 朱泥扁圆壶把下印款“昌记”应当皆是商家字号，表三 32、75 圆壶，前者在盖内有阴文楷书印字“贡局”，且底部落“大清乾隆年制”款，后者则在壶盖内沿刻“贡局”。根据《阳羡砂壶图考》记载，有底印“康熙贡局”、“雍正贡局”的传器，但是《阳羡砂壶图考》认为贡局创于明代的观点没有任何官修文献及传器可以证实，不过由上述二件贡局款器来认定，至少不晚于乾隆时期，“贡局”这个机构已经存在。至于贡局到底是个什么性质的机构，由于缺乏文献记载，难以进一步地考证，由表三 32 的“大清乾隆年制”底款看，贡局出品的紫砂器曾进入宫廷，由表三 75 的器型、制作工艺来推测，贡局和南洋外贸亦有关联。这些商号机构的款识可以说明，到了清代早期，紫砂器的生产贸易较明代时更为兴盛，但是它们到底是宜兴当地制作出品的店号，还是他处商铺向宜兴订制所落之款则尚难考证。

在清代早期部分紫砂器中还有一种以黑墨或釉水所划写的不明划记，如表三 94 加彩圆肩大壶的底部、112 华凤翔制彩釉汉方的盖内及底部、154 加彩盖罐底部，这可能是制作者或者商家用来识别的记号，而且目前看来，皆出现在加彩上釉的紫砂器上。在其后清代中期嘉庆五年墓出土的彩绘山水高颈圆壶（表四 4），盖与底内也有类似的墨书划记，亦为沿袭清代早期署款特征之物。

第四节 清代中期

一、胎土

1. 紫砂

在清代中期，最具有时代特点的是出现一种胎质中杂色颗粒明显的紫砂胎，这种紫砂胎所含有的颗粒中，以黄色颗粒最为明显且含量大，或许是因为有这类大量的黄颗粒，有时这种紫砂胎看起来呈褐黄色，实例可参考表四 14 仿古井栏水盂、115 石瓢壶、126 笔洗、149 吉安制瓦当壶这几件的原文献图版，此外，表四 16 玉盖锡包方壶的内胎也是这类紫砂。虽然夹杂大量黄色颗粒是这类紫砂的共同特点，但是它们的胎色却不尽相同，如笔洗是较深的褐色，石瓢壶则是浅棕色，吉安制瓦当壶又是另一种泛青灰的褐色。从器身所署纪年来印证这类紫砂出现的时间，仿古井栏水盂为道光二年，玉盖锡包壶为道光五年，笔洗由底部的“阿曼陀室”款来推测，应是陈曼生宰溧阳后的作品，当为嘉庆年间之物，由此可见这类紫砂确是出现于嘉庆道光年间。

清代中期亦有呈色较单纯的紫褐色的紫砂（图 4.75、4.76），胎质纯净、细腻且极为坚实，胎色为浓重的深紫褐色但是并不暗沉，力追晚明时的紫砂，清代中期紫砂工艺力求恢复晚明时期传统工艺的努力由此可见一斑，可以看出制壶者对于胎土练制的严谨讲求，如表四 3 描金直壁圆壶、40 描金三足扁壶、94 合欢壶、98-100 葫芦形壶、106 锥钮三足圆壶等。

图 4.75 清中期 杨彭年制却月壶

图 4.76 清中期 邵大亨制高圈足矮蛋包壶

2. 红紫砂

目前可以确定为清代中期红紫砂的是表四 34 曼生款竹节壶、140 吉安制方钟壶、154 申锡制南瓜提梁。申锡制南瓜提梁为泛红的浅棕色，吉安制方钟壶是深重的褐红色，曼生款竹节壶也是类似吉安制方钟壶的褐红色红紫砂，但较为偏红。此三壶的共同特征是胎质都非常细腻，就像细沙一般，以二十二倍放大镜观察，亦含大量鹅黄色颗粒。表四 4 彩绘山水高颈圆壶的红紫砂胎色质地应和清代早期同类型器相仿，77 梅花钟形壶则有待考证。

3. 段泥

由目前所见的传世品来看，清代中期的段泥有三种类型，一类是表四 1 嘉庆二年的四方壶、148 瓦当壶、153 六瓣梅形壶，深黄色胎中含有大量黑沙及浅黄色颗粒；一类是表四 90

柱础壶，胎色浅黄质地较细，表四 10 嘉庆二十一年的瓦当壶亦属于这一类的段泥胎；另一类是表四 134 扁方合斗壶偏向赭红色的胎，类似橙黄色，器表颗粒起伏的状态清晰可见，胎中含大量赭红、鹅黄及部分褐色颗粒，表四 101 葫芦形壶也属于这种偏红的段泥胎。在传世的“曼生壶”及杨彭年作品中，段泥和黄泥胎占有相当数量，不比紫砂胎少，这是作者个人偏爱或者其他原因使然，尚难妄加论断，但是以清代中期所风行在砂壶器身镌刻书画的效果来看，色泽浅亮的段泥确实能将刻画刀法的笔力深浅表现得更明晰。目前所见，都是颗粒较粗的段泥，没有较细腻的黄泥作品。

至于黄泥、朱泥、白泥，从理论上来说既然清代早期已有，那么在清代中期应当是存在的，但由于尚未发现这个时期的实物，对于这部分的认识目前是空白的。

二、制作工艺

清代中期制作工艺上最大的特征，便是扬弃了乾隆时期风行一时的模造成型法，重新回复到重视手工成型的制作方式，这样的习惯一直下延到清代晚期。这种手工制作方式的回复和当时文人的赏识和提倡有很大的关联，据《阳羡砂壶图考》的记载，“（杨）彭年善制砂壶，始复捏造之法”，而当时任溧阳县令的陈曼生则延请彭年为其制器，并参与制作，题铭镌画。这种文人与陶人相互合作的模式不仅仅是陈鸿寿、杨彭年二人，相当时期的朱石楳、瞿子冶、申锡等人之间都曾有这种相互合作的模式，由表四清中期的紫砂器来看，重视手工制作是当时的时代风尚。以表四 96 申锡制南瓜提梁为例，瓜形器身的凹凸起伏的肌理、提梁如瓜藤般蜿蜒攀折，着意表现的是强烈的手工制作的天然美感。

图 4.77 清中期 杨彭年制笠式壶

从一些成型难度极高的器型，可以发现清代中期作者屡屡挑战紫砂泥片镶接成型工艺的最大极限，以表四 13 笠式壶（图 4.77）及 134 扁方合斗壶一圆一方二器为例，二者壶身口径都极为窄小，镶接修整甚为不易，前者以上下大小二半圆合为壶身，壶身的圆弧度修整衔接困难，尤其是趋向阔大的底部半圆，稍有不慎，在成型过程中就容易塌陷；后者器身的泥片镶接更高达十片（上下各四片，顶部及底部各一片），而且衔接角度极扁，由此可以窥见此时期工匠在制作工艺上苦心揣摩，甚至力图超越前人的不凡抱负。

道光时期，将紫砂壶身包锡，嘴、把、钮或盖则以玉镶嵌的包锡紫砂壶大为流行，镶嵌工艺极为巧妙，镶嵌的玉把平时略有松动，但在注入热水后适应热胀冷缩便刚好嵌紧，令人佩服先民的智慧。以传器来看，锡包壶皆为紫砂胎，器型以方器居多，如表四 16 玉盖锡包方壶（道光五年）、19 锡包方壶（道光九年）、20 锡包础方壶（道光九年）、55 锡包圆筒形壶、56 锡包圆壶、132 锡包方斗壶。据《阳羡砂壶图考》记载，这是朱坚（石楳）创制，现今多从此说，但是从无锡甘露乡萧塘明崇祯二年华师伊墓中出土的紫砂胎锡壶可知（表二 9），这种做法在明代已有，只是不普及，清代中期的这类包锡壶壶身多为朱石楳所题记。

三、造型

1. 圆器

清代中期的圆器，延续清代早期已出现造型的有表四 4 彩绘山水高颈圆壶、6 高肩扁圆壶、22 潘虔荣制掇只壶（图 4.78）、27 平盖莲子壶、90 柱础壶、106 锥钮三足圆壶等。掇只壶式以拔高和压低的线形变化，在清中期以后逐渐发展成为掇球壶（图 4.79）和仿古壶两式（图 4.80），成为此后常见的经典圆器造型。平盖莲子壶大体型制虽承自前期，但壶盖则是轻微隆起的弧度，壶嘴曲线虽和清代早期近似，但是和壶身的距离窄得多；和明代晚期的锥钮三足圆壶（表二 31）相比，清代期锥钮三足圆壶由盖到器身的线型更为浑然一体，且变为更像铜鼎的柱足（图 4.81）；石瓢在清代中期出现不少（表四 109-115），较清代早期石瓢（表三 102）器身倾斜幅度大（图 4.82），表四 116-119 的瓢形提梁，亦是相似衍生的造型（图 4.83）。

图 4.78　清中期 潘虔荣制掇只壶

图 4.79　宜兴陶瓷陈列馆藏 清中期 邵大亨制掇球壶

图 4.80　清中期 邵景南制仿古壶

图 4.81　清中期 杨彭年制锥钮三足圆壶

图 4.82　清中期 瞿应绍制石瓢壶

图 4.83　清中期 杨彭年制瓢形提梁壶

表四 34 竹节壶、8 仿唐井栏壶、14 仿古井栏水盂、25 圆珠形壶、37-40 三足直壁扁壶、43-47 井栏壶、56 锡包圆壶、29、92-94 合欢壶（图 4.84）、98-101 葫芦形壶、102-104 匏瓜

壶、126笔洗等则是清代中期新出现的圆器器型。

图4.84　清中期 杨彭年制合欢壶

2. 方器

清代中期的方器承袭自清代早期的有表四128彩釉四方提梁壶，器型及施彩方式无甚变化，但由胎质推测是清代中期偏早之物；至于表四144-149瓦当壶（图4.85）、150却月壶这类造型，应当是自清代早期表三121加彩半月壶演化而来，加上此时文人灵感所启发而诞生的。整体趋近几何正方形的器型在清代中期开始出现，如表四1吉安制四方壶（图4.86），在清代中期，方器造型的创设甚多，如表四134扁方合斗壶、140方钟壶（图4.87）以及上述锡包方壶、方斗壶等。

图4.85　清中期 吉安制瓦当壶

图4.86　清中期 吉安制四方壶

图4.87　清中期 吉安制方钟壶

3. 筋纹器及塑器

由现今所见的出土及传世实物来看，筋纹器在清代中期数量比例偏低，较不盛行，目前只有表四153六瓣梅形壶（图4.88）作为清代中期筋纹器的代表，邵大亨制捆竹八卦壶（图3.6）、杨凤年制风卷葵壶（图4.89）则是兼有筋纹器和塑器特点的造型。表四154南瓜提梁壶的壶身瓜棱可算是筋纹的表现手法，但此提梁壶整体制作的手法更倾向于塑器的捏塑（图4.90）。在塑器中，表四158邵维新制蟾钮竹节壶则应是清代早期蟾钮造型壶演变而来，此外

表四 21 蛙钮圆壶、157 腰线竹节圆壶也是相似衍生的造型（图 4.91）。

图 4.88 清中期 申锡制六瓣梅形壶

图 4.89 宜兴陶瓷陈列馆藏 清中期 杨凤年制风卷葵壶

图 4.90 清中期 申锡制南瓜提梁壶

图 4.91 清中期 邵维新制腰线竹节圆壶

4. 局部附件型制

在清代中期的传器中，表四 22 潘虔荣制掇只壶、77 申锡制钟形壶、134 扁方合斗壶、140 方钟壶是承袭清代早期类似仿玉器勾卷的壶把，表四 149 瓦当壶把上方凸起的圆弧状造型则是此期新出现的形式。提梁把亦沿袭清代早期有圆形把，如表四 116-119 瓢形提梁；以及双条交错的提梁，如表四 154 南瓜提梁。形似“3”形状的曲形把在清代中期则已经不再出现。

壶嘴的部分，一型（三弯式）中较多承袭清代早期的是表四 27 申锡制平盖莲子壶，表四 140 方钟壶也属于一型，但弯折曲度明显加大且壶嘴较向前伸；若是承袭清代早期而来的器型，如表四 21 蛙钮圆壶、150 却月壶、157 腰线竹节圆壶、158 蟾钮竹节壶，收束又较前期略小。另外，清代中期较为盛行的是较短，笔直或者弯曲弧度不大的壶嘴，即三型、四型壶嘴，如表四 25 杨彭年制圆珠形壶、表四 39 杨彭年制三足直壁扁壶；二型壶嘴除了承袭前期风格的表四 128 彩釉四方提梁壶，未见这类长而前伸的壶嘴。表四 40 描金三足扁壶、147 瓦当壶半圆形的壶嘴型制，仅见于清代中期，颇具时代特点，此后清末民初时期的瓦当壶则不再出现这类半月形壶嘴。

壶钮的型制以棱线明晰的碟状、钵状钮最具时代特征，如表四 6 高肩扁圆壶、37-40 三足直壁扁壶、92-94 合欢壶。

5. 曼生壶造型与“曼生十八式”

谈到清代中期的紫砂器型，陈曼生与杨彭年合作的曼生壶是其中最令人瞩目的代表，且为后人以“曼生十八式”传为美谈。“曼生十八式”一词的来源，最早渊源于徐康《前尘梦影录》卷下的记载，其中提到“曼生为之题其居曰阿曼陀室，并画十八壶式与之（杨彭年）”，然而，其后《阳羡砂壶图考》在沿袭了这个说法之外，却演变成了：“曼生公余之暇，辨别砂质，创制新样，手绘十八壶式，倩杨彭年、邵二泉等制壶。”此后，“曼生十八式”的概念，甚至是“曼生创设十八式”、“曼生设计十八壶式请杨彭年依样制作”的观点，多半是以《阳羡砂壶图考》中的记载为基础流传开了，再后来，对于哪些造型属于“曼生十八式”或者曼生壶造型究竟有多少式，这些问题则一直众说纷纭。

关于“曼生十八式”，笔者的看法是，这只是一个后人所冠上的总结性概称，并非曼生自己提出来的，无论《前尘梦影录》还是《阳羡砂壶图考》，其记载都没有绝对的可信度，毕竟两处记载中连曼生实际是溧阳知县而非荆溪（宜兴）知县都混淆了，可见其信息来源也只是辗转传述的听闻。所以，从根本上而言，曼生究竟有无绘此十八壶式，都还存有疑问。其次，假设确有此事，《前尘梦影录》中所描述的，也只是曼生曾画了一组十八壶式图册赠与杨彭年，大约是类似于现今传世的陈曼生《壶菊图》那样的写意画册，依照曼生的个性，恐怕不会去画《茗壶图录》那样精确写实的白描线图，而且，应当是在先有已完成的砂壶作品后，才有这组十八壶式图册，因为由题有提及彭年字句的《壶菊图》看来，应当是先有壶后有画。总之，在《前尘梦影录》中，所谓“手绘十八壶式”，可能是为纪念二人的合作情谊，并没有画样定制的意思。相对而言，《阳羡砂壶图考》的记载便存在了一些误解，变成了曼生画出图样，然后请杨彭年等陶人依样制壶。然而，在《壶菊图》中，曼生自己的话清楚地说明了：“杨君彭年制茗壶得龚、时遗法，而余又爱壶，并亦有制壶之癖，终未能如此壶之精妙者。”即使他向来有“制壶之癖”，仍自认终究不及彭年的作品精妙。既然曼生认可彭年之作优于他过去的尝试，怎可能自作聪明地自己创式让彭年只能依样制作？在构思造型的过程中，应当更愿意听听彭年的见解，若说这不过是曼生自谦之辞，以曼生的社会地位和艺坛名望，如不是发自内心折服于杨彭年的才华，似乎无必要和一个手工艺人这样白纸黑字地客套。另外，此处曼生自言的“制壶之癖”，即使有加入他自己的构思，也只是定制之意，并非曼生完全独立创式，甚至亲手制作砂壶。

曼生壶的造型，向来是曼生壶研究中的焦点，也确实是曼生壶在紫砂工艺史上有其重要地位的主要原因。然而，过去的许多观点及研究存在一定程度的误解。在讨论曼生壶“创式”的同时，其造型对传统式样的继承却尚未有足够的关注，毕竟，即使是创新，摹古、复古始终是曼生壶真正的核心旨趣所在；再者，这些传统造型的曼生壶，说明了曼生壶的创新是在汲取前人的智慧下，逐渐积累的成果。即使是较为创新的造型，也不一定完全是陈曼生的个人创造，笔者更倾向于将其视为曼生与彭年等合作陶人的共同创作。

在目前所见曼生壶中，部分造型并非新创，在明晚期到清早期的出土或传世器中早已出现[①]，列举如下：

（1）高肩扁圆壶（图 4.92；表四 6）。

私人收藏，底部刻有乙亥纪年（嘉庆二十年，1815），这种肩部高而下腹收束的壶式，与谢瑞华女士在《宜兴壶的造型及纹饰》一文中插图 10 刊载的一件“大清乾隆年制”款堆泥篆字壶[②]造型相似。

---

① 此处仅就笔者已知公开发表的材料来比对，其他曼生壶造型也有可能因为日后新材料的发现，继而被列为非创新造型。严格说来，许多在现今被视为创新样式的曼生壶式，其实造型内涵中或多或少都涵盖了相当的传统造型元素，只是在缺乏明确材料比对的情况下，某些非创新的部分也暂时被视为创新了。

② 香港艺术馆：《宜兴陶艺》，第 21 页，香港市政局，1981 年。

图 4.92 清中期 曼生款高肩扁圆壶

（2）平盖扁圆壶（表四 53）。

此式形制为平盖，短流，扁圆腹，故宫博物院收藏。此壶与出土于淮安清代王光熙墓中的大彬款扁圆壶在外形上基本相同，有意思的是，和这件大彬款扁圆壶同出的正是一件曼生壶，这恐怕并非偶然巧合，从二者外形雷同程度之高推测，王光熙墓这件大彬款扁圆壶或许曾经属于陈曼生，至少曼生本人应当亲自赏鉴过，进而因为爱好此壶式，授意杨彭年或者其他陶人临仿，故而出现了同式的曼生题铭扁圆壶。如果不是见过实物，基本不可能做出如此雷同的外形，二壶的高度同为 5.5 厘米，大彬款扁圆壶的口径稍小于曼生款扁圆壶，尺寸基本相仿，这样高的相似度，不是线图粉本可以达到的，是看着实物完成的临仿之作。

另外，大彬款扁圆壶虽然在原刊载的图录中被定为清代，但是，这两件同式作品的细节，充分说明了二者大同小异的外形下，截然不同的时代风格。大彬款扁圆壶的壶钮，与上海博物馆藏时大彬虚扁壶十分相似，曼生题款扁圆壶近似钮扣形的壶钮，则与许多“阿曼陀室”款的合欢壶相近，具有鲜明的曼生壶特点。其次，大彬款扁圆壶壶肩比较高挺，流、把与壶身驳接的位置较高，壶把线条也比较高挺，这些都是明代砂壶的特点。一般而言，砂壶底部的片接手法应当也存在差异，但是缺乏图片刊载，未能进一步比较。

（3）汉君壶（表四 85-87）。

型制为桥形钮，盖平，腹似扁鼓，中围腰上下收折。同式传器有三件，两件为私人收藏，一件底部有“桑连理馆仿大彬制”刻款，把梢有“彭年”印款，在庞元济《虚斋名陶录》中，有一幅相同的拓本，把梢和底款也相同[①]；另一件底部为“阿曼陀室”款，把梢“彭年”印款，尺寸稍高，整体扁度不及前者，壶盖与壶身的线条较为连贯；第三件为香港艺术馆收藏，腹部刻有乙亥纪年（嘉庆二十年），把梢有“彭年”印款，形制虽然大抵与前二者相同，但是桥钮与弯嘴没有棱线，壶盖和壶嘴的线条都有所改变，壶身扁度与“阿曼陀室”款汉君壶较为相近，壶盖则与桑连理馆款汉君壶类似，但是线条较为腴润。

传器和庞元济拓本出现如此落款，说明此壶式必然有所本，应当和前述扁圆壶一样，曾有一件大彬原作为曼生赏玩，进而临仿。由这三件汉君壶的差异来推测，“桑连理馆仿大彬制”款应当最接近大彬原作，其胎质与时大彬的掺粗砂手法最为相似，壶钮、流、把等部位，距离杨彭年惯常的线形风格也较远，另外两件则在临仿之外，在诸多部分又加以改变，加入了曼生或者彭年的构思。

（4）葫芦形壶（表四 98-101）。

器型为穹顶圆盖，壶盖有套环钮，壶身呈葫芦状，肩与底部圆鼓，腰微束。传器有四件，

---

①《书·画·印·壶：陈鸿寿的艺术》，第 223 页，上海博物馆、南京博物院、香港中文大学文物馆，2005 年。

一件收藏于天津博物馆（图 4.93），一件收藏于旧金山亚洲艺术博物馆，另两件为私人收藏（图 4.94），皆有“阿曼陀室”与“彭年印款”，壶身也都有曼生题铭。首都博物馆藏有一件清早期“逸公监制”款的蓝彩葫芦形壶[①]，应当是曼生葫芦形壶的原型。与“逸公监制”款葫芦形壶相比，曼生葫芦形壶更加强调流、把、壶身各处转折、弯折的线条，壶盖到壶身的转折也比较鲜明，壶嘴线条有仿拟瓜藤蜿蜒之趣，壶把底端做出模拟瓜藤的柄蒂状，壶盖以套环钮加以点缀。天津博物馆所藏曼生葫芦形壶造型和另外三件稍有不同，壶身上下两部分比例差异稍大，壶盖与壶流的曲线也都不同。

图 4.93　天津博物馆藏 清中期 杨彭年制葫芦形壶

图 4.94　清中期 杨彭年制葫芦形壶

（5）一粒珠壶。

“一粒珠”是呈圆珠状的壶式，1965 年在江苏丹徒古井中发现一件圆壶，壶身即呈圆珠状，可惜壶盖已残，是目前所发现最早的一粒珠壶（表一 8）。奥兰田《茗壶图录》线图中，有件一粒珠壶式的曼生壶，并附有“曼生”、“彭年”印款拓印，壶身有曼生题铭，与明代一粒珠相比，曼生一粒珠壶体较为扁圆。

（6）平盖合欢壶（表四 96）。

壶式为圆条形钮，平盖，短直颈，扁腹，中腰弯折出棱，向上下收敛。此壶收藏于南京博物院，原图录认为是近代仿制，但笔者认为此件曼生铭平盖合欢壶并非后期仿品。在《销往欧洲的宜兴茶壶》一书中，刊有一件海外私人藏品，形制与此壶相类，只是壶钮为圆钮，制作年代属于清康雍时期[②]，而目前所见清末民初的合欢壶都为圆盖，肩、腹线形也比较丰肥[③]，两相比较下来，此壶承袭了清早期特点，与清末民初同型壶式则存在较大差异。

（7）石瓢壶（图 4.95；表四 109）。

此壶为唐云先生旧藏，圆条形钮，盖面平，盖沿圆弧向下，线形与壶颈连贯，壶腹斜直向下外敞，底平微弧，以三足承接。在私人收藏中，有一件清早期的石瓢壶（表三 102），虽然缺乏作者和纪年等可供对照的信息，但是由胎质、线型特征来推断，此件石瓢壶为乾隆时期作品，至少不晚于嘉庆早期，壶把造型和底部三足位置都和后来的

图 4.95　清中期 杨彭年制石瓢壶

① 高玉珍、黄明堂主编：《历代紫砂瑰宝》，第 41 页，台北历史博物馆，1995 年。

② Patrice Valfre, *Yixing : Teapots for Europe*. Poligny : Exotic Line, 2000. 第 221 页，图 219，此图主要为俯视角度，但仍可看出壶腹弯折造型与后来的“合欢”壶式相类。

③ 图版参考梁白泉主编《宜兴紫砂》第 216 页；香港市政局《宜兴陶艺》第 131 页；香港艺术馆：《茶具文物馆：罗桂祥藏品（下册）》：第 82 页，香港市政局，1982 年。

石瓢壶存在差异[①]。

在规仿前人的基础上，曼生壶中属于新创设的壶式则有：

（1）仿唐井栏壶。（表四 8、41）

器形为桥形钮，盖平，盖沿微弧，颈部方折，肩部有弧度，直身，流短微曲。传器共两件，分别收藏于上海博物馆及南京博物院，上海博物馆所藏壶腹有乙亥纪年（嘉庆二十年）。此造型虽为新式，但意在摹仿溧阳唐井，在创作内涵上，仍是以仿古代遗迹为旨趣。两件仿唐井栏壶盖形制稍有不同，南京博物院所藏较为扁平。

（2）井栏壶（表四 43-47）。

此造型应是由仿唐井栏壶演变而来，但壶钮改为呼应壶身造型的圆柱状，没有仿唐井栏颈部的方折，壶腹也不同于仿唐井栏的笔直，是较有弧度的直腹。传器共五件，其中上海博物馆有两件，香港中文大学文物馆一件，唐云先生旧藏一件，南京博物院一件。同时比较这五件井栏壶，虽属一式，却也不尽相同，相比之下，上海博物馆两件比较相近（以下称 A 型），香港中文大学文物馆所藏则与唐云先生旧藏比较相近（以下称 B 型），此二型的主要差异在于：A 型盖顶较平，B 型盖面则稍弧鼓；A 型壶把线条较为方直，B 型则为圆弧线型；A 型壶身的长宽比较悬殊，因此壶体看起来较宽扁，B 型壶身长宽比则较为均衡。南京博物院所藏井栏壶则与此二型差异更大，壶钮、壶盖、壶嘴都有所不同，壶肩转折明显出棱。

（3）井栏式提梁壶（表四 5、48）。

形制为桥形钮，穹隆式嵌盖，直嘴，肩部方折，斜直腹向下微敞，与前述井栏壶的折肩斜直腹近似。传器有两件，一件收藏于香港艺术馆，壶腹有壬申纪年（嘉庆十七年，1812）另一件为私人收藏。虽然目前所见此壶式的带纪年款早于仿唐井栏壶，但此式的出现未必早于仿唐井栏，应当是同时期，曼生或彭年在同类壶式上不同的创设。

（4）三足直壁扁壶（表四 37-40）。

造型为扁圆柱状钮，平盖，盖沿包镶一周，盖顶饰一扁圆贴片，浅直颈，肩部平折，直壁扁腹，底有三足，此型与前述汉君壶有一定的关联，均是直壁壶腹上下弯折，只是更为扁平，由此可以发现曼生壶是如何从传统造型中创构新式的。此壶式出土及传器共有四件，分别收藏于上海博物馆（图 4.96）、香港中文大学文物馆、天津博物馆，另一件为私人收藏，三件的流、把，壶肩线型，壶腹的高宽比例也都各有不同。

图 4.96　上海博物馆藏 清中期三足直壁扁壶

（5）权形壶（表四 72-75）。

此造型与古代铜权类似，器身近似半球形，短流，圆形把。与前述井栏壶造型亦有相近之处，只是线条更为圆弧，传器有四件，故宫博物院一件，上海博物馆两件，南京博物院一件。故宫博物院和上海博物馆其中一件二者较为相近，均为圆柱钮，流短微曲，弧形浅足，底部均饰有堆泥“飞鸿延年”纹样，惟故宫博物院权形壶身筒稍高；上海博物馆另一件权形壶则为桥形钮，直嘴，壶盖略大于壶颈；南京博物院所藏为桥形钮，弯嘴稍细，嵌盖，壶身

① 傅英书主编：《紫砂传承精艺》，第 48 页，集玉有限公司，1997 年。原书将此壶定为清中期，但此壶的年代特征要早于曼生壶。

较扁。

（6）钟式壶（表四 76）。

此壶收藏于上海博物馆，形制意在模拟古代铜钟，壶钮为两圆柱承接一中央高两侧低的横条，嵌盖与壶身线形连贯，丰肩，下腹微敛，底渐阔，短流，壶把为上部突出的飞把，上有棱线。

（7）折肩圆壶（表四 84）。

此壶收藏于上海博物馆，圆柱形钮，圆弧盖，短直颈，折肩，腹部斜直内收，圆把出棱，短弯流亦有棱线。此式与南京文物商店收藏的乾隆时期邵元祥制大壶线形颇为相类（表三 84），应当是以传统砂壶式样“掇只”等圆器为雏形，不同于过去，其新创设在于此壶加入棱线，强调其方直线条。

（8）柱础壶（表四 90、91）。

此壶式身筒由上而下先微敛后外敞，形似柱础，故名，类似造型，在清早期紫砂传器中也出现过（表三 44）。曼生壶中的柱础一式，也仍有自身的创新。目前所见传器有二，一件收藏于香港茶具文物馆，为杨彭年之弟杨葆年所作，壶腹有曼生铭款，一件为私人收藏（图 4.97）；庞元济《虚斋名陶录》拓本署款彭年所作，拓本与杨葆年传器造型也有部分差异，杨葆年所做壶钮为长条卷云形，圆把，平底，拓本则为与壶体呼应的的钵柱形，飞把，腹部近底处下折为圜底，由于腹部的高度为圜底削减，整体显得较为低扁。

图 4.97　清中期　阿曼陀室款柱础壶

（9）合欢壶（表四 92-94）。

器形为扁圆状钮，中出棱线，盖面圆弧，矮颈，扁腹，中腰弯折出棱，向上下收敛，短流，圆把，圈足。此壶造型与前述平盖合欢壶相似，但壶盖为圆盖，传器有三件，其中一件唐云先生的旧藏，壶腹较扁，壶钮下部以弦纹装饰。

（10）合欢圆壶（图 4.98；表四 95）。

此壶收藏于天津博物馆，形制为扁圆钮，圆盖，弧肩，鼓腹，短流，圆把，圈足。整体外形与合欢壶近似，但不同于合欢壶的棱线，各处转折均为流畅弧线。

图 4.98　天津博物馆藏　清中期　杨彭年制合欢圆壶

（11）折肩扁壶（表四 97）。

此壶收藏于江苏文物商店，造型为扁圆钮，平盖，盖沿包镶一周，盖面贴饰一扁圆贴片，浅直颈，肩部平折，腹部向下弧收，短流，圆把。造型局部与三足直壁扁壶及合欢壶有相似之处。

（12）匏瓜壶（表四 102-104）。

传器有三件，一件收藏于天津博物馆（图 4.99），一件为唐云先生旧藏，一件收藏于香港艺术馆。形制为圆柱钮，盖面圆弧，束颈，鼓腹，下部微敛，整体状似匏瓜，线条连贯流畅。香港艺术馆所藏稍不同于前两者，口盖开得较小，位置较高，颈部稍长，腹部重心也较高。匏瓜壶的造型似由葫芦形壶脱化而来，由写实仿真到抽象写意，与仿唐井栏壶和井栏壶的器型变化有异曲同工之妙。

图 4.99　天津博物馆藏 清中期 杨彭年制匏瓜壶

（13）瓜形提梁壶（表四 105）。

此壶收藏于上海博物馆，壶式为瓜蒂形钮，弧形盖，圆腹圜底，流短而上昂，三岔型提梁把。造型与葫芦形壶和匏瓜壶多有相似之处。

（14）笠式壶（表四 13、123、124）。

壶式为圆珠钮，嵌盖，壶身为上小下大两半球相接而成，形似夏天遮荫之斗笠。传器有三件，皆为私人收藏，三者流、把造型各有不同，表四 13 笠式壶为飞把，且流、把有棱线，庞元济《虚斋名陶录》中有同式拓本；表四 123、124 笠式壶的壶把圈出一完整圆形，与壶身连接处浑为一体，不见首尾，邓实《明清各名家沙壶全形集拓》中有同式拓本①。

（15）瓢形提梁（表四 116-119）。

器型与石瓢壶相同，但壶把为圆形提梁，壶盖略大于壶颈，此特征虽然与前述乾隆时期石瓢壶相同，但曼生石瓢壶盖形更为圆润。传器有四件，一件为唐云先生旧藏，一件为海外私人收藏，一件收藏于英国东亚艺术博物馆，一件为未刊布的私人收藏，惟唐云旧藏壶盖较平，壶底三足稍高。

（16）铫形提梁（表四 120）。

此壶为唐云先生旧藏，形制与瓢形提梁相似，瓜蒂钮，盖面中心凹陷，盖沿圆弧向下，腹部斜直向下渐敞，近底处出棱折收，底呈圆弧状。

（17）乳瓯壶（表四 108）。

此壶收藏于南京博物院，线形特征与匏瓜壶和石瓢壶有相通之处，乳形钮，坡形盖，线条与壶身连贯，扁垂腹，弯把，短直流，底部有三饼足。

（18）钿合壶（表四 69）。

此壶为唐云先生旧藏，造型与一粒珠壶相近，但器型较扁，形制为扁圆钮，嵌盖，曲把，三弯流，扁球形腹，腹中央以双道凸弦纹为饰。

① 两拓本分别转引自《书·画·印·壶：陈鸿寿的艺术》，第 226、220 页，上海博物馆、南京博物院、香港中文大学文物馆，2005 年。

（19）克盖果圆壶（表四 70）。

此壶为唐云先生旧藏，此壶造型，应当也是一粒珠壶圆球线型基础上的再创新，壶式为圆珠形钮，圆盖，丰肩，圆腹向下弧收，弯把，直嘴。

（20）平盖竹节壶（图 4.100；表四 34）。

此壶即前文提到的上海博物馆藏万泉款竹节壶，竹节形钮呈弯折状，嵌盖，腰部微敛的直筒形腹，腹中央以一道竹节线为饰，壶壁上下沿各有一周凹弦纹，弯把略呈方形，短直流，流、把均作竹节状，并且贴塑向壶腹延伸的竹枝，盖面及壶腹左右侧贴饰竹叶。就题材而言，竹节造型在此前已有，就器型而言，虽然没有相似的，但局部器型仍是承袭了此前的竹节型砂壶，总体来说是继承中有创新。

图 4.100　上海博物馆藏 清中期 万泉款竹节壶

（21）高身圆壶[①]。

此型尚未发现传器，仅见于邓实《明清各名家沙壶全形集拓》拓本，圆钮，弧盖，束颈，垂腹，短平流，壶把为上部突出的飞把。

（22）筒形壶[②]。

此型尚未发现传器，仅见于邓实《明清各名家沙壶全形集拓》拓本，桥形钮，平盖，束颈，直筒形腹，弯把，短直流。

（23）泥绘方壶（表四 127）。

此壶收藏于苏州文物商店，方钮，嵌盖，壶身呈长方形，方把，方嘴作三弯流，壶腹有曼生铭款。目前所见明代至清早期的紫砂方壶大多为直颈折肩，如此壶整体浑成方形器身大约是嘉庆时期才开始出现，由前述井栏壶、匏瓜壶的简练线型而言，这样将传统器型简化，更为简练的方器形式或许也是曼生壶于器型上的新尝试，但也不排除此前有类似造型的可能。

（24）方壶（表四 9）。

此壶收藏于香港中文大学文物馆，方钮，嵌盖（据刊布资料，此壶盖为后配），壶身呈正方形，方把，二弯方嘴，壶腹刻有丙子纪年（嘉庆二十一年，1816）。

（25）砖方壶（图 4.101；表四 129）。

此壶收藏于法国汤玛士 • 杜比博物馆，桥形钮，嵌盖，顶部四周略高于盖面，壶身呈长方形，稍有曲

图 4.101　汤玛士 • 杜比博物馆藏 清中期 曼生款砖方壶

① 仅存拓本，参见《书·画·印·壶：陈鸿寿的艺术》，第 222 页，上海博物馆、南京博物院、香港中文大学文物馆，2005 年。

② 同上。

度的方嘴，方把呈耳形微弯。

（26）瓦当壶（表四 10、144-149）。

造型为桥形钮，嵌盖，壶体呈半月形，圆把，短弯流。传器共七件，天津博物馆一件，上海博物馆两件，加拿大皇家安省博物馆一件，另三件为私人收藏。其中天津博物馆所藏底部有稍微向上高起的弧度（图 4.102），上海博物馆所藏其中一件，流口为半月形，与壶身造型呼应。

图 4.102 天津博物馆藏 清中期 杨彭年制瓦当壶

（27）合斗壶（表四 133）。

合斗壶的壶钮为一盘蜷螭龙，嵌盖，壶身为斗方体，顶部至中腹斜直渐敞，中腹至底部则斜直渐敛，似两方斗相合，稍有曲度的方嘴，方把呈弧形弯曲，壶把上部突出。传器有二件，一件收藏于法国汤玛士·杜比博物馆，一件为私人收藏。其中法国汤玛士·杜比博物馆所藏，顶部四周略高于盖面（图 4.103），私人收藏传器壶身较扁（图 4.104）。

图 4.103 汤玛士·杜比博物馆藏 清中期 曼生款合斗壶

图 4.104 清中期 曼生款扁方合斗壶

（28）银锭壶（图 4.105；表四 135）。

此壶收藏于法国汤玛士·杜比博物馆，壶钮作银锭状，嵌盖，顶部四周略高于盖面，壶身为似银锭的直壁六边形，两侧呈菱形，中间微弧内凹，壶嘴为三弯流，方把上部突出，流、把均有棱线。

图 4.105 汤玛士·杜比博物馆藏 清中期 曼生款银锭壶

（29）孤棱壶（表四 136）。

此壶收藏于美国芝加哥艺术馆，“品”字形钮，四方坡形盖，壶身亦为四方形，由上至下渐阔，底部四角接有四足，流、把均为四方形，壶把呈弧形弯曲，流为三弯式。

除了以上的出土或者传世曼生壶外，笔者认为，距曼生年代稍晚的朱石楳，其与杨彭年合作，并带有仿制或摹古等印款的砂壶造型，可能也是以曼生壶为蓝本的临仿之作，只是现今同式的曼生壶已失传。比如唐云先生旧藏的一件仿唐井栏水盂（表四 42），底款为“石楳仿制”，造型与曼生的仿唐井栏壶如出一辙，底款内容明确地表明这是一仿制的造型；同样曾为唐云先生收藏的柿形方壶（表四 137），作者为杨彭年，其底款与前述仿唐井栏水盂一样，同为“石楳仿制”，可见此壶是有模仿对象的，而这种造型风格相对而言，应当不是清中期以前的砂壶器型，作者又是杨彭年，因此很有可能与仿唐井栏水盂一样，就是对曼生壶的临仿。收藏于上海博物馆的彭年制平盖竹段壶亦然，它与曼生铭款的万泉款竹节壶造型大体相同，底款“石楳摹古”，说明此壶摹自此前的同型作品。

从以上列举的曼生壶造型，可以归纳出曼生壶的特点如下：

（1）素式方圆。

曼生壶器型基本都是线条简练的圆器或方器，未见以筋纹线装饰为特点的筋纹器和贴花雕塑为特点的塑器。这是曼生壶造型最主要的特点，因为此时重视以铭刻装饰砂壶，即使没有铭刻，砂壶本身的胎质和线条之美才是当时赏鉴砂壶的审美取向。

（2）摹古复古。

从上述曼生壶造型的比对分析中可知，其中部分造型是直接继承了此前既有的壶式，如高肩扁圆壶、扁圆壶、汉君壶、葫芦形壶、一粒珠壶、平盖合欢壶、石瓢壶，而新创壶式中，也可以发现由传统造型衍化而来的迹象，如三足直壁扁壶、折肩圆壶、匏瓜壶、铫形提梁、乳瓯壶、钿合壶、克盖果圆壶、竹节壶，此外，还有一些造型，虽是新式，其创式的灵感来源仍然是古代遗物，如仿唐井栏壶、权形壶、钟式壶、瓦当壶，因此，摹古与复古的精神内涵，始终贯彻于曼生壶式之中。

（3）同中求异。

笔者认为，曼生壶的“创式”，不仅是创造新的壶式，其中更可观、更堪玩味的创造，在于对同一壶式或者在相近造型中，不断寻求更多线形变化的可能。虽说任何一个制壶者，在其创作生涯的前后期，或多或少都会有这样的尝试，然而在曼生壶中，显然这些同中有异的壶式，大体都是在一个相对较短的时间段内完成的（从曼生结识彭年到曼生过世），在紫砂工艺史上，对同一壶式的求新求变，曼生壶当居魁首。

大体上，曼生壶在造型上进行同中求异的创造，有几个常用的手法。第一是简化，主要是将写实化为写意，比如前文所叙的仿唐井栏壶与井栏壶，或者葫芦形壶与匏瓜壶也是这样的手法。第二是改变局部，在棱线的有无，壶身比例、线形的丰窄等等之间加以变化，如汉君壶、仿唐井栏壶、三足直壁扁壶、权形壶、合欢壶与合欢圆壶、匏瓜壶、瓦当壶等，另外，泥绘方壶、方壶和砖方壶这三个造型，可以视为在方形壶体基础上，改变高宽比例的不同演变。第三是加提梁把，比如井栏壶与井栏式提梁壶、石瓢壶与瓢形提梁。第四是借鉴[①]，集

① 此处谈到某几种壶式之间造型上的借鉴，主要是为强调这些造型之间存在一定关联，但究竟是先有甲型而为乙型借鉴，或者反之，则是目前无法明确的问题，毕竟大体上，它们基本都是同一时期的作品。

合既有的多种造型元素，另出新式，如瓜形提梁壶造型与葫芦形壶和匏瓜壶多有相似之处；铫形提梁在近似瓢形提梁的造型下，壶钮借鉴了匏瓜壶或瓜形提梁，底部则与柱础壶相近；乳瓯壶的造型与匏瓜壶和石瓢壶亦有相通之处。

（4）横向取势。

黄朋先生在对曼生书法作品的评析中提到："他（陈鸿寿）常常将字的中宫紧缩，而横、撇、捺笔则极力地向左右伸展，如长枪大戟，横向取势。"[①]综观曼生书迹，确实普遍存在这样的特点，在许多曼生壶的造型中，横向取势的特点也有异曲同工的体现，这或许是曼生对于曼生壶造型影响最为深远的一个取向，因为此后杨彭年自作或与他人合作的其他造型砂壶中，便没有如此强调横势的线形特点，即便有，也仅是原来的曼生壶造型的忠实再现。

从上述列举的曼生壶可知，曼生壶中，强调横向线形的造型占有相当数量，如扁圆壶、汉君壶、合欢壶、仿唐井栏壶、三足直壁扁壶、柱础壶、折肩扁壶、竹节壶等，均为整体器型趋扁，此外，一粒珠壶虽是承袭此前既有的壶式，线型亦是更趋扁圆，钿合壶也是扁圆的圆腹；腹部向外扩展的石瓢壶、笠式壶、乳瓯壶、孤棱壶也都是格外能表现横向线条张力的壶式。有时则是在相同或者相似的器型中，出现更为强调横势的造型，比如权形壶，南京博物院所藏便较故宫博物院和上海博物馆所藏同型权形壶更扁。不仅是整体器型，局部线形也可以发现这样横向取势的特点，如折肩圆壶，其整体器型应当源自传统紫砂圆器壶式，但是以折肩棱线格外强调了线形中的横势。

（5）整体与局部的呼应与对比。

在砂壶造型上，整体与局部的呼应与对比并非曼生壶独有的特点，在其他时期或者不同作者的作品中，整体与局部的呼应与对比同样存在，但是，曼生壶的表现手法，自有其与众不同之处。

以壶钮而言，扁圆壶、合欢壶、折肩扁壶这样扁且有棱线的壶钮，与壶身造型有所呼应，目前看来，扁棱钮是自曼生壶才开始出现，甚至除了曼生壶外，甚少砂壶采用这样的钮型；泥绘方壶、方壶中，与壶身呼应，清楚棱线的方钮，也与此前的方钮不同，晚明和清早期的所盛行的，是没有清楚棱线的圆角方钮；三足直壁扁壶的扁圆柱钮，井栏壶、权形壶、匏瓜壶中角线模糊的圆柱形钮，也都是呼应壶身造型，这是曼生壶造型中颇具独创性的创设。以流、把而言，葫芦形壶既生动地模拟了瓜藤蜿蜒，又在砂壶流、把中开创了新式；上海博物馆藏其中一件瓦当壶半圆形的壶嘴，也是既呼应壶型，又令人耳目一新的创设。

就以上所归纳的曼生壶造型特点来说，其中的确有曼生自己的灵感创意或者审美偏好在其中，比如仿唐井栏壶，尤其在"摹古复古"与"横向取势"上，主要是受曼生影响。但若说整个创作过程，绝对不是如同《阳羡砂壶图考》所记载的那样，应当是曼生和杨彭年等制作者相互交流之后，共同创作的成果。至于哪些造型的曼生壶属于"曼生十八式"，也是无法确认的，而且意义也不大。曼生对自身书画、诗文、篆刻的创作，尚且未有主动精选成辑的想法[②]，与陶人合作的砂壶亦然，即使曼生曾绘有十八壶式，在曼生的本意中，应当没有以此为特定标的之想法。

① 《书・画・印・壶：陈鸿寿的艺术》，第27页，上海博物馆、南京博物院、香港中文大学文物馆，2005年。

② 陈鸿寿的诗文、印谱都是他人代为编辑成刊的，并非他本人所为，他甚至认为自己的篆刻技艺"不自谓可传"，参见孙慰祖《陈鸿寿行略与艺事考》，《书·画·印·壶：陈鸿寿的艺术》第27页。

四、装饰

铭刻题字的装饰方式早在明代晚期就已经出现，然而使书画铭刻成为紫砂器最主要的装饰手法，则是清代中期紫砂器标志性的时代特征。在清代中期，铭刻的字体多楷书、行书，也有篆书、隶书，或模仿金文，讲求模拟碑刻的深厚笔力，也有模仿铜器钟鼎的金文，如表四 34 平盖竹节壶、154 南瓜提梁。由于题铭者多是具有较高文化水平的文人仕宦，因此清代中期紫砂器铭刻的文字内容也最有特色，屡出新意，不因循陈词，往往切合壶型及茶事，又兼抒发个人感怀，令人玩味再三。所刻绘的画面，多是文人雅好的梅、兰、竹、菊等象征高洁之物，如表四 77 申锡制石楳铭钟形壶、124 杨彭年制石楳铭笠式壶、126 曼生铭笔洗；也有山水画，如表四 134 曼生铭扁方合斗壶，21 蛙钮圆壶虽然也刻有山水图案，但其构图风格是前期加彩上釉器的延续。比较不同的是，部分铭刻装饰的画面布局，有时会突破砂壶器腹的范围，延伸至砂壶顶部，令所描绘的枝叶恣意伸展，造成一种生动的审美效果，如表四 10 瓦当壶、115 子冶铭石瓢壶。

清代中期的堆泥皆为立体篆书的文字装饰，意在描摹金石器物上的铭文，如表四 28 吉安制堆泥隶书直方壶（图 4.106）、140 吉安制方钟壶等。

清代中期贴塑装饰的紫砂器较少，多为局部的陪衬点缀，和清代早期所兴盛的模印贴塑相比，少了盛清三代的华丽精巧，但自有其朴拙生动的趣味，如表四 34 万泉制平盖竹节壶、21 蛙钮圆壶、154 南瓜提梁、157 腰线竹节圆壶、158 蟾钮竹节壶。

彩绘、描金这类清代早期风格的装饰手法，在清代中期仍有延续，但是已不多见。彩绘的装饰手法仍延续清代早期，以山水为主，画风笔法相同，只是由器型的改变来看，其时代较清代早期略晚，但年份相距不大，由表四 4 墓葬纪年为嘉庆五年的彩绘山水高颈圆壶可知，清代中期的彩绘装饰器为乾、嘉之际的产物，大多不会晚于嘉庆初年，因此较大地延续了乾隆时期的风格。描金则属于清代宫廷特有的装饰手法，由表四 3 描金圆壶（图 4.107）、40 描金三足扁壶的底款“杨彭年”及“阿曼陀室”可知，清代中期仍有延续乾隆时期的描金装饰手法。

图 4.106　南京博物院藏 清中期
吉安制堆泥直方壶

图 4.107　故宫博物院藏 清中期
杨彭年制描金直壁圆壶

综合制作工艺、器型及装饰来看，清代中期紫砂器所流露出的是鲜明的崇古复古风格，朱石楳习用的印款“石某摹古”更是这种意识的明确表露。虽然清代中期回复的是明代晚期的纯手工制作的紫砂成型工艺，但此时紫砂器所形成的风韵和明代晚期是有区别的，明代晚期的紫砂器简练精雅，清代中期则古朴厚实。由于清代中期文士钻研金石碑学成风，他们将自己的趣味偏好注入其订制的砂壶当中，因此许多造型及铭刻多半予人强烈的金石风格，以器型来说，清代中期大量出现的瓦当壶式就是最好的例证，此外，表四 77 钟形壶、140 方钟壶也是借鉴铜权、铜钟而来的造型，铭刻装饰则多为刀法沉厚的碑体或金文①。正因如此，不是素面而不适宜表现铭刻书画的筋纹器及塑器就相对少见。总而言之，恢复并发展纯手工制器的紫砂成型工艺，富于深刻艺术内涵的铭刻书画装饰，此二者不但是清代中期紫砂工艺最鲜明的时代特征，更是清代中期对于清末民初时期乃至于晚近的紫砂工艺繁荣发展所奠定下的深厚基础。

五、款识

清代中期绝大多数紫砂器皆为有款器，由此可看出清代中期对个人（包括制作者、题铭者或订制者）风格爱好的标榜与看重。表四 128 彩釉四方提梁壶是清代中期目前仅见的一件无款器，不过此壶的造型和装饰完全沿袭了清代早期，仅是此壶的胎土已非清代早期特征，不过整体来说，包括不重视落款的形式，此壶较多地沿袭了清代早期的风格。

虽然早在明代晚期，就有另请善书者代为铭刻的情况，但是所署名款为制器者之名，而非铭刻者之名。在器身的诗画铭刻一跃成为和紫砂器制作工艺相辉映的另一焦点的清代中期，除了前述清代早期风格的潘虔荣制掇只壶（表四 22）以外，制作者仅落印章款，器腹的铭刻款则成为题铭者或订制者（或者受赠者）的专利，这种署款形式在清代中期形成定势，并一直延续到其后的清末民初时期。由署款的位置、制作者的章款的大小来看，清代中期虽然并不忽略制器者，但往往更为强调的是题铭者或订制者，如表四 77 钟形壶、110—115 子冶款的石瓢壶（底署“壶公冶父”）等，有的把下有“申锡”或“彭年”印款，有的仅有子冶或石楳的铭刻及印款，如是后者，则很容易使人以为子冶或石楳就是制器者，但由诸多传器综合看来，子冶、石楳应是题铭者及订制者。再以多数“曼生壶”为例，除了器身铭刻的曼生署款外，底部则落曼生馆舍名“阿曼陀室”方印，而制器者杨彭年仅于不显眼的把下落一小方印，如果是底部落“杨彭年造”款之器，应是杨彭年个人作品，而非为陈曼生所承制，对照实物可知，“曼生壶”未必一定是前述三款（底“阿曼陀室”、把下“彭年”、腹铭刻“曼生”）俱备，如上海博物馆藏竹节壶、香港艺术馆藏井栏式提梁、香港大学中文文物馆藏方壶等，因此，不可以过分绝对地仅以是否具备这些款识来判别是否属于“曼生壶”。此外，清代中期锡包壶的署款较为特别，由于外底包锡无法落款，因此是在泥片上印好章款后贴附于砂壶的内底。

第五节 清末民初

一、胎土

清末民初时期的紫砂胎土面貌较为复杂，在同一类胎土的紫砂器之间，它们的胎色质感往往存在一定的差异性，这应当是两个原因造成的，一个是烧制时窑温的影响，这个情况在

① 但是若和明代晚期的刻款题字相比，清代中期的铭刻仍稍逊一筹，只是清代中期以此为主要特色，而明代晚期则没有那么强调。

较紫砂泥色浅淡的红紫砂或段泥、黄泥，对不同窑温所反映出来的烧成呈色差异会较紫砂更明显；另一方面，制壶者个人练土的差异在清末民初时期的反映也较清代中期以前多得多，如近似膏状质感的质地，见表五 100、139 柏亭的作品（图 4.108）、120 程寿珍制瓜形壶、212 俞国良制四瓣海棠壶，出现这些特殊的胎质，必然是制壶者刻意筛选极细的土质，力求质地细腻的结果。清末民初时期器物中亦常出现起泡、窑变等现象，推测是因为此时的烧造窑温较高或温度不稳定所致。

图 4. 108　清末民初 柏亭制台式壶

1. 紫砂

清末民初时期的紫砂大约可分四类，一类细润匀净，呈紫砂中典型的紫褐色，这类紫砂数量最多，有的呈更深的葡萄紫，如表五 58 程寿珍制掇球壶及 65 仿古壶、83 汪宝根制线圆壶，质感佳但温润程度稍逊于清代中期之紫砂。

另一类紫砂色泽有不同程度的偏黄，有的质地略干涩，如表五 1 草菊壶（光绪四年），但也有较细腻的，如表五 15 黄玉麟制孤棱壶（光绪二十六年），由于黄玉麟是清末极负盛名的制壶名家，这种差异也有可能是名家较一般工匠对自身练土的工艺更为讲求所致。除了此两件作品之外，表五 5 光绪甲申款肩线钵盂提梁壶（光绪十年）、11 窸斋款仿古壶（光绪二十年）、48 毛顺兴款平盖汉君壶（图 4.109；1932 年）、72 汪宝根制葵仿古壶、84 陈光明制肩线钵盂提梁壶、138 束金寿制福竹壶、141 主民制高竹节壶、166 铭远（蒋燕亭）制四方桥顶壶皆为这种偏黄之紫砂。

图 4. 109　清末民初 毛顺兴制汉君壶

除了以上两种紫砂，清末民初时期烧成胎色青灰的天青泥（属于紫砂矿中的深层矿）较此前出现得稍多，其呈色介于青灰、灰黄、灰褐之间，但是出现的时间很短暂，而且此后天青泥便绝迹了。如表五 60 程寿珍制大掇球壶、64 强义海制掇球壶、85 史莲生制肩线钵盂壶、112 岩如制秦钟壶、123 锁片壶、187 吴云根制传炉壶、194 矮八方壶、217 冯桂林制合桃壶、252 加彩掇只壶属于偏青灰的一类；74 冯桂林制葵仿古壶、124 俞国良制海棠壶、183 李宝珍制小传炉壶、208 冯桂林制木瓜壶、209 蒋燕亭制木瓜壶、210 玉良制大柿子壶、224 冯桂林制四方竹段壶、232 冯桂林制梅桩壶则是偏灰黄的呈色；表五 79 圆盖壶、113 挺芝制秦钟壶、161 胡耀庭制长方壶及 189 竹节六方壶则是灰褐色；表五 30 圆肩线壶、213 汪宝根制合桃壶、241 俞国良制鱼化龙壶、265 贡局款抛光圆壶，也应当是这类泛灰色紫砂天青泥。

此外，还有一种是呈现似熟肝色的紫砂，胎中夹杂许多红、黄色颗粒，如表五 47 福寿壶（1931 年）、90 吉直壶，这类紫砂胎少有名家落款，多为一般民间用壶。而表五 149 黄玉麟制提梁壶、163 黄玉麟制方斗壶紫砂表面铺满段泥熟砂粒的独特手法亦是清末民初时期首见，造成器表星点灿烂的视觉效果。

以二十二倍放大镜观察，清末民初时期紫砂中黑色颗粒较多，鹅黄色颗粒较清代中期少，且有凸起之感。

2. 红紫砂

清末民初时期红紫砂的面貌较为复杂，可以说没有几件的呈色、质地是完全相同的，但以放大镜观察其颗粒组织，和同时期紫砂一致，黑色颗粒多，鹅黄色颗粒有凸起之感。概括来说，清末民初时期的红紫砂有红褐色，如表五 65 邵友廷的仿古壶；棕红色，如表五 36 淦生制孤棱壶（1923 年）、87 斗笠壶、159 裕廷制方壶；砖红色，如表五 67 程寿珍制仿古壶；枣红色，如表五 166 蒋祥元制四方桥顶壶；桔红色，如表五 12 狮球壶（光绪二十一年）、221 潘润根制狮球壶、197 胡耀庭制瓦当壶这几类呈色。在质地上有的砂气重，如 140 闻记款矮竹鼓壶；有的颗粒粗但土质匀净，如表五 43 外销俄国圆壶、78 陈盘根制克盖果圆壶；有的细腻近似膏状，几乎无砂质感，如 139 柏亭制矮竹鼓壶、212 俞国良制四瓣海棠壶。

除了上述的红紫砂器外，表五 13 陈盘根制鼓形暖酒壶（光绪二十三年）、16 松鼠葡萄挂屏（光绪二十八年）、45 强义海制圆肩线大壶之内胎（1930 年）77 汪宝根制鼓腹壶之内胎、86 强义海制圆肩线壶、88 陈宝生制平盖俄国壶、137 吴云根制竹节壶、154 束金寿制东坡提梁壶内胎、158 寿星壶、168 闻记款方钟壶、170 胡耀庭制大方壶、180-184 李宝珍制传炉壶、186 耀文款传炉壶、195 福记款高八方壶、196 闻记款瓦当壶、211 双色柿子壶、216 淦生制合桃壶、226 福寿壶、232 邵友廷制梅桩壶、260 威海镶锡扁壶内胎、272、273 彭年款八角杯菱花杯等，皆为此时期之红紫砂。

3. 段泥及黄泥

清末民初时期的段泥，以黄褐色的胎色较多，胎中含大量黄颗粒，少量红色及墨色颗粒较前期少而且颗粒较小，表五 18 黄玉麟制四方平盖壶（光绪二十九年）、21 家羽后身款仿古紫砂罐组[①]（光绪三十四年）、25 石瓢提梁壶（宣统元年）、26 井栏提梁壶（宣统元年）、27 掇球小壶（宣统元年）、28 传炉壶（宣统元年）、44 强义海制圆肩线大壶（1929 年）、53 邵友廷制一粒珠壶、142 汪宝根制高竹节壶、144 吴云根制雪桃壶、146 裴石民制三足鼎壶等，皆为此类黄褐色段泥。

由诸多实物比对来推断，南京博物院收藏的“鸣远”款笋形水盂亦属于此时期之段泥。此时另一种段泥则为较鲜亮的黄色，如表五 92 裴石民制汉钟壶、121 王熙臣制瓜形提梁壶、130 储铭制半瓜壶、176 吴云根制孤棱壶、185 主民制传炉壶（因油污颜色偏暗，但泥质应当

① 此组紫砂器有的为段泥胎，有的为黄泥胎。

和前述几件相同）。还有一类段泥呈色较偏灰暗，但不多见，有可能是烧成温度较高所致，如表五 68 程寿珍制仿古壶已有高温窑变迹象，164 黄玉麟制方斗壶、171 升式壶也是呈色较灰暗的段泥，184 李宝珍的小传炉壶则呈浅灰白色，148 吴云根制鼓形暖酒壶则又是另一种带粉质感浅黄色段泥。此外，表五 204 陶斋款瓜形壶特殊的泥色，其胎质属性大体上为段泥，但推测是作者自身调配出的独特胎土，因此不归入前述的分类中。

黄泥如表五 19 范章恩制竹节壶、129 程寿珍制半瓜壶、199 胡耀庭制印方包袱壶、227 邵陆大制竹春壶等均为清末民初时期典型的黄泥，以胎色浅黄，质地细嫩为其特点。

4. 朱泥

清末民初时期的朱泥多呈暗红色或桔红色，如表五 246-250 朱泥小品；除了小品壶以外，开始出现尺寸较大的朱泥器，如表五 51 俞国良制传炉壶（图 4.110；1937 年）；作为化妆土装饰在器物表面内胎红紫砂（或者段泥）外涂朱泥的器物也常见，如表五 39 鼓形围棋罐（1925 年）、45 强义海制圆肩线大壶（1930 年）、77 汪宝根制鼓腹壶、108 范庄农家制石瓢壶、148 吴云根制鼓形暖酒壶、154 束金寿制东坡提梁壶、175 程寿珍制孤棱壶、211 双色柿子壶、260 威海镶锡扁壶等。

图 4.110　宜兴紫砂工艺厂藏 清末民初　俞国良制传炉壶

5. 团泥

团泥器在清代早中期较为少见，到了清末民初才较多地出现，实物可参照表五 33 壬戌款团泥大方壶（图 4.111；1922 年）、80 清言壶、81 团泥圆壶、129 程寿珍制半瓜壶等，此外，21 家羽后身款仿古紫砂罐组（光绪三十四年）中有一些偏红的，如《历代紫砂瑰宝》第 79 页之紫砂罐也不排除是团泥的可能性。

图 4.111　清末民初 团泥大方壶

由于段泥、黄泥、团泥的胎色有一定近似性，表五 31 光裕款圆肩线大壶（宣统二年）、34 胡耀庭制直方壶（1922 年）、39 鼓形围棋罐（1925 年）、99 黄玉麟制台式壶、160 胡耀庭制暖座式方壶、161 胡耀庭制长方壶、200 陈光明印方包袱壶等，皆是段泥、黄泥或者团泥一类胎质，但由于未见实物，并且有的图片不清晰，因此尚无法再做更进一步的判别。

6. 白泥

清末民初时期的白泥传器，目前仅见表五75何心舟制白泥梨形壶及103王东石制波浪白泥扁壶两件（图4.112），前者胎色似象牙白，后者则为灰白色。虽然《阳羡砂壶图考》屡次提到其作者所见之白泥紫砂传器，但是此情况就像该书并未将朱泥和红紫砂加以区分的问题一样[①]，《阳羡砂壶图考》中所说的“白泥”较有可能是段泥或黄泥，因为这几类泥色有一定程度的相似性，它们之间的差异更多是反应在质地和泥质特性上。白泥的胎色乍看和段泥亦很类似，二者之间的区别颇微妙，但是白泥确是有别于段泥或黄泥的另一类紫砂胎，而且这两件传器表明了在清代晚期确有以白泥制壶的实例。

图4.112 清末民初 王东石制波浪直壁扁壶

7. 新出现的调配绿泥及黑泥

在清末民初时，又调配出了绿泥及黑泥两种新泥色[②]。绿泥是以本山绿泥添加钴所调配出来的，而黑泥则是紫砂添加锰所得。表五6李宝珍制绿传炉壶（图4.113）外表为绿泥，内胎为红紫砂，呈色为较暗的墨绿色，此壶纪年为光绪二十九年，可说明至少在清代光绪时期就已调配出绿泥，但此时似乎仅用于装饰器身表面，尚未见有清末民初的全绿泥传器。表五56盘奎制掇球壶、89芦壶则是这时期黑泥的代表，胎色乌黑明亮，砂质感重。

图4.113 清末民初 李宝珍制绿传炉壶

二、制作工艺

在清末民初时期，虽然延续了清代中期手工制器的手法，但是并不以古朴为尚，逐渐转而追求细部的精致，泥片挡坯接驳的痕迹，在清末民初时期修整得更为干净细致。不过也有

① 参见本章第三节清代早期“胎土”内文。

② 在此之前也并非完全没有这样的泥色存在，如附表清代早期杨季初泥绘笔筒中黑色的屋檐、绿色的柳枝，以及蟠螭云雷纹壶腹部黑墨条纹，但倾向于作为色料使用。尤其清末民初时期的黑泥器和作为色料使用的黑泥仍是有差异的。

一些多为无款或者署店号属于商品化的量产器物，其制作工艺则显得较粗犷不讲究细节，如表五 1 草菊壶（光绪四年）、43 平盖俄国壶（图 4.114；1928 年）、47 福寿壶（1931 年）。

图 4.114　清末民初 平盖俄国壶

包锡壶虽盛行于道光年间，由表五 172 四方包锡壶可知，清末民初时期仍有少量此类器物存在，但是附件镶嵌的技术已不如清代中期那样能配合热胀冷缩；且此期又出现了新的镶锡工艺，在器身镶以镂空图案的锡片，有的将原来的壶嘴截去换置成锡嘴①，壶把亦配以便于提携的活动式提梁锡把。这类镶锡壶是北方地区商铺向宜兴所定制，在宜兴烧成坯件后运至北方再加以镶锡加工，以表五 260-263 的镶锡砂壶为例，其中 260 砂壶底款“威海新和成”即表明了其为山东威海当地店铺所出品。

磨光及边沿镶铜（在盖沿、壶钮、嘴沿等处镶以铜边）则是清末民初时期新出现的外表加工方式，不过这已不属于紫砂工艺的范畴，不是在原产地宜兴所加工，而是在泰国等销售地点做的加工，因为磨光及边沿镶铜的紫砂器皆是销往东南亚，及至现今，在泰国及其周边越南、缅甸等地仍可发现这类边沿镶扣的紫砂器，如表五 265-270 抛光砂壶。

三、造型

1. 圆器

表五掇球（图 4.115）、仿古（图 4.116）、蛋包、一粒珠（图 4.117）、腰线圆壶、斗笠壶、石瓢、秦钟、合欢、周盘壶、柱础壶、锥钮三足圆壶等壶式，是清末民初时期延续前几期造型而来的器型。清末民初时期的新器型亦不少，如表五平盖俄国壶、芹壶、圆筒壶、高柱础壶及提梁柱础壶、波浪直壁扁壶、龙头玉环壶、瓜形提梁、锁片壶、蕉叶壶、半瓜壶、矮竹鼓壶、高竹节壶、竹鼎壶、三足壶、鼓形暖酒壶、东坡提梁壶、牛盖洋筒壶、寿星壶等。还有许多线型简单，没有具体名称的圆器造型，如表五窑变圆壶、鼓腹壶、圆盖壶、清言壶、圆壶、提梁壶，虽是新器型，但它们的某些部分都可以看出演化自前期原有造型的迹象。比如在清代早期已有的腰线竹节造型，清末民初时期仍有继承，但是在清代早期腰线竹节处于器身略高的位置，到了清末民初时期则下移至壶腹正中的位置。

其中洋筒壶可说已自成一个序列，根据鲍建南先生对洋筒器型的研究，外销南洋的独钮洋筒是最先出现的洋筒器型，其次是内销的牛盖洋筒，内销的平盖洋筒则最晚。笔者认为这个出现的先后次序是符合事实的，但需注意到它们仍属于同时期存在的器型，在平盖洋筒问世后，前二者，尤其是牛盖洋筒，仍然继续生产，并没有被完全取代（图 4.118）。

① 韩其楼、夏俊伟主编：《中国紫砂茗壶珍赏》，第 188 页，上海科学技术出版社，2001 年。

图 4.115　香港茶具文物馆藏 清末民初 匋斋款小掇球壶

图 4.116　清末民初 邵友廷制仿古壶

图 4.117　宜兴陶瓷陈列馆藏 清末民初 邵友廷制一粒珠壶

图 4.118　清末民初 朱泥洋筒壶

2. 方器

方器中延续此前造型的有表五四方壶（图 4.119）及暖座式方壶、汉方壶、方钟壶、传炉壶、升式壶（图 4.120）、六方暖酒壶、六方竹节壶、瓦当壶、方斗壶。表五四方鹅蛋壶（图 4.121）、四方桥顶壶（图 4.122）、四方竹段壶、五竹壶、大方壶、孤棱壶、六方掇球壶、六方壶、六方竹顶壶、矮八方壶、高八方壶、四方隐角竹鼎壶等则为清末民初时期新出现的方器造型。至于印方包袱壶，若参考《阳羡茗壶赋》的记载，早在供春时就有“方兮若印”的壶型，但是它的具体面貌目前缺乏实物来印证，不过清宫档案中道光十五年七月十一日的《珐琅、玻璃、宜兴胎陈设档》在康熙款宜兴胎部分曾记载过一件“宜兴胎画珐琅包袱壶”①，因此至少在康熙时确有包袱造型的壶式存在，在清代景德镇瓷瓶中也出现过作包袱状的图案，然而无法由此确定这和《阳羡茗壶赋》提到的“方兮若印”是否为一样的造型，至于传世署时大彬款的印方包袱，由于未见实物，笔者尚难论断，而且文献提到的是“若印”，并没有说印方必然是包袱造型。

图 4.119　清末民初 胡耀庭制四方壶

图 4.120　清末民初 谈相舟制升式壶

① 张浦生、王健华：《宜兴紫砂鉴定与鉴赏》，第 89 页，江西美术出版社，2000 年。

图 4.121　宜兴陶瓷陈列馆藏 清末民初 铭远制四方鹅蛋壶

图 4.122　清末民初 蒋祥元制四方桥顶壶

3. 筋纹器

筋纹器造型在清末民初时期颇为丰富，表五狮球（图 4.123）、葵掇球、葵仿古、福竹壶、柿子壶、四瓣海棠壶（图 4.124）、六瓣梅形壶（图 4.125）、合桃壶（图 4.126）、南瓜壶（图 4.127）等为清末民初时期典型的筋纹器型，狮球、六瓣梅形壶、南瓜壶是延续前期的筋纹器造型，其中表五 219 顾炳荣制高狮球壶较多地沿袭了清代早期狮球壶式的造型，较高较强调肩线，其后的器身则改为扁圆。清末民初时期筋纹器的特色是强调筋纹线的流畅圆滑，多以四、六、八道的双数筋纹线平均分布器身；在清末民初时期筋纹线除了单一的直线外，亦有更加生动的各种弧形线条，如表五 203 六瓣合菱壶。

图 4.123　清末民初 狮球壶

图 4.124　清末民初 俞国良制四瓣海棠壶

图 4.125　宜兴紫砂工艺厂藏 清末民初 俞国良制六瓣梅形壶

图 4.126　清末民初 汪宝根制合桃壶

图 4.127　清末民初 梅调鼎铭南瓜壶

4. 塑器

在清末民初时期以前，砂壶塑器的常见造型仍不脱以基本的圆器、筋纹器做器身雏形，不规则器型的塑器在清末民初时期才开始较多出现（仅指茗壶造型，文玩摆件除外）。较早出现的是壶身近似卵型的树桩，如表五 232 邵友廷制梅树桩壶（图 4.128），此壶应为道光晚期或者略晚的作品，此外还有类似的同型作品如表五 233、234 松鼠葡萄桩壶；到了民初，则出现了和真正树桩一样凹凸起伏的壶身，如表五 235 冯桂林制梅树桩壶。除了树桩类型，表五 228-231 的树瘿壶（图 4.129）、243-245 佛手壶也是清末民初时期出现的塑器造型，其器表特殊的肌理显示出清末民初时期对塑器表现手法的创新。表五 239-242 鱼化龙壶也是清末民初时期的塑器造型的代表，布满器表上下繁复的立体贴塑刻划是其特点。

图 4.128 清末民初 邵友廷制梅桩壶

图 4.129 清末民初 江案卿制树瘿壶

5. 局部附件型制

和前期比较，清末民初时期砂壶的嘴、把线条比较倾向往左右的空间延伸，由于传器极多，下面以纪年器为主仅提出较具代表性的数件，其余便不再一一列举。清末民初时期壶嘴造型延续一型①较长，为 S 型弯折的三弯壶嘴，如表五 6 李宝珍制绿传炉壶、9 竹节提梁壶、32 俞国良制传炉壶、33 团泥大方壶、49 胡耀庭制四方壶；二型的壶嘴如表五 1 草菊壶、37 胡耀庭制汉方壶、43 外销俄国圆壶、157 春记款牛盖洋筒壶、158 寿星壶；三型笔直的壶嘴如表五 161 胡耀庭制长方壶、265-268 抛光圆壶等；最为盛行的是四型壶嘴，一类沿袭清代中期较多，弧度不大，如表五 3 鼓形壶、4 竹节壶、18 黄玉麟制四方平盖壶、42 腰线钟形壶，民初以后又渐渐演变为另一类后肥腴前端收小的包口壶嘴，如表五 5 肩线钵盂提梁壶、7 王胜长制波浪扁壶、10 汉君壶、11 仿古壶、12 狮球壶、31 光裕制圆肩线壶、36 孤棱壶、38 东坡提梁壶、44 强义海制圆肩线大壶、46 掇球壶。清末民初时期，壶嘴的共同特征是弯曲的弧度多较前期加大，嘴部刻意收束得极小，由明代晚期到清末民初，壶嘴出水处有逐步收小的趋势，以清末民初时期为最，这或许是讲求倾倒时流泻的水柱流畅弧度优美的缘故。

壶把方面，大体来说重视圆润的线形，但是挺拔感则不如前期。壶把尾端岔开树瘿壶以及三岔型的提梁把为清末民初时期多所出现的提梁形式，以表五东坡提梁壶、孤棱提梁壶、瓢形提梁壶（图 4.130）为代表。

图 4.130 故宫博物院藏 清末民初 匋斋款瓢形提梁壶

① 参见本章第二节“明代晚期造型”。

四、装饰

1. 书画铭刻

清末民初时期的紫砂器装饰，同样承袭了清代中期，以书画铭刻为主，但是铭刻的手法渐渐有所改变。清末民初时期的铭刻，落刀的力度略逊于清代中期，字体风格也不同，较为纤细柔媚不似清代中期苍劲，大体字形趋近长方形。亦有延续清代中期金石风格的铭刻，如表五 18 黄玉麟制吴昌硕铭四方平盖壶（图 4.131）、75 何心舟制白泥梨形壶的仿铜器篆书铭刻“子孙永享用”、103 王东石制波浪直壁扁壶的和器型呼应的行书“鱼戏新荷动，鸟散余花落”。但是此类作品在清末民初时期已居于整体少数而非主流，而且皆为清代晚期作品，民初则未见。

清末民初时期大多数的铭刻，尤其是民国初年以后，铭刻工具以金属制的钢刀取代了过去的竹刀，特点是字体浅细，多行草，以东溪、任淦庭(艺名跂陶、企陶)、泉石等人的铭刻为代表（图 4.132）。

图 4. 131　清末民初 黄玉麟制平盖四方壶

图 4. 132　清末民初 胡耀庭制汉方壶

清末民初时期铭刻的表现形式亦更为多样化，如“琢沙地”的刻法便是此时期颇具特色的特殊铭刻方式，通常是将底剔刻成凹凸不平的表面，凸出字面或图案，通常出现在模拟金石博古的题材中，造成似拓印的视觉效果。实物可参照表五 21 家羽后身款仿古紫砂罐、121 王熙臣制瓜形提梁壶、183 李宝珍制小传炉壶、286 花瓶等。

在表五 108 范庄农家款石瓢壶上，北岩氏的书画铭刻则更为特别，是以模仿剪纸手法来刻划画面，一般紫砂器的镌画装饰都是勾勒出线条，此处则是将线条围出的块状空间剔去，留下缕缕细线构成的画面，并在剔去凹陷的部分填以黄色泥料（图 4.133）。

图 4. 133　清末民初 范庄农家制石瓢壶

2. 贴塑

清末民初时期的贴塑工艺，由其早晚期可以看出，有一个由朴拙到精细的演进轨迹。

早期的贴塑装饰以表五 232 邵友廷制梅桩壶、233、234 松鼠葡萄桩壶、190 三友六方壶（图 4.134）为代表，其枝干、花叶都不十分细致，后期则以东坡提梁壶的提梁把、合桃壶的桃钮、木瓜壶的叶形盖、冯桂林制梅桩壶、鱼化龙壶身的鱼龙及壶钮的如意云纹及龙头等为代表，至此贴塑工艺已极尽栩栩如生之态，狮钮造型则不似清代早期形态各异，或坐或卧，均为卧狮。

图 4.134 清末民初 三友六方壶

3. 刻划纹饰

清末民初时期部分器物上可见少量点缀的刻划纹饰，如表五 272 八角杯、273 菱花杯、274 四方圆角杯上方的回纹、271 觚上的仿铜器纹饰。

4. 色泥装饰

在清代早期，就已经出现了内胎红紫砂，器表涂朱泥或者涂黑泥的化妆土装饰手法。在清末民初时期，采用这类装饰手法的紫砂器数量更多，如表五 6 绿传炉壶外涂绿泥，34 胡耀庭制直方壶外涂黑泥（图 4.135）、279、288 吴德盛款笔筒、花盆外涂黄泥。亦有在铭刻字画的刻痕中填以黄、黑、白等色料，使题字画面和器身对比鲜明。

图 4.135 香港茶具文物馆藏 清末民初 胡耀庭制直方壶

5. 绞泥

绞泥早在唐代的制瓷工艺中已有，虽然从明代晚期的出土器中也发现了采用绞泥装饰的茗壶，但是以绞泥装饰的紫砂器在此后仍然十分罕见，且明代晚期的绞泥砂壶是外壁贴饰绞泥泥片，表五 257 绞胎加彩盖碗则是目前少见的一件全器为绞泥胎的作品，是由两种颜色深浅不同的紫砂或是紫砂和红紫砂相绞，造成类似木纹般的效果。

6. 其他

除了铭刻之外，和清代中期一样，清末民初时期仍存在少量在器身堆贴篆字的装饰方式，如表五 167 四方桥顶壶、168、169 方钟壶（图 4.136）、170 胡耀庭制大方壶、196-198 瓦当壶。也有模仿清代早期加彩上釉的器物，数量亦不多，笔意不如乾隆时期的生动奔放，较为工整拘谨，如表五 252 加彩掇只壶、257 绞胎加彩盖碗、258 加彩盖碗、259 彩釉小罐。另外，大约是为了便于观看所盛液体颜色，清末民初时期习惯在杯、笔洗等器物内壁施以乳白色釉，釉面往往带有细碎开片，如表五 272—274 杯。表五 192，193 六方暖酒壶器型

图 4.136 清末民初 闻记款方钟壶

及模印的装饰手法皆沿袭了清代早期的六方茶叶罐，但是图案主题变为暗八仙。

总体来看，清末民初时期的制作工艺、装饰手法深受清代中期的影响，也喜欢追求金石风格，但是除了黄玉麟、何心舟、王东石等人少量与文人合作的作品，大部分紫砂器则仅有其形未得其神，以表五 21 家羽后身款一组紫砂器为例，这是一组仿三代青铜器造型的紫砂器，器身的铭刻也皆为金石博古图案及词句，制作、装饰都极为精美，但是这种金石风格仅止于依样画葫芦式的原样照抄，往往在其铭刻中可见“仿金石索拓本”等字样（如表五 79），与清代中期陈曼生等人所追求的内在复古意蕴，其境界已不可同日而语，因此清末民初时期的金石博古图案常予人模式化之感。

在器型方面，清代早、中期的造型对此期均有一定的影响，如瓦当、方钟等为沿袭清代中期的造型，不过由掇球、仿古、寿星、洋筒等造型的大量出现可知，清末民初时期的器型越来越趋向民间实用的简朴风格，而且此期出现了专为温酒用途的紫砂壶类，如表五 13 陈盘根制鼓形暖酒壶（图 4.137）、148 吴云根制鼓形暖酒壶、192、193 六方暖酒壶（图 4.138）。

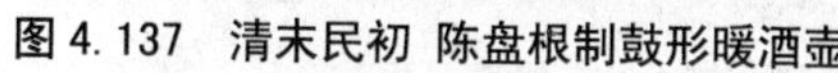

图 4.137　清末民初 陈盘根制鼓形暖酒壶　　图 4.138　清末民初 六方暖酒壶

清末民初时期的部分器型及制作工艺还突显了紫砂器为因应不同地域的人们的实用及审美需求所出现的多样面貌。在清代早期时，就开始出现南方闽粤等地所好尚的朱泥小壶，清末民初时期亦延续了前期，有一定数量的朱泥小壶问世，其中再加以镶铜、磨光工艺的，则是外销至南洋的器物，这应当是由于当时许多潮汕人士前往南洋一带经商贸易，因而把自身饮茶习尚也传播到当地的产物；除了小壶，其他磨光洋筒皆是销至南洋地区的外销器，据考证，洋筒壶最先是因应外销而生产，所以称为“洋筒”，此时部分洋筒壶磨光后如镜面般晶亮及边沿镶铜的金属光泽，更是泰国人喜欢器物光泽亮丽的民俗民风所特有的审美需求。镶锡扁圆壶及寿星壶则是风行于北方的器型，容量大，方便提携的活动提把是其共同特点，亦反映了北方不同于南方的饮茶习尚。

另外，在一种器型的基础上予以充分变化是清末民初时期器型的一大特点，如掇球、仿古是由传统的掇只壶式分别加以拔高、压缩而来，加上筋纹线或棱线便又衍生出葵掇球（图 4.139）、葵仿古（图 4.140）这类新的筋纹器造型，亦有方器造型的六方掇球壶（图 4.141）；其他如高蛋包壶及矮蛋包壶、高八方壶及矮八方壶、大柿子壶（图 4.142）及双色柿子壶（图 4.143）都是同一种器型分别作高矮变化；或者配以提梁把或暖座，这种变化同一造型的方式此前虽然也有，但是清末民初时期更为多见，如肩线钵盂壶及肩线钵盂提梁、方壶及暖座式方壶、孤棱壶及孤棱提梁壶。

图 4.139　清末民初 吴纯耿制葵掇球壶

图 4.140　清末民初 汪宝根制葵仿古壶

图 4.141　宜兴陶瓷陈列馆藏 清末民初 铭远制六方掇球壶

图 4.142　清末民初 玉良制大柿子壶

图 4.143　清末民初 双色柿子壶

以竹节为题材的紫砂器在清代早期、中期都有出现，但数量有限，到了清末民初时期竹节题材的紫砂器在数量上大为增加，表五竹节提梁壶、福竹壶、矮竹鼓壶、高竹节壶、竹鼎壶、松鼠竹段壶、四方竹段壶、五竹壶、竹春壶等皆为清末民初时期所创新的竹节题材器型。

在一件器物各部位上应用不同泥色来表现，自清代早期开始出现，但是更为广泛的应用，是在清末民初时期。此期多在把、流、盖、钮局部为仿生的枝干造型中采用这种手法，如表五 144 吴云根制雪桃壶、154-156 东坡提梁壶、211 双色柿子壶。

清末民初时期紫砂器在线条上有以丰润肥腴为美的倾向，这种情况在民国初年以后尤为显著。以掇球、仿古为例，和清代早、中期的掇只造型相比，线型更为丰满，再以清末民初时期较早的邵友廷及略晚的程寿珍二者作品相比，后者又比前者腴润。同是竹节造型，清末民初时期的竹鼓壶肩部鼓出的线条和清代早期陈荫千制竹节提梁壶肩部削陷的线条就是截然不同的表现手法。孤棱壶虽是方器，亦是强调弧度的美感，清末民初时期前后期的孤棱、传炉等器皆可看出更趋丰满的演变。在筋纹器及塑器类造型中，表五六瓣合菱壶、海棠壶、木瓜壶（图 4.144）、合桃壶等呈现的皆是饱满肥腴的肌理。

图 4.144　清末民初 冯桂林制木瓜壶

五、款识

到了清末民初时期，延续了清代中期的发展趋势，亦是以有款器为主，但和清代中期不同的是，清末民初时期比较强调制器者，在器物的底部、盖内、把下等处反复强调制器者的姓名或其名号是相当常见的落款方式，如表五 15 黄玉麟制孤棱壶、44 强义海制圆肩线大壶等，不胜枚举。在清末民初晚期，甚至以多达二十多字的文字章款强调作者获奖的光荣事迹，如表五 50 俞国良制梅花瓣形壶、51 俞国良制传炉壶等。在章款式样上，从道光时开始常见回纹环绕的方框或圆框，亦是一有特色的时代特征。除此之外，印框形状在清末民初时期变化也较多，不局限于方形或圆形，许多作者或作坊都有自己习用的特殊章款如表五 156 东坡提梁壶之扇形印、150 提梁壶的叶片形印、232 邵友廷制梅桩壶及程寿珍的不规则形印（表五 61、71）。类似清代早期的圆、方印组合款清末民初时期也偶见，如表五 84 陈光明制肩线钵盂提梁壶、291 灵芝便是圆、方组合印“陈”、“光明”。

器身刻字之署款仍是铭刻者的空间，和制器者落款一样，清末民初时期铭刻有时也见重复署款，虽是同一人，往往题字处和镌画处两面署不同的字号，如表五 34 胡耀庭直方壶、279 笔筒，一面署“跂陶刻”、一面署“潄石作”，表五 121 瓜形提梁壶一面署“跂陶刻”、一面署“幹亭作”，表五 228 木瓜壶一面署“跂陶刻”、一面署“任潄石画”，表五 216 合桃壶一面署“企陶刻”、一面署“幹亭刻”，“跂陶”、“企陶”、“潄石”、“幹亭”皆是当时陶刻名手任淦庭常用之名号。

假托款中，朱泥小品（表五 246-250）大多沿袭了前期的手法，在底部刻“孟臣”或“逸公”等名款，此外还出现模仿清代早期圆、方印并署明年份的刻款，由本期及前期传器来看，一般朱泥小品没有署明年份的习惯，而表五 249、250 二器字迹及刻工都较拙劣，因此笔者认为，此为民初时期刻意仿造前期朱泥小品的产物，因此落款形式既不同于前期，和同时期的朱泥小品也有差距。另外，“少山”之假托款若是壶腹刻款，应是题铭者之假托款，这在清代早期已有，如表五 84 鼓腹壶，印款则见于表五 263 洋筒壶，除了“少山”款，亦有落“时大彬”款者（表五 263）。“彭年”的假托款是清末民初时期新出现，一种是印款，如表五 85 肩线钵盂壶、107 石瓢壶底落“彭年”，但由盖内及壶腹落“莲生”之款可知，此为民初陶人史莲生所作，而底印“彭年”假托款是此人落款的一种习惯；刻款和前述“少山”之刻款相同，为题铭者之假托款。

此时还有少部分后辈沿用前人章款的情况，和假托款不同，假托款是使用名声卓著的前期名家名号落款，作者本身和其人并没有关联，沿用前人章款则是作者使用其师辈所用之款识，如表五 13 鼓形暖酒壶，“冰心道人”是程寿珍的常用印款，而盖上所署“盘根”，则是程寿珍之弟子。

商号、店号款在清末民初时期频繁地出现，这些大量的店号款说明了清末民初时期紫砂器在内销及外销上的兴旺，而且标志着紫砂器的销售已向更有规模更有组织的方向迈进，如“吴德盛”、“铁画轩”、“金鼎商标”、“利永公司”、“利用公司”、“闻记”、“豫丰”、“福康”皆是清末民初时期常见的店号款。此外，表五 43 外销俄国圆壶的“德丰陶器”、67 程寿珍仿古壶“陶厂出品”、110 腰线钟形壶的“万丰顺记”、143 汪生义制竹鼎壶之底款“万贡珍”、150 提梁壶的“为记”、156 东坡提梁壶的“郭记”、157 牛盖洋筒壶的“春记”、260 威海镶锡扁壶的“威海新和成”等亦是。而在清代早期已出现的“贡局”款清末民初时期传器较多，也是楷书印字（原书并未说明署款位置，见表五 264—266、268、270）。清末民初时期一些器物上所印的英文字母则表明其是作为外销器而制作的，如表五 33 团泥大方壶底印“OTC Made IN CHINA”、271 觚“China 65”，部分满文汉文并列的“豫丰”款则可证明这类器物有特定的销售对象，或是满人聚集较多的北方向其订制。

除了店号款外，地名款及图案形印应当也属于一种商品化表征的印款，此两类款亦常伴随店号款出现。地名款在清末民初时期较前期来得多，如表五 39 鼓形围棋罐、58 程寿珍制掇球壶署“龙山名砂”，76 窑变圆壶署“蜀山名壶”，87 斗笠壶署“宜兴紫砂”，112 岩如制秦钟壶署“阳羡名壶”。图案形印，如“金鼎商标”之图文结合印款本身就说明了其为商家店标，其他亦多出现于量产的实用器类上，如表五 157 牛盖洋筒壶底印方形龙纹印款、232 邵友廷梅桩壶的梅花图案印款、270 抛光直筒壶凤纹图形印款。

自清末民初时期开始，出现了为数不少的仿前期器物。以表五 254 加彩井栏壶为例，其“大清雍正年制”底款及壶腹白釉书“曼生”，确是循清代早期加彩紫砂器的落款手法，但是由北京及台北故宫所存传器可知，没有署雍正年款的紫砂传器，而且曼生为乾嘉时期人，况且其人所擅长的是镌刻，两款不但自身矛盾而且互相矛盾。

第五章　各时期的宜兴紫砂陶人或商号名款

第一节　明代

1. 金沙寺僧

金沙寺位于江苏宜兴县东南二十公里处，是唐代宰相陆希声的山房故址。金沙寺僧，是目前文献可考最早的宜兴紫砂陶人。因年代久远，已不知金沙寺僧确切的名号，其生卒年代上限不早于明代成化，下限不晚于正德年间。其人闲静有致，金沙寺僧的制壶工艺，是通过宜兴制作日用陶器的工匠习得的，选取宜兴日用陶原料中较为细致的砂土，并且加以澄炼，作为制壶原料，其制成的砂壶容量较大。依据《阳羡茗壶系》的观点而言，紫砂茗壶的制作由日用陶器区别出来是自金沙寺僧始。《扬州画舫录》称金沙寺僧所作砂壶“以指罗纹为标识”，此说并无根据，不足采信。至于金沙寺僧的作品是否有任何落款记号，目前无法确知。

相关记载：

《阳羡茗壶系》：“金沙寺僧，久而逸其名矣。闻之陶家云，僧闲静有致，习与陶缸瓮者处。抟其细土，加以澄炼，捏筑为胎，规而圆之，刳使中空，踵傅口、柄、盖、的，附陶穴烧成，人遂传用。”

《扬州画舫录》（《阳羡名陶续录·本艺》）：“砂壶创于金沙寺僧，抟紫砂泥做壶具，以指罗纹为标识。”

2. 供春

供春，亦有称其名为龚春、龚供春者。初步推定其生卒年代大约界于弘治到嘉靖年间。根据《阳羡茗壶系》，供春原本是明代四川参政吴颐山的家僮。在吴颐山入仕为官之前，为了准备科举考试，他曾带着供春在金沙寺闭门读书，供春在为吴颐山工作之余，悄悄地学习金沙寺僧人的制壶工艺，也利用日用陶原料中较为细致的砂土制作砂壶。供春的作品在明代便得到当时人们的追捧，名公巨卿、高人墨士均不惜重价购之。

从明清文献中来看，因年代相距较远，见过供春原作的人不多见，其中张岱和《阳羡茗壶系》的作者周高起应当是见过供春原作的，除此之外，清代吴骞、张叔未都曾表示过未得见供春真迹的遗憾，因此，除了明代少数文人之外，此后似乎是再无人得见供春之作。虽然文献中供春的从艺生平似乎多了些传奇色彩的渲染，但是当时确实有其人其作，且供春所作具有极高的艺术价值，亦非凭空捏造。至于 1928 年储南强所发现，后来捐赠给国家博物馆的供春款树瘿壶，经过多年来研究者的考证[1]，疑点重重，实非供春原作。

相关记载：

《阳羡茗壶系》："供春，学宪吴颐山公青衣也。颐山读书金沙寺中，供春于给役之暇，窃仿老僧心匠，亦淘细土抟胚。茶匙穴中，指掠内外，指螺文隐起可按。胎必累按，故腹半尚现节腠，视以辨真。今传世者，栗色暗暗，如古金铁，敦庞周正，允称神明垂则矣！世以其孙龚姓，亦书为龚春。人皆证为龚。予于吴冏卿家见时大彬所仿，则刻'供春'二字，足折聚讼云。"

《阳羡茗壶系》："壶之土色，自供春而下，及时大初年，皆细土淡墨色，上有银沙闪点；迨硐砂和制，縠绉周身，珠粒隐隐，更自夺目。"

《茶疏》："往时龚春茶壶，近日时彬所制，大为时人宝惜。"

《长物志》："壶以砂者为上，盖既不夺香，又无熟汤气。供春最贵，第形不雅，亦无差小者，时大彬所制又太小。若得受水半升，而形制古洁者，取以注茶，更为实用。"

《陶庵梦忆》："宜兴罐以龚春为上，时大彬次之，陈用卿又次之。"

《秋园杂佩》（《阳羡名陶录·谈丛》）："时壶名远甚，即遐陬绝域犹知之。其制，始于供春，壶式古朴风雅，茗具中得幽野之趣者。"

《五石瓠》（《阳羡名陶录·谈丛》）："宜兴砂壶，创于吴氏之仆曰供春，及久而有名，人称龚春。其弟子所制更工，声闻益广。京口谈长益为之作传。"

康熙《宜兴县志》："供春制茶壶款式不一，虽属瓷器，海内珍之，用以盛茶不失元味，故名公巨卿、高人墨士恒不惜重价购之。"（转引自《阳羡名陶录·谈丛》）

《茶余客话》："供春壶式，茗具中逸品。"

《阳羡茗壶赋·序》："余从祖拳石公，读书南山，携一童子名供春，见土人以泥为缶，即澄其泥以为壶，极古秀可爱，世所称供春壶是也。"

《阳羡茗壶赋》："爰有供春，侍我从祖。在髫龄而颖异，寓目成能；借小伎以娱闲，因心挈矩。"

《阳羡名陶录》："余不及见供春手制，见大彬壶叹为观止矣，宜周高起有'明代良陶让一时'之论耳。"

《阳羡砂壶图考》所载传器：

（1）宜兴储简翁藏供春树瘿壶，失盖，全身作老松皮状，凸凹不平，錾类松根。旧存沈树镛（韵初）家，继归吴窓斋，后归费念慈（屺怀），转傅氏，1928年，始归储氏[2]。吴窓斋所仿者俱此式。

（2）《项氏历代名瓷图谱》纪供春褐色壶云："宜兴一窑出自本朝武庙（正德庙号）之世，有名工龚春者，宜兴人，以粗砂制器，专供茗事，往往有窑变者如此壶，（见下卷图刊）。本褐色，贮茗之后则通身变成碧色，酌一分则一分还成褐色，若斟完则通身复回褐色矣。岂非造物之奇秘，泄露人间以为至宝耶！与下朱壶（见下卷图刊）咸出龚制。予曾一见于京口靳公子家，其后俱为南都张中贵以五百金购去。"

（3）又纪龚春窑变朱色壶云：怪诞之物，天地之大何所不有，余之未信者，未经余自见

---

[1] 殷志强：《供春树瘿壶小考》，《南京博物院院刊》。徐秀棠《中国紫砂》，第126-130页，上海古籍出版社，1998年。

[2] 即现藏国家博物馆之供春款树瘿壶。

也，今见此二壶之异，信有之矣。

3. 董翰

明代嘉靖至万历年间人，号后溪，宜兴籍，为供春之后，堪与供春比美的“明四家”之一，是菱花筋纹式样的创始者，制作风格在明四家中较为工巧。

相关记载：

《阳羡茗壶系》：“董翰，号后溪，始造菱花式，已殚工巧。”

其余参见本节：明代6.“时朋”条。

4. 赵梁

其名之“梁”亦作“良”。明代嘉靖至万历年间人，宜兴籍，为供春之后，堪与供春比美的“明四家”之一，擅长提梁壶式，其风格较古拙。

相关记载：

《阳羡茗壶系》：“赵梁，多提梁式，亦有传为名良者。”

其余参见本节：明代6.“时朋”条。

5. 元锡

其名也作“元畅”、“玄锡”或者“袁锡”。明代嘉靖至万历年间人，宜兴籍，为供春之后，堪与供春比美的“明四家”之一，其风格较古拙。

相关记载：

《阳羡砂壶图考》：“畅，万历时人，周嘉胄《茗壶图谱》作元畅，《阳羡茗壶系》作元锡，《秋园杂佩》作袁锡。”

其余参见本节：明代6.“时朋”条。

6. 时朋

其名之“朋”亦作“鹏”。时大彬之父，明代嘉靖至万历年间人，宜兴籍，供春之后的“明四家”之一，其风格较古拙。

相关记载：

《阳羡茗壶系》：“时朋，即大彬父。是为四名家，万历间人，皆供春之后劲也。董文巧而三家多古拙。”

《秋园杂佩》：“一云供春之后四家，董翰、赵良、袁锡（疑即元畅），其一即大彬父时鹏也。”

《茶余客话》：“供春壶式，茗具中逸品。其后复有四家，董翰、赵良、袁锡，其一则时鹏，大彬父也。”

7. 李茂林

明代晚期人，宜兴人，一说江西婺源人。号养心，别号李老四，李仲芳之父。擅长制作器型较小的圆形壶式，器型朴雅，线型妍媚。因在家中排行第四，因此又有“小圆壶李四老官”的雅名。《阳羡茗壶系》称其所制作的砂壶仅以朱书作为款识。陈贞慧《秋园杂佩》称其作品在时大彬之上，为供春劲敌。

相关记载：

《阳羡茗壶系》：“李茂林，行四，名养心。制小圆式，妍在朴致中，允属名玩。”其余参见本节：明代8.“时大彬”条。

《秋园杂佩》：“彬弟子李仲芳，芳父小圆壶李四老官，号养心，在时大彬之上，为供春劲敌，今罕有见者。”

8. 时大彬

明代万历、崇祯年间人，号少山，时朋之子。时大彬在紫砂工艺史上，是一位里程碑式的人物，宜兴紫砂工艺，从明代正德年间脱离日用陶器范畴，到了时大彬时，进入了一个更加成熟的阶段。时大彬在紫砂茗壶的泥料配制、成型技法、造型设计、署款书法各方面，多有贡献，尤其杂硇砂的独特胎土调配手法，更是绝妙，有“砂粗、质古、肌理匀”的赞誉。时大彬为人敦雅古穆，其作品也流露相同的气质，不务妍媚，而朴雅坚致，妙不可思。在创作初期，时大彬是以模仿供春的作品入手，多制作形体较大的壶，后来多与文人交游，创作亦颇受启发，也尝试制作容量较小，更为适宜斟饮的茶具。时大彬挟其绝技，交接公卿，才名益盛，明代陶肆，将时大彬与李仲芳、徐友泉并称“三大”。时大彬的署款，初期是请善书者落墨后再自刻，也有印款，随着经验的积累，则可以自行直接刻款，书法闲雅俊秀，带有晋唐风格。除了自身的创作，时大彬还传承其壶艺，培育了许多优秀的陶人，徐友泉、李仲芳、欧正春、邵文金、邵文银、陈俊卿、蒋时英等人都为明季的制壶名家。

相关记载：

《阳羡茗壶系》：“时大彬，号少山。或淘土，或杂硇砂土，诸款具足，诸土色亦具足，不务妍媚而朴雅坚栗，妙不可思。初自仿供春得手，喜作大壶。后游娄东，闻陈眉公与琅琊、太原诸公品茶施茶之论，乃作小壶。几案有一具，生人闲远之思，前后诸名家并不能及。遂于陶人标大雅之遗，擅空群之目矣。”

《阳羡茗壶系》：“陶肆谣曰：‘壶家妙手称三大。’谓时大彬、李大仲芳、徐大友泉也。予为转一语曰：‘明代良陶让一时。’独尊大彬，固自匪佞。”

《阳羡茗壶系》：“镌壶款识，即时大彬初倩能书者落墨，用竹刀画之，或以印记，后竟运刀成字，书法闲雅，在《黄庭》、《乐毅》帖间，人不能仿，赏鉴家用以为别。次则李仲芳，亦合书法。若李茂林，朱书号记而已。仲芳亦时代大彬刻款，手法自逊。”

《茶疏》：“往时龚春茶壶，近日时彬所制，大为时人宝惜。”

《长物志》：“壶以砂者为上，盖既不夺香，又无熟汤气。供春最贵，第形不雅，亦无差小者，时大彬所制又太小。若得受水半升，而形制古洁者，取以注茶，更为实用。”

《陶庵梦忆》：“宜兴罐以龚春为上，时大彬次之，陈用卿又次之。”

《秋园杂佩》：“时壶名远甚，即遐陬绝域犹知之。其制，始于供春，壶式古朴风雅，茗具中得幽野之趣者。后则如陈壶、徐壶，皆不能仿佛大彬万一矣。”

《先进录》：“宜兴时大彬，制砂壶名手也。尝挟其术以游公卿之门。其子后补诸生，或为四书文以献嘲，破题云：‘时子之入学，以一贯得之。’盖俗称壶为罐也。”

《池北偶谈》：“近日一技之长，如雕竹则濮仲谦，螺甸则江千里，嘉兴铜器则张鸣岐，宜兴茶壶则时大彬，浮梁流霞盏则昊十九，皆知名海内。”

《宜兴瓷壶记》：“时为人敦雅古穆，壶如之，波澜安闲，令人喜敬。”

康熙《宜兴县志》：“供春制茶壶款式不一，虽属瓷器，海内珍之，用以盛茶不失元味，故名公巨卿、高人墨士恒不惜重价购之。继如时大彬，益加精巧，价愈腾。”

《阳羡茗壶赋·序》：“余从祖拳石公，读书南山，携一童子名供春，见土人以泥为缶，即澄其泥以为壶，极古秀可爱，世所称供春壶是也。嗣是，时大彬师之，曲尽厥妙。”

《阳羡名陶录》：见本节：明代2.“供春”条。

9. 李仲芳

明代万历崇祯年间人，李茂林之子，是时大彬门徒中最优秀者。明代晚期的制壶风格，逐渐趋向文巧，其父李茂林督促李仲芳，制壶风格不要力求文巧，要以敦厚古朴为尚。后来李仲芳去到江苏金坛，仍旧以文巧为其制壶所追求的风格。在明代所流传的时大彬作品中，部分是李仲芳所作，时大彬颇为欣赏而署自己名款，因此当时的人们流传有“李大瓶，时大名”的说法。明代陶肆，将其与时大彬、徐友泉并称“三大”。吴梅鼎《阳羡茗壶赋》评仲芳壶有“骨胜而秀出刀镌”之语。

相关记载：

《阳羡茗壶系》：“李仲芳，行大，茂林子。及时大彬门，为高足第一。制度渐趋文巧，其父督以敦古。仲芳尝手一壶，视其父曰：‘老兄，这个何如？’俗因呼其所作为‘老兄壶’。后入金坛，卒以文巧相竞。今世所传大彬壶，亦有仲芳作之，大彬见赏而自署款识者。时人语曰：‘李大瓶，时大名。’”其余参见本节：明代 8.“时大彬”条。

《茗壶图录》载有仲芳梨皮泥壶一具，底署“万历戊午秋日，九月望日为叶龛先生制，仲芳”楷书。

10. 徐友泉

明代万历崇祯年间人，名士衡，字友泉，时大彬弟子。徐友泉原非陶人，其父亲喜好大彬壶，将时大彬延请至家中为其制壶。一日，徐友泉强求大彬捏塑泥牛，以此取乐，时大彬拒绝，徐友泉便夺走其制坯砂土，出门而去，恰好见到树下一卧牛将起身，尚屈一足，便专注地观察，临仿此牛姿态，捏塑了一件作品，带回给时大彬看。大彬一见便惊叹道：“以此人的才智，假以时日，他的成就必然超过我。”由此可见徐友泉有极高的天赋。所作砂壶擅长借鉴古代尊罍等铜器造型，别具一格，善制汉方、扁觯、小云雷、提梁卣、蕉叶、莲方、菱花、美人、垂莲、一回角、六子等壶式，配制的泥色种类丰富。明代陶肆，将徐友泉与时大彬、李仲芳并称“三大”。曾为吴梅鼎之父延揽至家中，为其制器。吴梅鼎《阳羡茗壶赋》称其“综古今而合度，极变化以从心，技近乎道”，可谓推许备至。然而，徐友泉晚年常自叹，其自身的工艺纵然精巧绝伦，终究不及时大彬不拘小节的浑朴壶风。

相关记载：

《阳羡茗壶系》：“徐友泉，名士衡，故非陶人也。其父好时大彬壶，延致家塾。一日，强大彬作泥牛为戏，不即从，友泉夺其壶土出门去，适见树下眠牛将起，尚屈一足，注视捏塑，曲尽厥状。携以视大彬，一见惊叹曰：‘如子智能，异日必出吾上。’因学为壶。变化式、土，仿古尊罍诸器，配合土色所宜，毕智穷工，移人心目。予尝博考厥制，有汉方、扁觯、小云雷、提梁卣、蕉叶、莲方、菱花、鹅蛋、分裆、索耳、美人、垂莲、大顶莲、一回角、六子诸款。泥色有海棠红、朱砂紫、定窑白、冷金黄、淡墨、沉香、水碧、榴皮、葵黄、闪色梨皮诸名。种种变异，妙出心裁。然晚年恒自叹曰：‘吾之精，终不及时之粗。’”

康熙《宜兴县志》：“供春制茶壶款式不一，虽属瓷器，海内珍之，用以盛茶不失元味，故名公巨卿、高人墨士恒不惜重价购之。继如时大彬，益加精巧，价愈腾。若徐友泉、陈用卿、沈君用、徐令音皆制壶之名手也。”

《阳羡茗壶赋·序》：“余从祖拳石公，读书南山，携一童子名供春，见土人以泥为缶，即澄其泥以为壶，极古秀可爱，世所称供春壶是也。嗣是，时大彬师之，曲尽厥妙。数十年中，仲美、仲芳之伦，用卿、君用之属，接踵骋伎，而友泉徐子集大成焉。”

《阳羡茗壶赋》："若夫综古今而合度，极变化以从心，技而近乎道者，其友泉徐子乎。"

《阳羡陶说》(《阳羡名陶录·谈丛》)："予少年得一壶，失其盖，色紫而形扁，底有真书"友泉"二字，殆徐友泉也。笔法类大彬，虽小道，洵有师承矣。"

《阳羡砂壶图考》："沪江孙氏藏友泉褐砂中壶一具，式度质朴，底镘'戊午仲冬徐友泉制'八字楷书，燕昌仅睹失盖传器，今幸得见完好者，可作鲁灵光殿看也。"

11. 欧正春

号子明，明代万历年间人，时大彬弟子，为宜钧欧窑的创始人。欧正春擅长模拟花卉果物作为紫砂器的造型，样式和工艺非常精巧美丽。作品有壶、盆、盂、盘、洗、佛像等。

相关记载：

《阳羡茗壶系》："欧正春，多规花卉果物，式度精妍。"

《阳羡茗壶赋》："正春肉好，而工疑刻画。"

12. 邵文金

明代万历年间人，又名亨祥，时大彬弟子。邵文金临仿时大彬的汉方壶，别有独到之处。

相关记载：

《阳羡茗壶系》："邵文金，仿时大汉方独绝，今尚寿。"

《阳羡砂壶图考》："唐天如孝廉云：'据《壶史》，亨祥即文金'。"

13. 邵文银

明代万历年间人，又名亨裕，邵文金胞弟，时大彬弟子。

相关记载：

《阳羡茗壶系》仅存其名，后文提到为时大彬弟子，见14.蒋伯荂条。

《阳羡砂壶图考》："唐天如孝廉云：'据《壶史》，亨裕即文银'。"

《阳羡砂壶图考》所载传器：

（1）碧山壶馆藏紫砂中壶二具，式度相同，淡墨色，身形微扁，肩圆，四旁光泽，底平，惟较腹部微小，的作扁圆形，与壶身相称，流斜出，势直而仰，鋬如阔耳状，底有篆书阳文方印曰："邵亨裕制"。

（2）不耽阁藏紫泥中壶二持，制作工致，与前壶相伯仲，底钤"邵亨裕制"阳文方印。

14. 蒋伯荂

明代万历至崇祯年间人，名时英，时大彬弟子。初名伯敷，曾被陈继儒延请到家中制壶，并为其改名为伯荂，因攀附了上流阶层的人士，讳言自己原先从事的本业。蒋伯荂的作品风格坚致不俗，其作品中，部分砂壶的式样相传为项墨林所定制，称为"天籁阁壶"。

相关记载：

《阳羡茗壶系》："蒋伯荂，名时英。四人并大彬弟子。蒋后客于吴，陈眉公为改其字之'敷'为'荂'。因附高流，讳言本业，然其所作，坚致不俗也。"

《阳羡陶说》："昔在松陵王汋山（楠）话雨楼，出示宜兴蒋伯荂手制壶，相传项墨林所定式，呼为'天籁阁壶'。墨林以贵介公子，不乐仕进，肆其力于法书名画及一切文房雅玩，所见流传器具无不精美，如张鸣歧之交梅手炉、阍望云之香几及小盒等，制皆有'墨林'字，则一名物之赖天籁以传，莫非子京精意所萃也。"

《阳羡砂壶图考》："沈子培太史藏六角中壶一具，式如宫灯，色浓紫，陈眉公题四言诗四句，分书于壶身六页间，且代伯荂书款，珍品也。"

15. **陈用卿**

明代万历至崇祯年间人。陈用卿曾与时大彬习艺或者共事，但年纪和技艺均不及时大彬。性情耿直，曾得罪衙吏，因此被关入监狱中，俗名陈三呆子。陈用卿的作品造型以工整雅致为尚，擅长莲子、汤婆、钵盂、圆珠等圆器造型，极为巧丽，相当重视细节的修整。其落款字迹仿钟太傅帖的意韵，下笔的字迹朴拙而刀刻工整。

相关记载：

《阳羡茗壶系》："陈用卿，与时同工，而年伎俱后。负力尚气，尝挂吏议在缧绁中。俗名陈三呆子。式尚工致，如莲子、汤婆、钵盂、圆珠诸制，不规而圆，已极妍饬。款仿钟太傅帖意，落墨拙，落刀工。"

《阳羡砂壶图考》所载传器：

（1）蔡啸虎藏紫砂壶一具，淡墨色，身圆，鋬如半环，盖小的圆，身镌"秋水共长天一色。丁卯（即天启七年）。用卿"，共十一字。

（2）蔡寒琼藏深紫色大壶一持，造工朴拙，身镌"山中一杯水，可清天地心"句，"用卿"款，书法在行草之间。

16. **陈信卿**

明代万历年间人。陈信卿仿造时大彬、李仲芳的作品，颇为肖似。与陈用卿的作品相比，虽然丰美稍逊，但是其坚瘦工整的风格，也极为端雅，自成一派。但是后来忙于富人贵胄的交往，对于壶艺的追求不如先前竭尽心力，有时只是将弟子的作品加以修整，署上自己的名款而已。

相关记载：

《阳羡茗壶系》："陈信卿，仿时、李诸传器具，有优孟叔敖处，故非用卿族。品其所作，虽丰美逊之，而坚瘦工整，雅自不群。貌寝意率，自夸洪饮，逐贵游间，不务壹志尽技，间多伺弟子造成，修削署款而已。所谓心计转粗，不复唱《渭城》时也。"

17. **陈光甫**

明代天启、崇祯年间人。陈光甫仿造供春、李茂林、时大彬的作品，相当地成功，受到肯定。可惜天夺其能，一眼早年即失明，因此其作品的壶钮及口盖，各部位之间不是十分的端正，但是整体的线条，仍不失其风韵。

相关记载：

《阳羡茗壶系》："陈光甫，仿供春、时大，为入室。天夺其能，蚤眚一目，相视口、的，不极端致，然经其手摹，亦具体而微矣。"

18. **陈俊卿**

明代天启、崇祯年间人，时大彬弟子。

相关记载：

《阳羡茗壶系》："陈俊卿，亦时大彬弟子。"

19. **邵盖**

明代万历至崇祯年间人。制壶工巧，与时大彬同时而自树规模。其传器章款与邵亨裕、邵亨祥类似，以此印证诸邵同属一家。

相关记载：

《阳羡茗壶系》："邵盖、周后溪、邵二孙，并万历间人。"

《阳羡砂壶图考》："盖，万历间人。制壶工巧，虽与时大彬同时，而自树规模，于大彬为别派，亦邵家一名手也。"

《阳羡砂壶图考》所载传器：

（1）尝见紫砂大壶二柄，俱作扁花篮形，底有"邵盖监制"阳文篆章，字法与邵亨裕、亨祥章相类，足证诸邵同属一家，故世有'邵家壶"之称。

（2）李凤廷尝藏沙梨皮小朱壶一具，作圆珠式，底镌"邵盖"二字，书法半行楷。

（3）邵翰香旧藏大壶一，器底钤"邵盖监制"篆文方印。

20. 周后溪

明代万历至崇祯年间人。

相关记载：

《阳羡茗壶系》：见本节：明代 19."邵盖"条。

《阳羡砂壶图考》："寒琼云：友人藏一周后溪破壶，以远在乡间，屡索未得一睹，殊为憾事也。"

21. 邵二孙

明代万历至崇祯年间人，生平不详。

相关记载：

《阳羡茗壶系》：见本节：明代 19."邵盖"条。

22. 陈正明

明代万历至崇祯年间人。制器极精雅，盛名于天启年间。

相关记载：

《阳羡砂壶图考》："《餐霞轩杂录》云：文后山工诗善画，收藏名迹古器甚多，有宜瓷茗壶皆极精雅，其一署款"壬戌秋日陈正明制"者，壬戌当属天启二年也。"

23. 闵鲁生

明代晚期人，名贤。对于诸家作品的临仿，渐入佳境。为人谨慎实在，每当见到前贤的传器，总是虚心模拟，从中领略其技艺之长，不畏麻烦，一再地改作。

相关记载：

《阳羡茗壶系》："闵鲁生，名贤，制仿诸家，渐入佳境。人颇醇谨。见传器则虚心企拟，不惮改为，伎也进乎道矣。"

24. 陈仲美

明代万历至崇祯年间人，原籍江西婺源。陈仲美早年在景德镇造瓷器，但他认为从事瓷器制作的手工艺人太多，不足以成名，因而转业来宜兴，另图发展。陈仲美喜好配制壶土及制作诸种文房玩器，如香盒、花杯、狻猊炉、避邪镇纸、鹦鹉杯等等，塑刻的技巧极高，重叠镂刻，鬼斧神工。所制作的砂壶造型，有的模拟花果，或以草虫作为点缀，也描绘龙戏海涛，伸爪出目的形象。所雕塑的观音大士像，神态庄严慈悯，神采焕生，观音衣饰上的璎珞花鬘，也都装饰得惟妙惟肖，不可思议。《阳羡茗壶系》赞誉陈仲美兼有李公麟、吴道子那样的才智，对于创作竭尽心思，可惜英年早逝。明代周高起嘉许其作品在细节刻划上精巧绝伦，评为神品。

相关记载：

《阳羡茗壶系》："陈仲美，婺源人，初造瓷于景德镇，以业之者多，不足成其名，弃之而来。好配壶土，意造诸玩，如香盒、花杯、狻猊炉、辟邪镇纸，重镂叠刻，细极鬼工。壶像花果，缀以草虫，或龙戏海涛，伸爪出目。至塑大士像，庄严慈悯，神采欲生，璎珞花鬘，不可思议。智兼龙眠、道子。心思殚竭，以夭天年。”

25. 沈君用

明代天启、崇祯年间人，名士良。字君用。自幼年即已知名，时人称为“沈多梳”[①]。沈君用的才华出众，技艺的精巧程度，可与陈仲美并论，制器工艺承袭了欧正春一派之风格，在模拟各类物象的创作中，以脱俗新奇著称。沈君用的作品无论方圆，每一处衔接转折都修整得天衣无缝，不苟丝发；所配制的砂土，其色自然变幻如同天空大地，胎质坚实可比金石。为创作耗尽心血，早逝于崇祯十七年（1644 年）[②]。明代周高起《阳羡茗壶系》将其所作定为神品。

相关记载：

《阳羡茗壶系》：“沈君用，名士良，踵仲美之智，而妍巧悉敌。壶式上接欧正春一派，至尚像诸物，制为器用。不尚正方圆，而笋缝不苟丝发。配土之妙，色象天错，金石同坚。自幼知名。人呼之曰‘沈多梳’，宜兴垂髫之称。巧殚厥心，亦以甲申四月夭。”

《阳羡砂壶图考》：“陈霭雪藏一红泥粗砂小壶，流短而鋬反，制作极精，壶底镌‘大明天启丁卯君用制’楷书三行，洵俊品也”。

26. 沈子澈

明代崇祯年间人，浙江桐乡县人，居今江苏乌镇。擅长制作砂壶、文具，与时大彬齐名，其作品风格古雅浑朴。

相关记载：

《阳羡茗壶系》：“沈子澈，崇桢时人，所制壶古雅浑朴。尝为人制菱花壶，铭之曰：‘石根泉，蒙顶叶，漱齿鲜，涤尘热。’”

《阳羡名陶录》：“吴骞曰：仁和魏叔子禹新为余购得菱花壶一，底有铭云云，后署‘子澈为密兄制’。又桐乡金云庄比部旧藏一壶，摹其式寄余，底有铭云‘崇正癸未沈子澈制’。二壶款制极古雅浑朴，盖子澈实明季一名手也。”

《阳羡砂壶图考》：“子澈，崇祯间桐乡县人，居青镇。善制瓷壶文具，与宜兴时大彬齐名，至今士大夫家有藏其手制者，价值甚贵。见《桐乡县志》。《桃溪客话》云：子澈胜国名手，至其品类，则有龙蛋、印方、云罍、螭觯、汉瓶、僧帽、提梁卣、苦节君、扇面方、芦席方、诰宝、圆珠、美人肩、西施乳、束腰菱花、平肩莲子、合菊、荷花、芝兰、竹节、橄榄六方、冬瓜段、分蕉蝉翼、柄云索耳、番象鼻、鲨鱼皮、天鸡篆珥、海棠香合、鹦鹉杯、葵花茶洗、仿古花樽、棋花炉、十锦杯等，大都炫奇争胜，各有擅场，姑举其十一耳。观此则子澈制作力追友泉，所制壶式亦多相类也。”

《阳羡砂壶图考》所载传器：

（1）桐乡王杨盦藏子澈长方壶一具，鋬、流、的俱方，制作古雅，底有“沈子澈制”阳

---

① 多梳，即童年垂髫，还没有束发成年之意。

②《阳羡茗壶系》称沈君用“甲申四月夭”，有的相关研究，将此处的甲申推为万历二十年（1584 年），但从《阳羡茗壶系》所列艺人时间先后推测，其卒年较有可能为较晚的崇祯十七年（1644 年）。《阳羡茗壶系》中所提到的干支，应当是与作者周高起本人相同年代的崇祯年间，故以同时代人们一目了然的干支简单叙述，正因与作者同时代，才能对其卒年的确切时间比较清楚，其他更早的万历时期陶人，大多无明确生卒年代。

文篆书方印。

（2）又子澈扁方壶一，鋬、流与的俱方，古雅如前壶，底有“沈子澈制”阳文篆书方印。

（3）癸酉秋，家弟荻秋为予在羊石购得紫泥子澈小壶一柄，底镌纪年及“子澈制”楷书款，将付值而肆人失慎堕地碎之。

27. **徐令音**

徐令音可能是徐友泉之子，或即世人所称“小徐”。清代徐喈凤编《重修宜兴县志》将徐令音与徐友泉、陈用卿、沈君用等诸位制壶名手同列，其人制壶造诣，应与所列诸家相当。

相关记载：

康熙《宜兴县志》：“供春制茶壶款式不一，虽属瓷器，海内珍之，用以盛茶不失元味，故名公巨卿、高人墨士恒不惜重价购之。继如时大彬，益加精巧，价愈腾。若徐友泉、陈用卿、沈君用、徐令音皆制壶之名手也。”

《阳羡名陶录》：“未详其字，见《宜兴县志》，岂即世所称小徐者耶？”

28. **陈辰**

明代晚期人，字共之。陈辰擅长铭刻砂壶款识，明晚期陶人多有委托其代为刻款者，因有“壶家之中书君”之誉。

相关记载：

《阳羡茗壶系》：“陈辰，字共之，工镌壶款，近人多假手焉，亦陶家之中书君也。”

29. **周季山**

明代天启、崇祯年间人，生平不详。

相关记载：

《阳羡茗壶系》：“周季山、陈和之、陈挺生、承云从、沈君盛，善仿友泉、君用。并天启、崇祯间人。”

30. **陈和之**

明代天启、崇祯年间人。陈和之擅长制作紫砂花樽、菊盆、手盘、什锦杯等，专为饮茶器具配套，手法相宜，形制合理。

相关记载：

《阳羡茗壶系》：见本节：明代 29.“周季山”条。

《茗壶图录》：“色浓紫或猪肝色，试以指摇盖，铿然作金石声，通体气格高古，韵致清绝。”、

《茗壶图录》：“行书字法有晋唐遗风。”

《阳羡砂壶图考》：“李凤廷尝藏朱泥粗砂中壶一具，形扁如合欢壶，底镌“陈和之”三字楷书，旁有“和之”篆印。”

31. **陈挺生**

明代天启、崇祯年间人，生平不详，擅长仿徐友泉、陈用卿诸人制器。

相关记载：

《阳羡茗壶系》：见本节：明代 29.“周季山”条。

32. **承云从**

明代天启、崇祯年间人，生平不详。

相关记载：

《阳羡茗壶系》：见本节：明代29.“周季山”条。

33. **徐次京**

明代天启、崇祯年间人。生平不详。

相关记载：

《阳羡名陶录》：“徐次京、惠孟臣、葭轩、郑宁侯，皆不详何时人，并善摹仿古器，书法亦工。”

《阳羡名陶录》：“张燕昌曰：王汋山长子翼之燕书斋一壶，底有八分书‘雪庵珍赏’四字，又楷书‘徐氏次京’四字，在盖之外口，启盖方见，笔法古雅，惟盖之合口处，总不若大彬之元妙也。”

34. **惠孟臣**

明代天启、崇祯年间人。江苏宜兴人。所制砂壶，形体大的气韵浑朴，形体小的工艺精妙，是时大彬之后的名手。后世的仿制孟臣款砂壶源源不断，由此可见其人在当时名声之显扬。刻款近似唐代书家褚遂良之笔法，但是仔细考察其传器，有的是行书，有的是楷书，不一而足，刻款工具，竹刀钢刀皆有采用，总体上不离唐楷风格，仿制者即使在砂壶工艺上能力求精美，刻款书法终究不及孟臣原作。

相关记载：

《阳羡名陶录》：见本节：明代33.“徐次京”条。

《阳羡名陶录》：“余少年得一壶，底有真书‘文杏馆孟臣制’六字，笔法亦不俗，而制作远不逮大彬，等之自桧以下可也。”

《阳羡名陶录》：“余得一壶，底有唐诗‘云入西津一片明’句，旁署‘孟臣制’，十字皆行书。制浑朴，笔法绝类褚河南，知孟臣亦大彬后一名手也。”

《阳羡砂壶图考》：“天启、崇祯间荆溪人。所制大壶浑朴，小壶精妙，各擅胜场，亦大彬后一名手也。后世仿制者多，则名显可知。”

《阳羡砂壶图考》所载传器：

（1）蔡寒琼藏孟臣大壶一持，侵粗砂作梨皮，老脂红色，反鋬，短流，敦朴高古，底镌“清风拂面来。孟臣”七字行书，书法敦朴，纯用中锋，为不可多得之品。可惜失盖复配，且壶身微有裂痕，殊为缺憾耳。

（2）不耽阁尝藏小壶一持，侵粗砂，短流反鋬，朱色，沙梨皮，底镌“大明天启丁卯孟臣制”九字楷书。有晋人风格，亦罕觏之品，惜已流入扶桑耳。

（3）听泉山馆藏白砂大壶一具，制作古雅，底镌“大明天启丁卯荆溪惠孟臣制”楷书十二字，足资年代考证。

（4）潘智盦藏朱泥小壶一具，制作甚工，全身现沙梨皮，底镌“惠孟臣制”四字楷书，书法近褚河南，亦罕觏之俊品也。

（5）披云楼藏孟臣大壶一持，朱泥，肩膊处縠罗纹甚精，底钤楷书方印“惠孟臣制”。

（6）碧山壶馆藏大壶一持，白泥微黝，底钤篆书大方印曰“惠孟臣制”。

（7）披云楼藏朱泥中壶一持，色泽鲜丽，薄胎幼土，式度妍雅，周身縠罗纹隐现，巧不可阶。底楷书曰“水浸一天星。孟臣”七字。

（8）披云楼藏朱泥小壶一柄，周边縠罗纹隐现，底镌“叶硬经霜绿。孟臣制”八字，在行草之间，笔势灵动，竹刀刻，非明人不办。

35. 沈君盛

明代天启、崇祯年间人。擅长仿徐友泉制器，为时大彬再传弟子，且吸收了沈君用的工艺技法，工艺能与之相比美。

相关记载：

《阳羡茗壶系》：见本节：明代 29.“周季山”条。

《阳羡砂壶图考》：“君盛，善仿友泉，为大彬再传弟子，而参以沈君用法。天启、崇祯间人。”

36. 爱闲老人

明代晚期人，姓名不详。作品有宜钧笔洗，红褐色胎，内为淡紫色开片釉，有“爱闲老人手制”款。作品流传英国及西欧各国[①]。

相关记载：无。

37. 陈六如

明末清初陶人，具体生平不详。

相关记载：

《阳羡茗壶赋》：“瓶织回文之锦，陈六如仿古花尊。炉横古干之梅，沈君用梅花炉。卮分十锦，陈六如十锦杯。菊合三台，沈君用菊盒。”

38. 陈子畦

明代崇祯至清代康熙年间人，原籍浙江桐乡。擅长临仿徐友泉，砂壶及瓶、盒等器皿，皆有佳作，为当时人们所肯定，也有可能是陈鸣远之父。刻款楷书有晋唐风格。

相关记载：

《阳羡名陶录》：“仿徐最佳，为时所珍，或云即鸣远父。”

《阳羡砂壶图考》：“子畦之名见于《陶录》，谓其仿徐（友泉）最佳，为时所珍，或云即鸣远父，然考其式度，可断为明季人。”

《阳羡砂壶图考》所载传器：

（1）不眈阁藏紫砂小壶一具，作圆珠式，惜流缺重补耳。

（2）碧山壶馆藏紫砂大壶一持，形作扁花篮式，身胎甚薄，底镂“陈子畦”三字楷书。

第二节 清代早期

1. 陈鸣远

清代康熙、雍正年间人，名远，字鸣远，号鹤峰，又号石霞山人、壶隐，宜兴川埠上袁村人，相传为明晚期名家陈子畦之子。陈鸣远擅长制作砂壶及杯、瓶、盒等日用品，丰富了紫砂器的造型和品种，工艺手法吸收继承了徐友泉、沈子澈；其刻款书法雅健，胜过徐、沈二家。陈鸣远的创作力丰沛，技艺精湛全面，制作的茶具雅玩种类很多，不下数十种，但工艺风格相对明晚期而言，较为文巧。其落款字体有晋唐风格，其作品深受文人学士的青睐，争相延揽陈鸣远专门为其制作茶具和雅玩，如桐乡画家汪柯庭、海宁名士杨中允、学者曹廉

① 江苏省地方志编纂委员会：《江苏省志·陶瓷工业志》，第 152 页，江苏人民出版社，1994 年。

让、收藏家马思赞等名流都曾与陈鸣远有过交往，其中他与杨中允交情最为深厚，为杨氏所制之紫砂器最多也最精，杨中允也常为陈鸣远操刀，代其刻款。经过近年来的研究证实[①]，陈鸣远款的紫砂传器中，带有“雀邨”款的皆为二十世纪三十年代上海古玩商所作仿品，并非陈鸣远原作。

相关记载：

《阳羡名陶录》：“陈鸣远，名远，号鹤峰，亦号壶隐。详见《宜兴县志》。吴骞曰：鸣远一技之能，间世特出。自百余年来，诸家传器日少，故其名尤噪。足迹所至，文人学士争相延揽。常至海盐，馆张氏之涉园；桐乡则汪柯庭家；海宁则陈氏、曹氏、马氏多有其手作，而与杨中允晚研交尤厚。予尝得鸣远天鸡壶一，细砂作紫棠色，上锓庾子山诗，为曹廉让先生手书。制作精雅，真可与三代古器并列。窃谓就使与大彬诸子周旋，恐未甘退就郏莒之列耳。”

康熙《宜兴县志》：“陈远，工制壶、杯、瓶、盒，手法在徐沈之间，而所制款识书法雅健，胜于徐沈。故其年虽未老，而特为表之。”

《阳羡陶说》：“往桐乡汪次迁（安）曾赠余陈鸣远所制研屏一，高六寸弱，阔四寸一分强，一面临米元章《垂虹亭》诗，一面柯庭双钩兰，惜乎久作碎玉声矣！柯庭名文柏，次迁之曾大父，鸣远曾主其家。”

《阳羡陶说》：“陈鸣远手制茶具雅玩，余所见不下数十种，如梅根笔架之类，亦不免纤巧。然余独赏其款字，有晋唐风格。盖鸣远游踪所至，多主名公巨族，在吾乡与杨晚研太史最契。尝于吾师樊桐山房见一壶，款题‘丁卯上元为耑木先生制’，书法似晚研，殆太史为之捉刀耳。又于王芍山[②]家见一壶，底有铭曰：‘汲山泉，瀹芳茗，孔颜之乐在瓢饮。’阅此，则鸣远吐属亦不俗，岂隐于壶者与。”

《陶器行赠陈鸣远》：“赠我双卮颇殊状，宛似红梅岭头放。”

《桃溪客话》：“国朝宜兴陈远，工制砂壶，形制款识无不精妙，予目中所见及家旧蓄者数器，意谓即供春、少山无以过远也。”

《茗壶图录》记陈鸣远朱泥壶，底镌真书八字曰：“丁未杏月，鸣远仿古。”

又记鸣远紫泥壶，底镌形书十二字：“从来佳茗似佳人，坡公句，鸣远。”

《阳羡砂壶图考》所载传器：

（1）《艺术丛编》载鸣远方壶一具，底锓“衎斋真赏。鸣远”六字。

（2）又海棠形小壶一具，底有鸣远款“石霞山人”章。

（3）又一具，底镌“石乳泛轻花”，有“陈”字圆章及“鸣远”方章，张叔未介弟季勤所藏。

（4）邓秋枚《砂壶全形拓本》载紫砂壶一柄，底铭曰：“器堕于地，不可掇也；言出于口，不可及也，慎之哉。”有“远”字款，“陈鸣远”章。

（5）唐天如孝廉藏白泥大壶一柄，诰宝形，底有“陈鸣远”篆文章，超逸有致。

---

① 在 1998 年浙江省博物馆举行的《紫泥清韵——陈鸣远陶艺研讨会》中，由蒋蓉女士证实，许多“鹤邨”款作品为其伯父蒋彦亭和其本人所作，当时仿品所用之“雀邨”款印，据蒋蓉女士称，已上交苏州博物馆收藏，但印章的下落似乎未进行进一步的追查，蒋蓉女士也曾出示其伯父蒋彦亭仿制的纸本底稿，确与部分“鹤邨”款作品一致。

② 王芍山即王汋山。

2. 陈介溪[①]

清代康熙、雍正年间人。其人生平不详。

相关记载：无。

3. 惠逸公

清代康熙、雍正、乾隆年间人，可能是惠孟臣的后辈。惠逸公的作品，与惠孟臣之作相类，各式形制大小与各种胎土种类颇多，工巧风格的作品，与惠孟臣之作不相上下，故世称“二惠”，因而后世仿品也不少于仿孟臣款壶。仿品以小壶居多，大壶则罕见。惠逸公的作品胎土相当的特别，小壶也有佳作，但不及大壶古朴可爱。孟臣的作品浑朴精巧兼具，惠逸公则偏向工巧的壶风，浑朴之韵则不及惠孟臣。惠逸公的刻款书法没有固定的字体，楷书、行书、草书具备，楷书犹有唐代书法家的遗风，竹刀钢刀皆有采用，铭刻效果或飞舞或沉着，为乾隆、嘉庆的作品能比美。

相关记载：

《阳羡砂壶图考》：“逸公，雍、乾时人。形式大小与诸色泥质俱备，工巧一类，可与孟臣相伯仲，故世称‘二惠’。然赝鼎之夥亦几与孟臣等量。伪品多属小壶，大者尚罕见耳。又《海边珠琐》云：逸公乾隆时人，故吴兔床《陶录》不载。逸公之泥色最奇。小壶亦有佳者，莫若手造大壶之古朴可爱也。康按[②]：世称‘二惠’，大抵以其精巧悉敌而言。但孟臣制品浑朴精巧无不具备，逸公则长于工巧而浑朴不逮，故终让孟臣出一头地耳。惟逸公式度、工作、气味，无不仿佛孟臣，历考明清两代名工，无有如两人之酷肖者，大抵逸公必为孟臣后辈，亲承手法，故能相类。以是推之，逸公必为康熙下半朝人，想必乾隆初叶尚存，制壶曾用乾隆年号，传器有‘乾隆逸公’四字篆印者，亦多伪品。故《海边珠琐》断为乾隆时人。至谓兔床《陶录》不见逸公名，则未足引以为断。因孟臣享后世盛名，《陶录》尚言之甚略，且谓不知何许人，逸公为孟臣后辈，或子侄辈，名或未张，兔床略之，正意中事耳。”

《阳羡砂壶图考》：“作品俱雅致脱俗，巧而不纤。纤者俱赝鼎。”

《阳羡砂壶图考》：“逸公书法无定体，楷书行草俱备，第真品书法，俱高雅。楷书尤有唐帖遗意，大抵去明未远，矩镬犹存，非乾、嘉以后所能摹拟。刻法则竹刀钢刀均备，或飞舞或沉着，非后辈所逮也。”

《阳羡砂壶图考》所载传器：

（1）披云楼藏逸公加大朱泥大壶一持。逸公大壶传器已鲜，如此器之大者，尤为仅见。气格浑厚，肩膊处縠罗纹隐现，均存清初作风。底镌铭曰：“三山半落青天外”，款署“逸公制”，在行草之间，竹刀刻。可惜失盖重配，不无遗憾耳。

（2）披云楼藏逸公朱泥大壶一具，周身縠罗纹隐现，底镌“风流三接令公香。逸公制”十字行书，竹刀刻，亦惜失盖复配，殊为缺憾。

（3）又藏小壶一具，朱泥莲子样，浑厚雅朴，短流长鋬，底镌“流水足以自怡。 逸公制”九字行书，逸公遗器，此具可称为俊品。

（4）唐天如孝廉藏紫泥小壶一具，底镌“石门柳绿清明市”七字行书，下有“逸”、“公”二字小章。

（5）不耽阁藏紫泥小壶一具，底镌“丁未仲冬惠逸公制”八字，大抵雍正五年之丁未也。

① 江苏省地方志编纂委员会：《江苏省志·陶瓷工业志》，第152页，江苏人民出版社，1994年。

②《阳羡砂壶图考》作者之一李景康按语。

（6）披云楼藏小壶一持，朱泥薄胎，式度甚佳，底刻“二月江南水涨天。逸公”九字。

4. 王友兰

王友兰为明代崇祯至清代顺治、康熙年间人。幼时在宜兴学艺，艺成后苏州拙政园聘其专为制壶。王友兰擅摹古器，仿制诸家而渐入佳境，不失古朴风雅，有较高造诣①。

相关记载：

《阳羡砂壶图考》：“《茶燕录》载友兰制拙政园壶，有恽南田题记，镂于壶腹云：‘壬戌八月，客吴门拙政园，秋雨长林，致有爽气，独坐南轩，望隔岸横冈，叠石峻峭，下临清池，硐路盘纡，上多高槐柽柳，桧柏虬枝，挺然迥出林表。绕堤皆芙蓉，红翠相间。俯视澄明，游鳞可数，使人悠悠有濠濮间趣，自南轩过轩雪亭，渡红桥而北，有堤通小阜，林木翳如。池上为湛华楼占，隔水回廊相望，此一园最胜地也。’壶底署款‘乙巳新秋石壶史临’，底印‘友兰茶具’四字，盖临摹之品也。”

5. 杨友兰②

清代雍正至乾隆年间人，具体生平不详。清初名为“友兰”的陶人，后来的相关著录中，有称王友兰者，也有称杨友兰者，究竟孰是，或者的确存在同名不同姓的二人，不得而知，且缺乏传器印证。

相关记载：

《阳羡砂壶图考》：参见本节：清代早期 12.“王南林”条。

6. 项圣思

明代崇祯至清代顺治、康熙年间人。以书法篆刻见长，擅长仿制欧正春、沈君用之传器。故宫博物院藏有圣思款的螭龙小水丞，极为精美。

相关记载：无。

7. 郑宁侯

清代早期人。擅长临摹古代器物，书法工整，所制砂壶胎薄且胎体坚硬密实，造型规整，细节处也一丝不苟。

相关记载：

《阳羡名陶录》：见本章第一节明代 33.“徐次京”条。

《阳羡名陶录》：“又闻湖（汶）质库中有一壶，款署‘郑宁侯制’，式极精雅，惜未寓目。”

《阳羡砂壶图考》：“尝于香港市肆见宁侯朱泥中壶一具，薄胎，制作精雅，底有“郑”字圆印，“宁侯”二字方印，均篆书。”

8. 华凤翔

清代康熙至雍正年间人。擅长临仿古代器物，制作工艺精雅，而不失古朴风味，达到相当高的艺术境界。

相关记载：

《阳羡砂壶图考》：“碧山壶馆藏凤翔仿汉方壶一持，参粗砂作梨皮色，底有“荆溪华凤翔制”篆书阳文印。全壶巧而不纤，工而能朴，可称神品。”

---

① 江苏省地方志编纂委员会：《江苏省志·陶瓷工业志》，第 151 页，江苏人民出版社，1994 年。

② 江苏省地方志编纂委员会：《江苏省志·陶瓷工业志》，第 128、153 页，江苏人民出版社，1994 年。

9. **许龙文**

清代早期人，江苏宜兴人。许龙文的作品大多为模拟自然物象的花卉像生题材，极尽精美，继承了明代陈仲美、沈君用的壶艺风格。常用印款为“荆溪”、“龙文”。

相关记载：

《茗壶图录》载有数件传器。

《阳羡砂壶图考》：“龙文，清初荆溪人，所制多花卉像生壶，殚精竭智，巧不可思，仲美、君用之嗣响也。壶底恒有二方印，曰‘荆溪’，曰‘竜文’。”

《阳羡砂壶图考》：“《餐霞轩杂录》纪文后山藏宜瓷茗壶三具，其一曰‘龙文’。”

10. **邵邦祐**

清代康熙年间人。曾制作进贡宫廷砂壶，故宫博物院藏有邵邦祐印款传器[①]。

相关记载：无。

11. **邵亮生**

清代早期人。曾制作进贡宫廷砂壶。

相关记载：无。

12. **王南林**

清代雍正至乾隆年间人，曾为宫廷承制砂壶。

相关记载：

《阳羡砂壶图考》：“南林，乾隆时人，所制饶釉宜壶，每绘粉彩花鸟，与阳友兰[②]同时，而精雅过于友兰。净身饶釉宜壶本创于明季，惟粉彩花鸟盛于乾隆朝，南林传器有‘王南林制’篆书方印，友兰传器则有‘阳友兰制’篆书圆印。”

13. **张怀仁**[③]

清代雍正至乾隆年间人。以善于壶技篆刻、仿唐怀素笔法而知名。

相关记载：无。

14. **国瑞**

清代早期人，其人生平不详。香港茶具文物馆藏有国瑞款传器。

相关记载：无。

15. **范章恩**

清代乾隆年间人，字迪恩。当时在宜兴制壶颇有声名，所制砂壶风格娴雅，骨肉亭匀。题铭书法字体近似米芾，但是否为范章恩本人亲自题刻，则无从考证。常用印款为“范章恩制”篆书印。

相关记载：

《阳羡砂壶图考》：“范章恩，字迪恩，乾隆时人，在宜兴制壶，颇负时誉。”

《阳羡砂壶图考》：“所制壶无论朱紫，皆扁身、鞠流、平盖，风格娴雅，骨肉停匀。”

《阳羡砂壶图考》：“题铭书法似米襄阳，然是否出自迪恩手，无可考证，惟壶底及盖内印章，则传器皆同。”

---

① 王健华主编：《故宫博物院藏宜兴紫砂》，第52页，紫禁城出版社，2007年。

② 原文为“阳友兰”，即杨友兰。

③ 江苏省地方志编纂委员会：《江苏省志·陶瓷工业志》，第152页，江苏人民出版社，1994年。

《阳羡砂壶图考》所载传器：

（一）披云楼藏迪恩紫砂大壶一具，肉匀骨坚，别饶风格。腹锓“酒后花前云刻”六字草书，底有“范章恩记”阳文篆书方印，盖内有“迪恩”阳文篆书小章，均精美可爱。

（二）碧山壶馆藏朱泥大壶一具，色殊鲜艳，底有“范章恩记”阳文篆书方印，盖内有“迪恩”阳文篆书小章。

16. 杨继元[①]

清代雍正至乾隆年间人，具体生平不详，曾为宫廷承制砂器。

相关记载：无。

17. 杨履乾

清代乾隆年间人，其人生平不详，曾为宫廷承制砂器，主要为泥绘装饰的笔筒，香港茶具文物馆藏有杨履乾款传器。

相关记载：无。

18. 杨继初

清代雍正至乾隆年间人，具体生平不详，曾为宫廷承制砂器，主要为泥绘装饰的笔筒，由制器看来，与杨履乾应为亲族。故宫博物院藏有杨继初印款传器。

相关记载：无。

19. 金士衡[②]

清代雍正至乾隆年间人，具体生平不详，着重于仿古器及名家作品，造工精巧。

相关记载：无。

20. 陈殷尚

清代早期人，其人生平不详，擅长筋纹壶式，曾承制宫廷用器，南京博物院、故宫博物院藏有其名款传器。

相关记载：无。

21. 陈荫千

清代乾隆年间人，其人生平不详。台北故宫、南京博物院藏有其名款传器。

相关记载：无。

22. 陈白康

清代乾隆年间人，其人生平不详，故宫博物院藏有陈白康印款传器。

相关记载：无。

23. 陈汉文[③]

清代早期陶人，具体生平不详。宫廷收藏有陈汉文所作成组四方小壶，制作奇巧，堆塑阳文篆字和山水人物，式如天鸡，足如传炉，称为传世之作。

相关记载：无。

24. 邵基祖

清代早期陶人，具体生平不详，应为宜兴上袁制壶世家邵氏宗族的成员。

相关记载：

---

① 江苏省地方志编纂委员会：《江苏省志·陶瓷工业志》，第128、152页，江苏人民出版社，1994年。

② 江苏省地方志编纂委员会：《江苏省志·陶瓷工业志》，第153页，江苏人民出版社，1994年。

③ 江苏省地方志编纂委员会：《江苏省志·陶瓷工业志》，第128页，江苏人民出版社，1994年。

《阳羡砂壶图考》："披云楼藏朱泥大壶一具，原色加彩，五色花卉极工，远出王南林辈之上。壶亦制作坚致，饶有朴雅气，非清初名手不逮也。"

25. 邵德馨[①]

清代早期陶人，具体生平不详，应为宜兴上袁制壶世家邵氏宗族的成员，作品曾为官廷收藏。

相关记载：无。

26. 邵玉亭[②]

清代雍正至乾隆年间人，具体生平不详，应为宜兴上袁制壶世家邵氏宗族的成员。工花卉画，以华丽典贵为旨。曾承制贡壶两件，一为六方型，一为圆身灯笼形。两壶装饰相同，均是一面堆泥荷花莲蓬，一面为乾隆御制诗，现存故宫博物院。

相关记载：无。

27. 邵旭茂

清代早期人，其人生平不详，宜兴上袁制壶世家邵氏宗族的成员，香港茶具文物馆藏有其传器。

相关记载：

《阳羡砂壶图考》："《壶天看壶录》曰：吾家旧藏紫砂大壶一，制度似陈用卿，造工精细过之。质坚如玉，底二印，上'荆溪'二字篆书椭圆印，下'邵旭茂'制篆书四字方印，亦精湛绝伦，必明代物也。碧山壶馆藏紫砂提梁大壶一事（具），可容水数升，用作水注亦佳品也。"

28. 邵元祥

清代早期人，制壶坚结，风格与明代邵亨裕、邵亨祥相近，宜兴上袁制壶世家邵氏宗族的成员。

相关记载：

《阳羡砂壶图考》："元祥制壶坚结，式度近亨裕、亨祥，而精细不逮。披云楼藏中壶一柄，底钤'邵元祥制'篆文方印，可断为明代物。朋辈家多有藏器，印章相同而形式不一，制工则如出一手也。"

29. 邵元亨

清代早期人，其人生平不详，宜兴上袁制壶世家邵氏宗族的成员。

相关记载：

《阳羡砂壶图考》："叶次周藏元亨小紫砂壶一持，制作印章均肖元祥壶"。

30. 邵元华

清代早期人，其人生平不详，宜兴上袁制壶世家邵氏宗族的成员，香港茶具文物馆藏有其传器。

相关记载：无。

31. 邵茂林

清代乾隆年间人，宜兴川埠上袁制壶世家邵氏的一员，曾见有清早期传器，款署邵茂林者。

---

① 江苏省地方志编纂委员会：《江苏省志·陶瓷工业志》，第128、153页，江苏人民出版社，1994年。

② 江苏省地方志编纂委员会：《江苏省志·陶瓷工业志》，第152页，江苏人民出版社，1994年。

相关记载：无。

32. 邵元林

清代乾隆年间人，宜兴川埠上袁制壶世家邵氏的一员。

相关记载：无。

33. 陈滋伟[①]

清代乾隆年间人，具体生平不详，曾制作紫砂梅枝式笔架。

相关记载：无。

34. 陈文伯、陈文居[②]

清代乾隆年间人，二人为兄弟。擅长制作紫砂花盆，生平不详。二人曾以“寄石山房”、“荆溪水石山人”等署款的紫砂花盆远销日本，久而不衰。

相关记载：无。

35. 葛明祥、葛源祥[③]

清代乾隆年间人，两人为兄弟，其制品世称“葛窑”。葛窑继承欧窑传统工艺并有所发展，葛窑烧制的钧陶，釉彩丰富，变化万千，釉面纹理如星、似晕、若花，颇有自然的美感，器型以火钵、花盆、花瓶、水盂为多，日本人收购宜钧，必择底铭“葛明祥”、“葛源祥”款识才以重价收购。

36. 潘虔荣

潘虔荣，字菊轩，清乾隆至道光年间人，其人生平不详。其传器现藏香港中文大学文物馆。

相关记载：

《宜兴县志》列为“长寿耄耋”人物[④]。

高熙《茗壶说·赠邵大亨君》：“近得菊轩掇，亦苍老可玩。”（见清代中期22邵大亨条）

《阳羡砂壶图考》：“碧山壶观、披云楼各藏紫砂大壶一持，作淡墨色，肩圆，循腹以下渐小，砂细工精。底镌楷书‘岁在辛卯仲春虔荣制，时年七十有六并书’十七字。以制作论，甚似明季遗器，两壶式度款识俱同。”

第三节　清代中期

1. 陈绶馥

清代乾隆至嘉庆年间人，其人生平不详，故宫博物院藏有陈绶馥款传器。

相关记载：无。

2. 潘大和

清代乾隆至嘉庆年间人，其人生平不详。

---

① 江苏省地方志编纂委员会：《江苏省志·陶瓷工业志》，第135页，江苏人民出版社，1994年。

② 江苏省地方志编纂委员会：《江苏省志·陶瓷工业志》，第139、153页，江苏人民出版社，1994年。

③ 江苏省地方志编纂委员会：《江苏省志·陶瓷工业志》，第153页，江苏人民出版社，1994年。文中将葛明祥生卒年记为1736-1811年，葛源祥生卒年记为1742-1820，不知所本为何，尚待考证。

④《中国地方志集成·增修宜兴县旧志》，江苏古籍出版社，1991年。

相关记载：

《阳羡砂壶图考》："大和，乾嘉时人，与朱石梅同时。"

《阳羡砂壶图考》所载传器：

（1）区伯衡藏紫砂中壶一持，腹镌铭曰"虽有甘芳，不如苦茗。"，款署"雪云女士雅玩。善堂制"，皆楷书，底有"潘大和制"篆书印。

（2）碧山壶馆藏砂胎包锡壶一持，内底有"潘大和造"篆书阳文印，壶身一面锓梅竹，一面锓铭云："一榻茶烟结翠，半窗花雨流香。"，下署"石楳款"，盖大和造壶，石梅手刻也。

3. 吴露色

清代乾隆、嘉庆年间人，生平不详，南京博物院藏有吴露色款传器。

相关记载：无。

4. 汪淮[①]

清代乾隆、嘉庆年间人。字小海，一字禺义，原籍安徽休宁，能诗善书，所制茗壶精雅，唯传器不多。

相关记载：无。

5. 张香修[②]

清代乾隆、嘉庆年间人。其人具体生平不详。

相关记载：无。

6. 葛子厚

清代嘉庆年间人。曾在缪颂游览宜兴时，为其制作砂壶。其余生平不详。

相关记载：

《阳羡砂壶图考》："子厚，嘉庆间人。缪颂游宜兴，子厚为制壶。"

《阳羡砂壶图考》所载传器：

（1）听泉山馆藏朱泥小壶一把，泥质细腻，莹洁可玩，款署"子厚书"，流利可喜。

（2）披云楼藏朱泥小壶一持，双釉皮，轻巧坚致，底镌"木兰带露香差似"句，"子厚"款，行书圆润，颇近《圣教序》。

7. 杨彭年

清代嘉庆、道光年间人，字二泉。杨彭年最主要的成就，在于一改清代雍乾时期，紫砂器重视模具定型多于手工成型的工艺习惯，从而回复明代晚期时大彬诸家重视手工成型的传统，制作壶嘴，常不借助模具，具有天然韵致，对于胎土的配制，亦独具匠心。嘉庆年间，陈曼生出任溧阳县令，与杨彭年共同合作，创造了风格古朴、享誉于世的曼生壶，据传，陈曼生曾绘十八壶式之图册赠与杨彭年。除了制作砂壶，杨彭年也擅长刻竹、刻锡等工艺。在陈曼生以外，杨彭年还为当时雅流乔重禧、朱坚、徐楙、郭麐、蔡锡恭等制壶。常用印款为"彭年"。

相关记载：

《光绪宜兴荆溪县新志》[③]："杨彭年，字二泉，以善制茗壶称。陈曼生鸿寿宰溧阳，闻其名致之，曼生自出新意，造仿古式，镌书画其上，号'曼生壶'，皆彭年作也，其底有'二

① 江苏省地方志编纂委员会：《江苏省志·陶瓷工业志》，第153页，江苏人民出版社，1994年。

② 江苏省地方志编纂委员会：《江苏省志·陶瓷工业志》，第154页，江苏人民出版社，1994年。

③《中国地方志集成·增修宜兴县旧志》，第279页，江苏人民出版社，1994年。

泉’二字云。”

《前尘梦影录》:“陈曼生司马在嘉庆年间，官荆溪宰，适有良工杨彭年善制砂壶，创为捏嘴不用模子，一门眷属并工此技。考诸宝年、凤年传器，信非溢誉也。”

《阳羡砂壶图考》:“乾隆时制壶多用模衔造，分段合之，其法简易。大彬手捏遗法已少传人，彭年善制砂壶，始复捏造之法，虽随意制成，自有天然风致。嘉庆间陈曼生作宰宜兴[①]，属为制壶，并画十八壶式与之。彭年兼善刻竹刻锡，亦佳。《耕砚田笔记》。”

《阳羡砂壶图考》所载传器：

（1）宣古愚藏紫砂壶中壶一具，制作工巧玲珑，令人意远。壶身刻铭曰：“不肥而坚，是以永年”，款书“省山三兄大人雅玩。弟德璋铭”，底钤“杨彭年造”篆文方印，亦隽品也。

（2）披云楼藏彭年白砂壶一持，八角形壶身，錾内流下均棱起有致，底钤“杨彭年制”篆文方印。

（3）碧山壶馆藏彭年光身方壶一柄，制工颇精，底有“杨彭年制”阳文篆书印，书法与未遇曼生前之夹锡壶印相同。

（4）披云楼藏夹锡壶一持，内底有“杨彭年制”四字篆文凸印。（康按：彭年壶精品，以代曼生制者为最。盛传器悉附曼生传后，此篇仅择未遇曼生前及曼生去任后作品凡四，聊补曼生传之不足耳。）

（5）参见本节：清代中期 18.“申锡”条。

（6）碧山壶馆藏覆斗形紫砂中壶一具，一方镌隶书铭曰“置之都篮，如印一函。”款署“问蘧制”，底钤“杨彭年制”篆文方印。（见《阳羡砂壶图考・雅流》“徐林”条）

（7）云南赵樾邨太史藏紫砂大壶一具，刻铭云：“青山个个伸头看，看我庵中吃苦茶。”下款仅署“鸿”字，为曼壶所仅见，想必曼叟自用之品也。底有“桑连理馆”方印。曼生尝宰溧阳县，衙前有连理桑，因以名馆。壶錾下有“彭年”小章。

（8）邓秋枚[②]《砂壶全形拓本》刊紫砂大壶一具，腹镌“曼公督造茗壶第四千六百十四为犀泉清玩”共十八字，底有“阿曼陀室”，錾下有“彭年”小章。[（8）至（12）见《阳羡砂壶图考・雅流》“陈曼生”条]

（9）不眈阁藏台笠形紫砂大壶一具，铭曰：“笠荫暍，茶去渴。是二是一，我佛无说。”款署“曼生铭”三字，底印 “阿曼陀室”，錾下有“彭年”小章。

（10）碧山壶馆藏淡紫砂瓜形中壶一事，铭曰“无用之用，八音所重”，款署“曼生铭”，底有“阿曼陀室”印，錾下有“彭年”小章。

（11）碧山壶馆藏粗砂方壶一具，左锓铭曰“方山子，玉川子，君子之交淡如此。曼生铭”，右镌款识曰“嘉庆丙子秋七月杨彭年造”。查丙子为嘉庆二十一年，曼生适在溧阳[③]县任。

（12）邓秋枚《砂壶全形拓本》刊曼生提梁壶一具，铭识凡七行，皆隶书，曰：“左供水，右供酒，学仙佛，付两手。壬申之秋阿曼陀室铭。”提梁壶底有“阿曼陀室”印，印上有“眉”字隶书，尤为别致，錾下有“彭年”小章。康按：《中国艺术家征略》云：曼生为杨彭年题其居曰阿曼陀室，未知何所据而云然。大抵世俗相传，咸以阿曼陀室署诸彭年，编者因有此误。

① 原文有误，应为溧阳。

② 原文误作“邓秋梅”。

③ 原文误作“宜兴”。

顾曼生邃于金石之学，以治印著名，而屡见曼生壶铭，款之下绝无印章，尝疑阿曼陀室为曼生室名，而苦乏左证。去春因研究曼生书法，叶子次周出示其尊甫所藏曼生墨迹尺牍十数通，牍尾赫然有阿曼陀室印章，始知曩者所疑果获证实。今观此壶铭，纯是曼生隶书，而署款曰“阿曼陀室铭”，尤为铁案不移，足证前人相传之误。或疑曼生去任后以阿曼陀室印贻彭年，姑备一说。

（13）不耽阁藏紫砂大壶一柄，制作醇雅，肩镂铭曰：“吾爱吾鼎，强食强饮。祥伯为稼庭作。”稼庭姓范，尝官天台教谕。底有“阿曼陀室”印，下有“彭年”小章。（见《阳羡砂壶图考·雅流》“郭麐”条）

（14）尝见白泥壶一柄，底钤“少峰”篆印，鋬下有“彭年”小章。[（14）、（15）见《阳羡砂壶图考·雅流》“蔡锡恭”条]

（15）又尝见石井栏式旧拓本，壶身摹刻唐人石井栏铭，壶底钤“少峰清玩”篆印，想必定制品也。

（16）区梦良藏紫砂大壶一具，铭曰“笠荫暍，茶去渴。石眉”，款底“有味无味斋印”，许桂林斋名也。鋬下有“彭年”章。（见《阳羡砂壶图考·雅流》“朱坚”条）

（17）碧山壶馆藏白泥粗砂中壶一具，刻梅一枝，分布身盖，一面镌行书曰“罗浮香影。鹭洲题”，壶底钤“吉壶”二字，篆书葫芦印，鋬下钤 “彭年”小章，盖内有“宜园”小章，皆篆书。（见《阳羡砂壶图考·雅流》“乔重禧”条）

8. 杨宝年

清代嘉庆、道光年间人，又名“葆年”或“保年”，字公寿，为杨彭年之弟。与杨彭年一道，曾为陈曼生制作砂壶，因此亦是曼生壶的制作者之一。

相关记载：

《前尘梦影录》：参见本节：清代中期 7. “杨彭年”条。

《阳羡砂壶图考》：“彭年之弟，字公寿，擅捏制法。尝为曼生造壶，传器恒署‘公寿’款，世多误为海上画人胡公寿。”

《阳羡砂壶图考》：“寒琼友人藏砂壶一持，底钤曼生刻‘阿曼陀室’印，紫砂井栏式，铭云‘井养不穷，是以知汲古之功。频伽铭公寿作’行书五行。书法与味不耽阁所藏者同，鋬下钤‘宝年’二字，篆书阳文方印。”

9. 杨凤年（杨氏）

清代嘉庆、道光年间人，字玉禽，为杨彭年之妹。制壶技艺传承自其家族擅长花塑器的制作，其代表作有竹段壶、风卷葵壶等。常用印款为“杨氏”阳文篆书二字小圆印。

相关记载：

《前尘梦影录》：参见清代中期 7. “杨彭年”条。

《阳羡砂壶图考》：“彭年妹，字玉禽，制壶得家法。”

《阳羡砂壶图考》：“某君藏白泥钿盒式壶，镌铭云：‘钿盒丁宁，同注茶经。绮雯书，玉禽制’小楷四行，书法娟秀。鋬下钤‘凤年’二字，篆书阳文长方小印。”

10. 壶痴

壶痴，清代嘉庆、道光年间陶人。其真实姓名，目前无法确证，或名“瑞祥”（见故宫博物院藏壶痴底款包袱式壶），由现存壶痴传世品来看，应当也是一时名手。

相关记载：

《阳羡砂壶图考》："蔡寒琼藏紫砂大壶一柄，作长方诰宝形，式度朴雅，泥质坚结，饶有大家风度，允推俊品，非明季清初名工不办。"

11. 史宝丰[①]

清代嘉庆道光年间人，私家堂号"世德堂"，故宫博物院藏有其传器。

相关记载：无。

12. 步朗

清代道光年间人，目前仅见香港茶具文物馆一传器留有此名，未有其他相关记载，其人或为陶人，或为定制者。

相关记载：无。

13. 吉安

清代嘉庆道光咸丰年间人，具体生平不详，故宫博物院、南京博物院藏有若干吉安款传器。

相关记载：

《阳羡砂壶图考》所载传器：（见《阳羡砂壶图考·雅流》"瞿应绍"条）

（1）碧山壶馆藏子冶粗砂幼造壶一柄，深赭色，壶身一面画竹，一面题云："一枝鲜粉艳秋烟。此余画竹题句也。"壶盖刻款识云："史亭能制茗壶，以此奉正。子冶。"皆行书。底有"月壶"二字篆印，鋬下有"吉安"小章。

（2）披云楼藏参砂轻赭色大壶一柄，锓梅花一株，密布壶身，壶盖近鋬处刻 "子冶"款，鋬下钤"吉安"篆印，壶底钤"月壶"篆章。

14. 吴月亭

清代道光至光绪年间人，字竹溪，为杨彭年后辈，既擅制壶，又擅长陶刻。

相关记载：

《阳羡砂壶图考》："吴月亭，字竹溪，为杨彭年后辈，善雕刻。尝见何冠五藏有一壶，把下有'彭年'印，底钤'阿曼陀室'，壶身云溪写芭蕉石，署'竹溪刻'三字，刻工流利，书法颇见笔意。"

《阳羡砂壶图考》所载传器：

（1）披云楼藏紫砂大壶一把，底有篆书阳文印曰"竹溪吴月亭制"。

（2）蔡啸篪藏朱泥方壶一柄，身刻铭曰"如印传一，如斗量才，觚哉觚哉。时辛亥夏南鄰道者制"草书八行，分布壶身两面，盖内有"竹溪"小方印。此壶书法刻法俱佳，惜南鄰道者不可考。

（3）参见本节：清代中期 16."邵二泉"条。

15. 邵景南

清代道光年间人，是宜兴上袁邵氏家族的成员，其作品擅长规仿明代砂壶式样，深得古法。常用印款为"邵景南制"楷书阳文方印及"景南"阳文楷书椭圆小章。

相关记载：

《阳羡砂壶图考》："景南，道光时人，制壶善仿明代式，深得古法。"

《阳羡砂壶图考》："披云楼藏紫砂方壶一具，一面刻梅花一枝，有宋元风格。盖内有'景

① 王健华主编：《故宫博物院藏宜兴紫砂》，第 115 页，紫禁城出版社，2007 年。

南’阳文楷书印。书法肖赵松雪。”

《阳羡砂壶图考》：参见本节：清代中期16.“邵二泉”条。

16. 邵二泉

清代嘉庆至道光年间人，其从艺时间与吴月亭相当。工于砂壶的题铭镌刻，也擅长砂壶制作。邵景南所做砂壶多为二泉刻字。

相关记载：

《阳羡砂壶图考》：“二泉，道光间人。工镌壶铭，且善制壶。景南壶多为二泉刻字，与竹溪同时。”

《阳羡砂壶图考》所载传器：

（1）披云楼藏白泥大壶一柄，腹锓铭曰：“客至何妨煎茗候，诗清只为饮茶多”，款署“二泉”。盖内有“志茂”小章，底有“阳羡潘志茂制”章，皆篆书。

（2）披云楼藏二泉紫泥大壶一，器壶身铭曰“十二峰前一望秋。二泉”款，皆行书。底钤篆书章曰“竹溪吴月亭制”。

17. 潘志茂

清代道光、咸丰年间人，曾与邵景南、邵二泉共事，或者有师徒关系，其胎土、壶式、工艺、署款铭刻形式均与邵景南、邵二泉之作近似。

相关记载：

《阳羡砂壶图考》：参见本节：清代中期16.“邵二泉”条。

18. 申锡

清代道光、咸丰年间人，字子贻。笃志于紫砂壶艺，擅长雕刻捏塑工艺，是清代中晚期陶人中，艺术成就极高的名家。常用印款有篆文方印“茶熟香温”、篆文或楷书小章“申锡”。

相关记载：

《阳羡砂壶图考》：“锡，字子贻，道咸间人。笃志壶艺，以陆师道嘉靖十七年进士游宜兴玉女潭有‘帝命主兹山，功成有申锡’之句，因取此义命名。所制壶，壶底有‘茶熟香温’篆书方印，盖内有‘申锡’楷书扁方小印章，或鋬下有‘申锡’小篆章。申锡善雕刻，喜用白泥，精者捏造，巧不可阶。若寻常之品，每用模制，赏鉴家自能辨之。考清代阳羡壶艺，能蔚为名家者，当推子贻为后劲，后此则有广陵绝响之叹矣。”

《阳羡砂壶图考》所载传器：

（1）披云楼藏申锡、杨彭年合制古铜色仿古中壶一具，内底钤“茶熟香温”篆文凸章，鋬下钤“申锡”篆文小章，盖面摹古器大篆十六字，近的处刻真书曰“右摹伯冏敦铭十六字。小石镌”，壶身一面刻小篆曰“太岁在甲戌初平五年吴师（作）宜子孙”，一面镌真书曰“右录初平洗铭文凡十五字，据阮氏拓本藏”，底镌行书曰“甲辰仲冬彭年造”，全壶共刻六十七字，制作坚致朴雅，望之如古铜器，所见申锡传器，当以此为魁首也。

（2）披云楼藏申锡白泥壶一柄，身作长方形，上小下大，鋬流与的俱方，式度精巧严谨，一面刻“千石公侯寿贵作”凸形古篆，一面刻阴文荷花荷叶，衬以芦苇，盖内有扁方形“申锡”楷书小章，底有“茶熟香温”长方篆书章。

（3）又藏申锡白泥方形硬耳提梁卣一持，一面刻凸形瓦当文，两面刻阴文菩提一丛，盖内钤“申锡”二字楷书方形小章，底钤“茶熟香温”章。

（4）尝于羊石见一申锡壶，作断松身一段，鋬作曲枝形，流作断枝状，以树身破形作盖，全壶雕刻松皮，毕肖厥状，形制精雅，允推能品，未知流落何家耳。

19. 蒋德林

清代中晚期宜兴蜀山人，字万泉，擅长砂壶制作，不知其技艺师承何处，但工艺极为精到，无论是茗壶、花盆、杯盘及一切书案陈设器具，都非常工巧雅致，为一时之冠。以其卖艺所得兴建宗族祠堂，捐助家族亲戚，支持地方的社会公共事业。德林陶艺虽然精绝，但并不刻意制作怪诞哗众之物，因此在文士之中颇得敬重。

相关记载：无。

20. 冯彩霞

清代道光咸丰年间宜兴人，是继杨凤年后又一为杰出的女性陶人。擅长制作闵粤地区饮工夫茶所用的小品壶，大如拳头，小如鸡蛋。曾为南海人士伍元华延请至广东，为其制壶，伍氏的万松园壶和听涛山馆壶均为其所作。冯彩霞的题款师法欧阳询之字体，所刻款字精谨有致，有时也使用草书。

相关记载：

《阳羡砂壶图考》："彩霞，道光时人，或云姓冯，宜兴名匠。南海伍氏制万松园壶，延之至粤。书法欧阳率更，所镌款字精谨有致，亦间用草书。所制壶有衔制、捏制之别。捏制壶则指膝纹隐现，尤为夺目。盖以方印为识，有'彩霞监制'四字阳文篆书。"

《阳羡砂壶图考》所载传器：

（1）碧山壶馆藏小朱泥壶一具，底镌"中有十分香。彩霞"七字，学欧公楷法。

（2）又藏手捏小朱壶一具，底有"彩霞监制"阳文篆书印。

（3）又藏小紫泥壶一具，式仿明季传器。底镌"山青卷白云。彩霞"七字行书，竹刀刻。康按：世俗相传有明季彩霞与道光彩霞之别，大抵惑于传器式度制作，酷肖明季作品，至有此误。其实出于道光彩霞手。所谓明季彩霞壶，大约摹仿神似，竹刀刻字均可与明末高手拮抗，是以见者惑之。但细辨泥质火侯，均乏渊然之光，若与明季壶并观，则轩轾立见。此其一。此种壶摹仿虽工，然壶的上孔，明季清初名工无不精严齐整，如玉器之精工琢磨，但彩霞仿古则每有小疵，且全的制作，总不免微有攲斜，不能光致平正，与道光彩霞壶比较，如出一人之手，此其二。盖之内孔亦多未严整，不类明制，此其三。细辨三者，则传闻之误可立解矣。

21. 邵大亨

清代道光至咸丰年间宜兴上袁人，其创作年代稍晚于杨彭年。他在年少时在宜兴当地即已享有名声，其作品多为纯以线条取胜的素式，内在工艺风格以精巧取胜，其性情孤傲清介，若非其生计困乏，即使千金高价也无法购得其作品。

曾有一个知县想得到邵大亨的茗壶，特地将他召至衙门，给予重利，但邵大亨却不为所动，只做了一些庸常的制品应付，知县大怒，下令毒打，威逼利诱，终究未能得到邵大亨所作的精品。

高熙《茗壶说·赠邵大亨君》中盛赞其制技精湛，但是，除了宜兴当地以外，一直到民国初年，他处人士对邵大亨仍旧一无所知，《阳羡砂壶图考》的二位作者，仅将其列为待考人士。邵大亨壮年便死于乱世，所以留存在世间的作品非常有限，其代表作有捆竹八卦纹壶、鱼化龙壶、掇球壶、蛋包壶等。邵大亨所制作的鱼化龙壶，以龙首作壶钮，龙首及舌皆能摇动，当时人们赞誉此作灵妙天成。常用印款为瓜子形的阳文楷书印"大亨"。

相关记载：

《光绪宜兴荆溪县新志》[①]：“上岸里人邵大亨，年少而得名独早，彭年以精巧胜，大亨以浑朴胜，玉色晶光，气韵温雅，望而知为名手所制。大亨虽陶人，而性孤悠，自高身价，非值其困乏时，一壶千金几不可得。有邑令欲得之，购选泥色，招入署，陷以重利，留之经旬，大亨故作劣者以应，令怒而杖之亦不呼也。又为鱼化龙壶，伸缩吐没，灵妙天成，大亨死，其法遂绝。有周永福者，善为鹅蛋壶，学大亨法，佳者夺真。”

高熙《茗壶说·赠邵大亨君》：“邵大亨所长，非一式而雅，善仿古，每博览古人名作，辄心揣手摹，得者珍逾拱璧，其佳处，力追古人，有过之而无不及也……其掇壶，肩顶及腹骨肉亭匀，雅俗共赏，无响者之讥，识者谓后来居上。嘴、攀，胥出自然，若生成者，截肠嘴尤古峭。口盖直而紧，虽倾倒无落帽忧，口内厚而狭，以防其缺，气眼外小内钜，如喇叭形，均无窒塞不通之弊……他人莫能为，即为之，亦如婢见夫人，无可仿佛，此亦仅以精密胜，不足尽君技之妙也。”

第四节 清末民初

一、陶人

1. 邵赦大

清代道光至光绪年间人，名权寅，宜兴川埠上袁邵氏世家，为明代大彬弟子邵文金、邵文银之后人，其生平载入《宜兴县志》。邵赦大曾得杨彭年手制曼生壶，精心揣摩其工艺，颇有心得，所制“松段”、“梅段”、“风卷葵”、“荷叶”、“寿桃”、“方砖”等壶式，广受时人欢迎。

相关记载：

《光绪宜兴荆溪县新志》[②]：“邵赦大多得彭年壶，心摹力追，尽得其巧妙，所制竹段、梅桩、风卷葵叶诸式，时人争购之。”

2. 邵友廷

清代道光、同治年间人，宜兴川埠上袁邵氏世家，成名于邵大亨后。所制砂壶形制古朴，线形丰润，授业其继子程寿珍。现有较多传器存世。

相关记载：无。

3. 邵夫廷

清末民初人，生卒年不详。邵大亨之后人，上袁村“邵家壶”嫡系传人。曾收俞国良为徒。

相关记载：无。

4. 邵云甫（步云）

清末民初人，生卒年不详，宜兴上袁村人，邵大亨之后人，“邵家壶”嫡系传人邵夫廷之

① 《中国地方志集成·增修宜兴县旧志》，第279页，江苏古籍出版社，1991年。

② 同上。

子，民初陶人邵全章之父。

相关记载：无。

5. 周永福

清代晚期人，擅长制作鹅蛋壶式，临仿邵大亨的作品，其中的佳作可与邵大亨原作比美。

相关记载：

《光绪宜兴荆溪县新志》：见清代中期 21.“邵大亨”条。

6. 何心舟

清代道光至同治年间人，字石林，生卒年不详，浙江绍兴人，“曼陀华馆”为其斋号。何心舟擅长书法、篆刻，所制茗壶工艺精练，富有金石韵味。与上海画家任伯年、梅调鼎、胡公寿常有唱和往来，曾与陶友王东石到浙江宁波建玉成窑，烧造紫砂壶。常用印款有阳文篆书方印“曼陀华馆”及“心舟”小章。

相关记载：无。

7. 王东石

清代同治、光绪年间人，别号苦窳生，制壶技艺深得古法，刻工精细，曾为清代晚期书画家胡公寿制壶，并与陶友何心舟到浙江宁波建玉成窑，烧造紫砂壶。

相关记载：

《阳羡砂壶图考》：“东石，同、光间人。造壶得古法，刻工精细。尝为胡公寿制壶。”

《阳羡砂壶图考》所载传器：

（1）尝见白泥钟形大壶，柄下有“东石”二字篆书小章，壶身鋟南田画本秋茄图，刀浅工细。

（2）唐天如孝廉藏白泥壶一具，井栏式，柄下有“东石”小章，壶身满鋟草书，刀法流利，亦名手也。

（3）八壶精舍藏猪肝色大壶一把，有草书铭曰：“石可袖，亦可漱，云生满瓢，咽者寿。胡公寿题。”底钤“阳羡王东石摹曼生壶”九字篆印。一面刻“杰三仁兄大人雅正。程先氏临制于上海”。字法学赵撝叔行书。（见《阳羡砂壶图考・雅流》“胡远”条）

8. 韵石

清末年间陶人，其生平不详，由传器风格及合作铭刻书家推断，韵石也可能即是王东石。

相关记载：无。

9. 黄玉麟

清代晚期人（1842-1914 年），宜兴蜀山人，原籍丹阳，道光年间诸生，幼年失去双亲，十三岁时师从同乡的邵湘甫习艺，三年便青出于蓝，擅长制作掇球、供春（树瘿）、鱼化龙等壶式，莹洁圆湛，精巧而不失古意。又善制文房假山，吸收文人画之皴法，层峦叠嶂，妙若天成。吴大澂及顾茶林先后聘请黄玉麟为其制壶，吴大澂的金石古器收藏丰厚，黄玉麟在与吴大澂来往期间，得以观看这些古代青铜器与陶瓷，其技艺更为精进，声名更加提高。在结束与吴大澂长达三年的合作后，载誉还乡，吴大澂曾亲自手书“壶家妙手”金字篆书匾额相赠，高悬于黄玉麟家正门中堂。晚年时，黄玉麟更加重视自身作品的品位，每件砂壶必然是积年累月，长时间精心构撰而成，求壶者若无德行才华上的修为，即使出高价，黄玉麟也不将自己的作品售出，虽然因此生计清贫，黄玉麟也不改其耿介作风。年逾六旬，因中风导致双手不灵便，此后仅靠捏制假山维生，1914 年，病逝于豫丰陶器厂厂房中。常用印款为“玉麟”篆文方印。

相关记载

《阳羡砂壶图考》:“玉麐，道光间诸生，居苏州，善制宜兴茶器，选土配色并得古法，赏鉴家珍之，谓在杨彭年、宝年昆仲之上。倪小舫云：玉麐落拓不羁，家极贫，然非义不取，其壶每柄售两金，须极穷乏时始再制，否则百金不能强求也。立品如此，宜其艺之精矣。见《萝窗小牍》。”

《阳羡砂壶图考》所载传器：

（1）碧山壶馆藏朱泥大壶一具，色泽莹洁，制作醇雅，脱尽清季纤巧气，其风格直追明季诸名手，确非杨氏昆仲所能逮也。盖内有“玉麟”篆文方印。

（2）碧山壶馆藏紫泥大壶一持，格度浑厚，盖内钤“玉麟”二字楷书小章。

10. 金士恒

清代咸丰至光绪年间人，善制日用陶罐、坛缸之类。后别具匠心，采用白泥制成似壶非壶、似坛非坛，形式怪僻，实用美观的“蛹壶”。后应邀至日本常滑，建立制陶作坊，传授紫砂技艺，被日本人奉为“陶业祖师”①。

11. 杜世伯

清代咸丰至光绪年间人。字参云，号葭轩。原籍上海嘉定，擅长书法刻绘，所制茗壶周身刻字款，秀美艳丽，但求遒劲苍古之风，不落俗套②。

12. 陈伯亭

清代咸丰至光绪年间人。独树一帜，继往开来，书画铭刻，无不追踪前人，而梅桩尤卓绝③。

13. 赵松亭

清末民初人（1852-1934），号九龄，曾用名“支泉”，陶刻署款东溪。清代咸丰十二年出生于宜兴上袁村清贫秀才家庭，在严父督导下读古文，习书法、绘画。十六岁时，拜上袁村“邵家壶”嫡系传人邵夫廷为师，光绪七年（1881 年），赵松亭创新传统竹节型壶式，改制隐角竹鼓壶，壶底钤“宜兴松亭自造” 阳文篆书印，引得客师吴月亭的关注，往来密切，结为忘年之交。吴月亭传授其陶刻技巧，并起艺名东溪。清光绪十九年（1893 年），声誉渐广的赵松亭受吴大澂之聘模仿古器。清光绪二十年（1894 年），回到家乡，筹划“艺古斋”陶坊，聘用程寿珍、潘德根、储铭等当时名家制壶，为沪上客商订购紫砂茗壶，盖内为作者章，底钤艺古斋方印。光绪三十二年（1906 年），赵松亭在上海经营外销南洋之水平壶和独钮洋筒壶，深受南洋人士的欢迎，并先后研究各种釉色、各种紫砂泥色，采用贴花、挂釉、加彩等技法。1925 年赵松亭重建川埠紫砂龙窑，定名“复兴窑”，将业务扩展到上海，供应茶坊酒肆，并转手出口，且供不应求。部分传世的“贡局”字样或龙凤图样印款的水平壶，多为赵松亭监制，并迎合人们好古心理，制作之小品壶，署以假托年款，如“雍正二年”。1934 年逝世于宜兴上袁村，享年八十二岁。

14. 家羽后身

清代同治、光绪年间宜兴陶人（约 1862-1920），此人原本的姓名不详，所制紫砂器，多

---

① 江苏省地方志编纂委员会:《江苏省志·陶瓷工业志》，第 155 页，江苏人民出版社，1994 年。

② 同上。

③ 同上。

以“南林”及“家羽后身”钤款。“家羽后身”意即自诩为唐代茶圣陆羽的后裔。其作品具有浓厚的金石仿古风貌。

15. 陈光明

清代咸丰九年至民国年间人（1859-1930），名润宝，字匡庐，原籍金陵（今江苏南京），陈光明自幼居住于蜀山。善作果品、文玩、砂壶，擅长泥色配制，塑技精妙，作品细巧玲珑，形色皆美。中年以后依女居住于上海，仍旧创作不辍，精益求精，自身对作品的要求很高，对求其作品的人们，交付作品不限年月。能筑小窑独自烧成，尤以复制历史名作称著。其常用印款，早期为 “慕匋室制”篆印，后期改用“陈”字圆章及“光明”方章或者“陈光明制”阳文篆书方印。

16. 程寿珍

清代同治四年[①]至民国年间人（1865-1939），宜兴川埠上袁村人，号冰心道人。程寿珍师承其养父邵友廷，技艺娴熟，壶式掌握准确，擅长制作掇球壶、仿古壶等式，至晚年仍勤于创作。1915 年，其作品为利用陶器公司征集，参加巴拿马国际赛会，获得头等奖。1921 年，蜀山开办“陶工传习所”，聘请程寿珍担任技师。1934 年，受聘为江苏省宜兴陶业职中技师。1935 年，宜兴县长亲自登其家门，送上英国伦敦会展奖状。1937 年，日军侵入宜兴丁蜀地区，强行索取，程寿珍不允，惨遭毒打，从此卧病不起，于 1939 年秋病逝。程寿珍常用印章有“冰心道人”、“寿珍”、“艺古斋”、“真记”，1915 年之后，在其获奖的壶式掇球壶上有时采用一种不规则造型的篆书印款，款识内文为：“八十二老人作此茗壶巴拿马和国货物品展览会曾得优奖。”

17. 彭再生[②]

清代同治五年至民国年间人（1866-1947），钧陶知名技工，擅长制作花盆、花瓶、有擅长鼓凳等器。所制鼓凳形式多样，美观大方。其狮头鼓凳、四方古钱古凳、四方凹魁、四方凸魁等别出心裁，精工细作。

18. 蒋祥元

清代同治至民国年间人（1868-1941），字铭远主人，系民初陶人蒋彦亭之祖辈，世居宜兴川埠潜洛村，随父学艺，擅长制作方器，款式多样，清光绪十五年（1890 年）应商家要求，仿制陈鸣远的方壶，但蒋祥元未亲见实物，仅知“鸣远”之名，即自刻“铭远”方印。

19. 魏忠明[③]

清代同治八年至民国年间人（1869-1922）。魏忠明是第一位制作钧釉出口花盆的名工，他大胆创新，花盆式样新颖美观，所制菊、梅、葵诸式花盆，花边匀称，形制完美；阴阳抽角花盆都加贴花卉；京钟大花盆气势宏大；各式水底的口线用不同形式装饰。善雕工，雕刻细腻。所制花盆全由日商包销，日商还赠以“万宝顺”印章，曾获得南京工艺赛会金质奖章。

20. 鲍明亮[④]

清代同治十一年至民国年间人（1872-1936）。制作钧陶名工，擅长人物、动物贴塑，尤

① 《江苏省志・陶瓷工业志》第 155 页所记为咸丰八年（1858 年）。

② 江苏省地方志编纂委员会：《江苏省志・陶瓷工业志》，第 157 页，江苏人民出版社，1994 年。

③ 江苏省地方志编纂委员会：《江苏省志・陶瓷工业志》，第 156 页，江苏人民出版社，1994 年。

④ 江苏省地方志编纂委员会：《江苏省志・陶瓷工业志》，第 141、156 页，江苏人民出版社，1994 年。

善配各色釉彩，其中以钧青釉为最。所制宜钧火钵畅销日本。清宣统三年（1911 年），鲍明亮创烧高 1.6 米的钧釉大花瓶，获南洋劝业会奖状。

21. 俞国良

清代同光至民国年间人（1874-1939），原籍江苏无锡，又名祖琳，曾为吴大澂制壶，制作工艺精美而气格浑成，端庄秀丽，角线分明。1894 年甲午战争后，俞国良曾应聘至苏州吴大澂家制壶，清末时（约 1900 年），为时任两江总督的端方制壶，落以“匋斋”、“宝华龛制”印款，壶式有四方传炉壶等，名胜一时。1915 年起，俞国良为葛德和陶器公司、利永陶器公司制壶。1932 年，俞国良所作四方传炉壶参展美国芝加哥博览会，获得优秀奖。常用印款有篆文方印“锡山俞制”、篆文小章“国良”。

俞国良名高艺精，大半生行踪漂泊，所指导的艺徒中，最为有名的是李宝珍。晚年定居蜀山木石村，与邵氏寡妇结为夫妻，授艺于邵氏后人邵陆大、邵宝琴，并留下印章“锡山俞制”、“锡山俞传”，并自作陶模印章和印板等模具。1939 年 10 月，俞国良时年六十五，病逝于蜀山，安葬在老家无锡锡山下[①]。

相关记载：

《阳羡砂壶图考》：“国良，同、光间锡山人，尝为吴中承清卿造壶，制作精而气格浑成。每见清卿壶，盖内有‘国良’二字篆书阳文印。”

《阳羡砂壶图考》：“披云楼藏朱泥大壶一事，色泽鲜妍，造工精雅，壶底钤篆文方印曰‘锡山俞制’，盖内钤‘国良’二字篆书阳文印。”

22. 静安（范庄农家）

清代咸丰至民初年间人，此范氏后人之名不详，别号范庄农家，在当时业界颇有声誉。

相关记载：

《阳羡砂壶图考》：“披云楼藏传器两具，其一为白泥中壶，底钤‘范庄农家’篆印，盖内钤‘静安’二字篆印，制作朴雅。身镌‘饮和’两字，款署‘跂陶刻’，书法学赵松雪。其二为仿曼生紫泥大壶，底印与上壶无异，盖内‘静安’二字篆法亦同，惟刻法稍别耳。此壶式度纯仿范章恩，想或章恩后辈也。”

23. 范鼎甫

清代咸丰至民国年间人。不仅擅长制壶，还擅长雕塑。1935 年，范鼎甫的雕塑“鹰”在英国伦敦国际艺术博览会上获得金质奖章。

24. 范大生

清代光绪至民国年间人（1874-1942），字绳武，号承甫。世居宜兴丁蜀镇西望圩村，师从范鼎甫。范大生勤奋好学，刻苦钻研技艺，长年五更入寝，黎明即起，积累多年功夫，制壶技艺日益精深，由此“大生壶”名噪一时。清末时，曾为端方制壶，传器收藏于故宫博物院。民国初年，蜀山创办了利用陶器公司，聘请范大生为技师。1916 年范大生又受江苏省立第五中学校长童斐（字伯章，晚清举人，著名教育家）之聘，任陶业教师七年。此时，范大生的技艺更上一层，其后又为吴德盛陶器店和上海铁画轩公司制壶。范大生制作的砂壶曾参加 1915 年巴拿马国际赛会和 1932 年的芝加哥博览会。代表作品有合菱壶、鱼化龙壶、合梅壶、一捆竹壶、竹鼓壶、掇球壶、梅树桩壶、四方隐角竹鼎壶等作品。因范

① 韩其楼、夏俊伟主编：《中国紫砂茗壶珍赏》，第 153 页，上海科学技术出版社，2001 年。

大生的盛名，其父范生大、其子范承甫、范锦甫，一家三代皆以“大生”落印。

25. **葛根大（戈根大）**[①]

清代光绪六年至民国年间人（1880-1937）。制作钧陶名工，擅长制作各种钵盂、花绿缸等工艺陈设陶瓷。善绘画、雕刻和堆花。首创抽角四方、抽角六方等钵盂式样。亦善制作琉璃瓦。

26. **储铭**

清代光绪至民国年间人（1881-1937），初名腊根，号大匠巨人，亦号龙溪山人，因擅长制作洋筒壶，故时人称为“洋筒王”。储铭十六岁就到蜀山，拜当地制壶艺人为师，清末宣统年间，受聘于宜兴阳羡陶业公司，得壶界推崇并获“南洋劝业会”优胜奖。一度受聘于川埠赵松亭坊间，制作如意仿古壶、矮石铫壶、线圆壶、梨形壶等壶式。1933 年，顾炳荣延请储铭至家中，辅导其子顾景舟制壶历时二年之久，顾景舟镌刻“龙溪山人”印章相赠。储铭性格豪放，一生不得志，1937 年，因战乱紫砂行业一落千丈，储铭终因贫困潦倒离开人世。

27. **范占**

清代光绪至民国年间陶人（1884-1956），又名范福奎，其家族皆从事紫砂陶业。1917 年，江苏省政府为改良陶器，在丁蜀北部建立江苏省陶业工厂时，聘任范福奎为技师，传授技艺。1932 年，范福奎作品参加美国芝加哥博览会获优秀奖。1955 年，参加蜀山陶业社，不久病故。范占擅长紫砂花塑器制作，传世代表作有双色佛手壶等。常用印款为阳文“范占”小章。

28. **金阿寿**

清末民初人，具体生卒年不详，曾在赵松亭的陶坊中工作，是知名陶人王寅春的陶艺启蒙导师。

29. **杨阿时**

清代光绪至民国年间陶人（1885-1951），1915 年，由江苏宜兴利用陶器公司介绍，曾赴山西省平定县平民陶器工厂担任技师。曾收毛振声为徒。

30. **江案卿**

清代光绪至民国年间陶人（1886-1953），宜兴大浦洋渚人。江案卿曾受聘于宜兴阳羡陶业公司、江苏省陶业工厂、山西省平定县平民陶器工厂为技师。代表作有狮球壶、供春树瘿壶等。

31. **李宝珍**

清代光绪至民国年间人（1888-1938），师从俞国良，其技艺也沿袭了俞国良所擅长的传炉壶。1915 年，由江苏宜兴利用陶器公司介绍，曾赴山西省平定县平民陶器工厂担任技师。

32. **赵乾泰**

清末民初陶人（1889-1953），赵松亭之子，师从其父，长期仿制明清砂壶。

33. **葛保林**[②]

清代光绪至民国年间人（1889-1930）。堆花技艺高人一筹，风格独特。堆花时不拟草图，轻抹浓涂，而使图案形神兼备。其拇指老茧也被用来渲染禽兽羽毛。所堆山水亭台、风帆轻舟等画面，有远近浓淡之分，充满诗情画意。

① 江苏省地方志编纂委员会：《江苏省志・陶瓷工业志》，第 156 页，江苏人民出版社，1994 年。

② 江苏省地方志编纂委员会：《江苏省志・陶瓷工业志》，第 156 页，江苏人民出版社，1994 年。

34. **蒋彦亭**

清代光绪至民国年间人（1890-1943），原名鸿高、鸿鹄，曾用名志臣，后改名燕庭、彦亭，宜兴川埠潜洛人。蒋彦亭自幼承袭家学庭训，跟随其父蒋祥元制壶，并由友人处学习雕塑，擅长制作水盂、水滴、文房用具、杂玩等器。二十世纪三十年代蒋彦亭被聘至上海专门仿制紫砂古器，许多传世“鹤邨”款仿陈鸣远款紫砂器，即出自蒋彦亭之手。

35. **汪生义**

清末民初人，具体生卒年不详，又名汪春荣，为名师汪宝根之伯父，近现代著名陶人吴云根、朱可心曾拜其为师。

36. **汪宝根**

清末民初陶人（1890-1955），宜兴蜀山人，号旭斋，与吴云根、朱可心同为师兄弟，交谊深厚。1935 年曾以东坡提梁壶及三友瓶，参加美国芝加哥博览会获优秀奖。汪宝根性格耿介，不畏官场威势，曾被宜兴衙门捕头强行关押三日，令其作壶，但他坚不屈从，其风骨为人称颂。

37. **吴云根**

清末民初陶人（1892-1969），又名吴芝莱。十四岁向汪生义拜师学艺，与汪宝根、朱可心为师兄弟。1915 年，由江苏宜兴利用陶器公司介绍，赴山西省平定县平民陶器工厂担任技师，历时三年，同行的有杨阿时、李宝珍、江案卿。此间不仅传授紫砂器的成型技术，还利用炭釉炉窑试验成二次烧成的炉均紫砂彩釉陶。1929 年，受聘于南京中央大学陶瓷科当技师。1932 年，在宜兴中学窑业科担任技师，直至抗日战争爆发学校停办为止。1954 年参加建立宜兴蜀山陶业生产合作社，1956 年获江苏省政府任命为技术辅导员。吴云根待人谦和大度，德艺俱佳，作品如其人品敦厚、朴实，大批艺徒在其指导之下，步入紫砂工艺的殿堂。1959 年，吴云根虽年事已高，但技艺不衰，为徒弟作示范，对作品逐一评讲，深受弟子们的爱戴。吴云根长期从事学院的艺事正规教学，十分重视紫砂陶艺的写生技巧，尤其对竹的形态特别关注，达到炉火纯青的境界。吴云根擅长光素器和筋纹器的制作，于仿制传统经典壶式中又融入了自己的巧思，善作变化，其代表性作品有孤棱提梁壶、双色竹段壶、大竹提壶、传炉壶、线云壶等，曾多次参加国内外陶艺大展，享誉内外。

38. **裴石民**

清末民初陶人（1892-1976），原名裴庆云，又名裴德铭。裴石民在幼年时曾读过几年私塾，十四岁师从其姐夫江祖臣学习紫砂陶艺。年少时裴石民即已成名，又得名家王东石指点。二十二岁时，裴石民到江苏利永陶器公司制作紫砂，仿作名品，创制新品，其时已在宜兴紫砂陶业界中初露锋芒，上海的一些古董商和收藏家纷纷邀请裴石民为其专门订做紫砂器。三十四岁时，由江祖臣介绍，至上海六合路魔术大师莫悟奇家，为其仿制紫砂古董，与莫悟奇志同道合，结为挚友，两人常在一起切磋设计紫砂器造型，再由裴石民制成各式紫砂器，并钤上“悟奇制陶”印款，因而称为“悟奇陶”，赢得行家赞赏。两年后，裴石民又先后为几个古董商专事仿古，其技艺闻名江南，并获得了“陈鸣远第二”的美称。

裴石民在上海长住达十余年之久，练就了处理各种造型紫砂壶式的功底，除砂壶之外，其余如文房雅玩、炉鼎、花盆、假山、瓜果、杂件等均有所开创，所制微形花盆，以玲珑精巧著称。抗日战争爆发后，裴石民离开上海，回到宜兴。1940 年，裴石民在宜兴蜀山大桥下租房开办了石民陶器店，自做自卖。裴石民极为喜欢饲养猫、鸟、金鱼、松鼠、蟋蟀等小动物，并以写生悟性，把各种动植物的可爱之情，融入其紫砂创作中，所制像生田螺水盂、螃蟹荷叶盘、十件果品，皆生趣盎然。1955年，裴石民参加蜀山陶业生产合作社，继续从事紫砂陶的设计和制作。除了像生作品，裴石民的代表壶式有：环钮秦钟壶、三足鼎壶、素身圆裙壶、梅段壶、五蝠蟠桃壶等。

39. 束金寿

清末民初陶人（1894-1952），号冰心道人，宜兴蜀山人。束金寿最初学艺于阳羡紫砂陶业工厂，二十世纪三四十年代与其弟束禄度兴办立新陶器厂，南街设店，北厂为陶艺作坊。

40. 束禄度

清代光绪至民国年间人，具体生卒年不详，宜兴蜀山人，束金寿之弟，二人共同兴办立新陶器厂。

41. 王寅春

近现代陶人（1897-1977），祖籍江苏镇江，父辈定居宜兴川埠上袁村。王寅春十三岁时，拜赵松亭为先生，在其陶坊师从金阿寿为师，开始他的制壶生涯。1915年，王寅春习艺初成，赵松亭为考验其技艺，刻意出难题，拿出口南洋水平壶作样，令王寅春仿制，不到一个月，王寅春练就小拇指拍身筒，食指捺底，七下打成泥片，三下搓成壶嘴的硬功夫，颇获称赏。因王寅春所制水平壶工艺精到，很快名声渐扬。起初是福记老板陈绥馥请他制作水平壶，盖“福记”印章；其后铁画轩等商号也都亲自赶来请他为其商号制壶，并赠以“阳羡惜阴室王”底章，作为订制砂壶之底款。

民国初年，王寅春曾创制“满汉全席盘碗”计有盘、碗、鸭池等144件，由任淦庭铭刻书画装饰，其价格与银质器相仿。1934年，经吴德盛介绍，王寅春为上海古董商董怀希仿制紫砂名品。1936年，王寅春结识潘稚亮，潘稚亮为其刻“王寅春”方章，其宝爱此章，一直沿用到去世为止。1937年，抗日战争爆发，上海沦陷，王寅春返回宜兴前，不惜抛弃日常用品，带回制作筋纹器的样板和回纹印板等珍贵制作工具。王寅春对宜兴紫砂走向市场作过贡献，1934年，东洋生意兴起，要求二个月内完成三百件花盆，为守信誉，首开使用紫砂模具的先河。1940年，应上海陶器店之邀，制作十五件咖啡具，有茶壶、糖缸、奶杯及杯、碟，用紫砂制作，内施白釉，造型有六方、八方、抽角等，王寅春制作的这批咖啡具外销至欧美市场，深获好评。后来王寅春又承制外销泰国的洋筒壶、线圆壶等。1954年，王寅春参加蜀山陶业生产合作社。1956年，江苏省政府任命王寅春为技术辅导员，先后指导艺徒五十余人。王寅春为人诚朴，乐于助人，爱徒如子，亲如家人。到了晚年，王寅春年事虽高，仍勤于创作。

42. 潘德根

民国年间人，具体生卒年不详，为范正根之师。

43. 郭其林

近现代陶人（1901-1972），为江苏省陶工传习所首批艺徒。曾用印款为“郭记”。

44. 范正根

近现代陶人（1902-1992），宜兴蜀山人。师从潘德根，二十世纪四十年代在上海仿制古代紫砂器，是现代宜兴紫砂工艺厂创立时的七位名工之一。

45. 朱可心

近现代陶人（1904-1986），出生于宜兴蜀山镇。原名朱凯长，艺名可心，其作品善于从自然及生活中汲取创作灵感，擅长紫砂塑器造型，刻意求新，风格独特，尤其擅长以龙、云、松、竹、梅为题材的创作。十四岁时，朱可心向汪生义学艺，与吴云根结为师友，1931年，经师兄吴云根推荐，受聘为江苏省立宜兴陶瓷职业学校窑业科技工，在此期间，朱可心创作了紫砂咖啡具。1932年，朱可心精心制作了云龙鼎和竹节鼎参加美国芝加哥博览会，并荣获特级优奖。因技艺出众，此后朱可心升任为技师，在校担任工艺教员。1954年，朱可心参加中央美院华东分院民间美术工艺研究班，系统学习美术理论，聆听著名美术家黄宾虹、潘天寿的讲课，并与来自华东地区的民间艺人交流，增长见识。尔后，朱可心担任汤渡陶业生产合作社蜀山紫砂工场副主任，将分散在各地的紫砂艺人组织起来。1959年，朱可心以合作社代表的身份参加北京故宫博物院举办的世界陶瓷展览，其作品松鼠葡萄壶、松竹梅三友壶被选入"中国工艺美术巡回展"出国展出，并获得一等奖。直至晚年，朱可心仍然勤于创作。

46. 毛振声

近现代陶人（1905-1984），在家中行二，师从民初陶人杨阿时习艺。

47. 王熙臣

近现代陶人（1906-1960），宜兴人。曾受聘于宜兴吴德盛陶器店、上海铁画轩，常用印款为"熙臣"篆文小方印。

48. 邵陆大

近现代陶人（1907-1968），宜兴蜀山人。受业于俞国良，为民初知名紫砂厂家供应其作品。俞国良为勉励其后人，请宜兴书法篆刻名家镌刻"锡山俞传"之印，赠与邵宝琴兄妹，勉其精进自身技艺。以竹春壶为其经典代表作。

49. 邵宝琴

近现代陶人（1906-1978年），宜兴蜀山人。受业于俞国良，技艺扎实。二十世纪三十年代，邵宝琴曾为宜兴利用陶瓷公司、陈鼎和陶器厂等厂家提供其所作的狮球壶、木瓜壶、传炉壶、柿子壶、海棠壶、周盘壶、掇球壶等诸多品种砂壶。俞国良为勉励其后人，请宜兴书法篆刻名家镌刻"锡山俞传"之印，赠与邵宝琴兄妹，勉其精进自身技艺。

50. 冯桂林

近现代陶人（1907-1946），宜兴周铁镇人。1918年迁居到蜀山北厂，并被招收进入江苏省立陶器工厂"利永陶工传习所"，为该所第一批艺徒。师从范大生、程寿珍等名师。冯桂林天资聪颖，勤奋好学，他所制作的壶、盆、瓶、鼎各式紫砂器，总是胜过同期习艺的同窗，陶工传习所每次定期举办对艺徒技艺考核的考工比赛，冯桂林总是拔得头筹，甚得指导其技艺的业师肯定，范大生将自己最得意的代表作合菱壶的制作技艺毫无保留地传授给他。1926年，经过师叔范锦甫的推荐，冯桂林成为宜兴吴德盛陶器店的客师，同时受到吴德盛老板吴汉文的严格督导，由吴汉文提供图样，冯桂林从仿制传统名作入手，继而创作新式。进入三十年代之后，冯桂林所制合桃壶、高梅花壶、松鼠葡萄树桩壶、竹段壶、木瓜壶、东坡提梁壶等作品深获好评。而后为杭州汪裕泰茶庄聘为客师，同时汪裕泰茶庄老板请画家、画师到店中，和冯桂林一起探讨壶艺，按其要求，绘制图样，三年间新品迭出，品种不下二百余个，其中线云壶、佛手壶、柿子壶、四方竹段壶、玉笠壶、龙头玉环壶等，颇具代表性。其后抗日战争爆发，冯桂林离开杭州，于1940年回到宜兴蜀山前墅村，借居岳父家中，与妻子蒋萃丰制陶，以卖坯为生。1943年冯桂林曾在宜兴开设作坊设陶器店。1946年他英年早逝，年仅三十九岁。宜兴《民锋报》曾刊登冯桂林的生平及介绍壶艺成就，紫砂同业公会特为其举哀[①]。

51. 沈孝鹿

近现代陶人（1908-1968），又名沈戟、孝陆，宜兴中袁村人。沈孝鹿其家族历来从事紫砂陶业，他与顾景舟青年时交好，曾以“自怡轩”章款一起制作砂壶。

52. 吴桂生

清末民初人，生卒年不详，为吴纯耿之父，传授其子紫砂陶艺。

53. 江祖臣

清末民初人，生卒年不详，宜兴大浦人，为裴石民之姐夫，并传授其紫砂壶艺。

54. 秦根林、秦根三

清代光绪年至民国年间人。二人为兄弟，是制作堆花大缸的知名艺人。所制大腰圆缸，整体匀称，口沿挺拔，堆花生动活泼，釉彩晶彩光润，深受南洋各国人民喜爱[②]。

55. 鲍六芝

清代光绪年至民国年间人。宜兴堆花名手。所贴“八骏”与众不同，八匹马姿态各别，远近隐现，繁简相称，手法各异。马鬃马尾纤毫毕现，栩栩如生[③]。

56. 陈少亭

民国初年人，陈伯亭之子。为民国期间紫砂陶刻雕塑名家，曾与蔡元培合作，为一只树桩盆镌刻。盆呈深褐色，参差堆贴三个树的瘿瘤，两处脱皮露胎，造型生动逼真。盆两壁刻字，一面是蔡元培题诗，全文是：“不使宝山空手回，濒行精选赠盆栽，花神未必增惆怅，乞得君家衣钵来。岳渊主任属，蔡元培。”另一面题记：“黄氏植场，芳荣作品，少亭刻。”除“黄氏植场”四字隶书较大外，其余小字作行书。其布局均匀，用笔潇洒，刀路神韵遒劲，文雅清新。1935年，所雕孙中山先生遗像、古佛像等，工技精妙，色像逼真[④]。

57. 芝亭

清末民初人，生平不详，故宫博物院藏有其传器。

58. 卢元璋

民国年间人，生卒年不详，曾受聘于铁画轩，为其提供紫砂坯件。

59. 唐凤芝

近现代陶人（1912-1969），宜兴中袁村人。唐氏为紫砂世家，擅长制作鱼化龙壶、风卷葵壶、一捆竹壶、蜂菊茶具等。二十世纪四十年代，唐凤芝所制风卷葵壶名享紫砂业界，曾是宜兴紫砂工艺厂初期的紫砂艺人，惜遭厄运。

60. 邵全章

近现代陶人（1913-1993），号半壶老，宜兴上袁村人。邵全章为嘉道时期名家邵大亨之后人，其父邵云甫（步云）、祖父邵夫廷均为清末民初著名陶人。邵全章艺成之后，经常与王寅春、沈孝陆一起制壶，作品有掇球壶、仿古壶等。所制作之砂壶，曲线简巧而沉稳，但传世品少见。二十世纪四十年代，由邵全章主导，将上袁村的紫砂窑改为壶缸窑，1947年由邵全章、王寅春、顾景舟等联合经营，产品获得次年江苏省合作联社优秀产品奖，并在宜兴城

① 韩其楼、夏俊伟主编：《中国紫砂茗壶珍赏》，第165页，上海科学技术出版社，2001年。

② 江苏省地方志编纂委员会：《江苏省志·陶瓷工业志》，第157页，江苏人民出版社，1994年。

③ 同上。

④ 江苏省地方志编纂委员会：《江苏省志·陶瓷工业志》，第138、155页，江苏人民出版社，1994年。

中开设宜兴紫砂陶器店。1952年之后转业。

61. 吴纯耿

近现代陶人（1916-1999），又名顺根、吴澹，并用“亨衡”印款。宜兴蜀山西街人。自幼随父吴桂生学艺，二十世纪三十年代技艺渐趋成熟，曾创制覆葵壶，为利永公司、立信陶器公司制壶。一度在江苏省宜兴陶业职校任技工，为学员亲作示范。吴纯耿中年时作品较多，有葵掇球壶、梅花周盘壶、葵花汉扁壶、六方菱花壶、上竹段茶具等。1954年参加宜兴蜀山陶业社，为现代紫砂工艺厂开厂七名工之一。二十世纪七十年代因目疾退休，故作品甚少。

62. 施福生

近现代陶人（1921-1999），又名馥森，宜兴蜀山北厂人。1935年，施福生为江苏省立宜兴陶瓷职校担任实习技师。1954年，参加宜兴蜀山陶业社，为现代紫砂工艺厂开厂七名工之一。

二、商号

1. 葛德和陶器公司（1860-1956）

葛德和陶器公司最初是由宜兴大窑户葛翼云（1842-1928），于清代咸丰十年（1860）在上海老北门开设葛德和陶器店，以生产销售宜兴钧釉陶器闻名。清代宣统二年（1910），葛德和陶器店通高一米的特大花盘获得南京工艺赛会金质奖章。1913年，在日本名古屋开设陶器店，专门经营紫砂陶器及钧陶钵盂，生意十分兴旺。1914年，葛翼云、郁均受江苏省民政厅长韩国钧之聘请，担任参加巴拿马国际赛会宜兴陶器公司名誉经理。1915年，葛德和陶器公司生产的大花瓶和利用公司生产的紫砂壶在在巴拿马国际赛会上获得头等奖和二等奖。1926年，宜兴陶器的大件花瓶和多式茶壶杯碟又在美国费城万国博览会上获得特等奖。此时葛德和陶器公司聘有陶工达三百余人，有一批稳定的技工，技艺从不外传。1928年后，由其子葛亚诚继承经营，出口业务更加扩大。其经销的产品以“葛德和”为印记。

2. 艺古斋（1905-1930）

艺古斋的创办者为赵松亭（1852-1934），筹划经营在上海的紫砂产销业务，于1905年创立艺古斋，亲授其子赵乾泰（1889-1953）摹仿古式，并广揽知名陶人，制作朱泥小壶、独钮洋筒壶出口南洋，深受泰国人士欢迎。艺古斋以仿古为特点，主要是为因应当时上海热心收藏的文人墨客好古之风，其所谓的“仿古”，实际是在仿古的基础上，又融入了创作者新的设想。

3. 阳羡紫砂陶艺工业公司（1909-1911）

阳羡紫砂陶艺工业公司，简称阳羡紫砂陶业公司，是潘宝仁（1850-1923）于清末宣统年间所创办，潘宝仁是祖籍宜兴蜀山，在当地颇有名望的士绅、大窑户。清代咸丰、光绪年间，阳羡紫砂陶业公司创立前，潘宝仁的紫砂经营已相当鼎盛，延揽了当时的名工俞国良、江案卿、范大生等人，出品尤其精良，曾在清末宣统二年（1910年），将其生产的海竹鼎壶、宝鼎壶、大柿壶等十件名品紫砂壶参加南洋劝业会，获得了金牌奖，并获得清王朝奖。并与丁山葛德和陶器店联合经营，共同开发出口紫砂业务，曾辉煌一时。阳羡紫砂陶艺工业公司的产品，其中的精品底钤“阳羡紫砂陶业公司出品”印款，盖内或把下钤作者小章。阳羡紫砂陶艺工业公司针对不同地区，销售的主要产品也不尽相同，成套的茶具、横把茶壶主要外销日本，独钮洋筒、彩釉壶、水平壶则外销南洋及欧美各国。

4. “利用”和“利永”陶业公司（1912-1954）

1912年前后，宜兴芳桥士绅、前清秀才周文伯（著名物理学家周培源之父）提倡实业，亲自到川埠上袁村拜访贤才、寻求能人，聘请前清秀才邵惠如主持业务，招揽当地名工制陶，创办了利用陶业公司，于1913年在蜀山正式成立，聘请知名艺人范大生为技师。1914年，程寿珍、裴石民也加入利用公司技师的行列。1915年，利用公司的一批紫砂产品，包括程寿珍的掇球壶，在美国旧金山举办的巴拿马国际赛会上获头等奖。1921年后，周文伯开发农林、蚕桑事业、兴办学校，陶器业务交邵惠如掌管，由其子邵咏裳担任经理，将利用公司改名为利永公司，由江苏省实业厅投资占股。同年开办利永陶工传习所，招收二十名紫砂艺徒，由俞国良、范大生、程寿珍、范福奎、江案卿等传授技艺，陶刻由邵云儒执教。同时新建一座三十余米长的紫砂龙窑，命名“永安窑”，所出产品量多质优。“利永”陶业公司总部设在宜兴蜀山，店面开设于当时上海最繁华的城隍庙，并在营口、汉口、南京等城市建立分公司，经营宜兴紫砂器的产销，除了国内市场外，利永公司也经营出口业务，产品外销日本、泰国、菲律宾、新加坡、马来西亚、印度尼西亚。1926年，江苏利永陶业公司生产的各式紫砂壶、杯、碟，参加为纪念美国独立一百五十周年，在费城举办的世界艺术博览会上获得金质奖章。1930年，江苏利永陶业公司生产的紫砂陶器参加比利时一百周年的列日国际博览会，获得银质奖。1935年，是利永公司的鼎盛时期，名工云集，产品门类齐全，署款利永公司出品等字样。

5. 上海铁画轩陶器公司（1913- ）

铁画轩为戴国宝（1870-1927）所创之专营宜兴紫砂字号，1913 年设在上海新北门吉祥街，现今迁至上海豫园。戴国宝，字铁芝，号玉道人、玉屏道人。1870年生于南京，铁画轩原是其室名，戴国宝原来本是刻瓷名手，能书善画，兼擅长治印，与吴石仙齐名，以双钩法用钢刀在瓷上镌刻。此后，戴国宝兴趣转移，改以在紫砂坯上落刀作画，改行经营紫砂壶艺，在上海紫砂陶艺界颇有名声。铁画轩出品的紫砂壶，在宜兴蜀山、潜洛一带定制坯件，并请名工刻字，早期壶上陶刻竖写“铁画轩”三字，刀法醇熟，大壶底钤“铁画轩制”阳文篆书，有方形和圆形两种。小壶底钤长方小章“铁画轩制”楷书章，盖内或壶把下印有作者名款。铁画轩的产品，主要出口日本、东南亚及欧洲。长期为铁画轩提供坯件的知名陶人有：蒋燕庭、卢元璋、范大生、陈光明、李宝珍、程寿珍、胡耀庭、汪宝根、吴云根、王寅春等，陶刻名工则有邵云儒（北岩）。1927年戴国宝病逝，业务由其遗孀管理，至1945年，其子戴湘明大学毕业后，开始继承父业。戴湘明，别号莲生，此时铁画轩所订紫砂壶皆署“莲生”字样。1956年，铁画轩公私合营，店址迁移至上海城隍庙豫园。

6. 吴德盛陶器行（1916-1939）

吴德盛陶器行（店）由吴汉文于1916年创设，店址位于宜兴县城中蛟桥之旁。吴汉文，号岐陶主人、岩如主人等，其室名为松鹤轩。吴汉文自幼习文练字，钟情书画，曾学习过紫砂壶工艺。1921年，吴汉文创立的吴德盛陶器行以“金鼎商标”图文字样注册其品牌商标，此后吴德盛陶器行出品的紫砂茶具、茶壶和花盆，底部印记都有“吴德盛制”方形和“金鼎商标”圆形章，其“金鼎商标”圆形章，中间由“吴德盛”三字构成金鼎图案，上下左右四角为楷书“金鼎商标”四字，作为该店订制茗壶的专用品牌印记。早期吴汉文所制作的茗壶，钤“松鹤轩”楷书方章及刻行书“招鹤下云眠古松”及“岐陶发明”篆书方印。后期皆有名工代为制作和镌刻，署“岩如主人刻”或“岐陶”、“企陶”、“启陶”等名款。该陶器行前设店堂，后置工场，所聘都为当时颇负盛名、身怀绝技的知名陶人，常年为吴德盛制壶的陶人有：俞国良、胡耀庭、范大生、王熙臣、冯桂林、邵陆大、储银兰等，陶刻名师有任淦庭等。此外，吴德盛陶器行不定期向其订购半成品紫砂坯件的知名陶人有：裴石民、范锦甫、蒋燕庭、吴云根、汪宝根等，宜兴当地书画家路兰芳、邵云儒、陈少亭、潘稚亮皆曾为其陶刻书画装饰，更曾邀请当时知名人士蔡元培、于右任、书画家钱瘦铁、马公愚等来店堂在砂壶上留下墨宝，铭刻后作该店珍藏。由于吴德盛陶器行设置在宜兴县城中，前店后工场，颇具特色，常常吸引当时政要大员参观，体验紫砂器制作之奥妙，使得吴德盛陶器行声望颇高。吴德盛陶器行所制坯件均运至蜀山潜洛龙窑烧成。因抗日战争发生，1939年后，吴德盛陶器行难以经营，走向衰落。

7. 江苏省立陶业工厂（1916-1919）

1916年，江苏省议员潘宝坤，向江苏省政府提议在宜兴蜀山办一个陶业工厂，不久得到批准，省政府拨款十万八千元，成立江苏省陶业工厂。工厂设在蜀山北麓，因此后来被当地人称为“北厂”，这是第一家陶业工厂，由潘宝熙（子纯）担任厂长，徐景森、汪裕文、邵惠如等分别担任庶务、窑务、场务等职，知名陶人程寿珍、俞国良、范福奎、江案卿、邵云如等人为技师，分别负责制坯、刻字等业务，以制作工艺较为精细的“细货茶壶”为主，并对紫砂泥质、泥色以及造型等进行研究和改进，并建立了一座“工厂窑”，添置设备。江苏省立陶业工厂创办初期，经营得颇有声色，生产各种式样新颖、工艺精美的砂壶，但后来因为成本高昂、管理不善而无法保持初期的良好荣景。1917年，江苏省议员、宜兴窑业代表鲍昂驹向省政府告状，揭露江苏省财政厅长和宜兴陶业工厂厂长串通舞弊、损公肥私，要求弹劾。至1919年，省立宜兴陶业工厂因亏损过大，终于倒闭①。

8. 陈鼎和陶器厂（1920-1954）

陈鼎和陶器厂由陈氏兄弟二人于1920年开办，经理陈元明，在宜兴县城中开设店铺，在上海设有办事处，业务多为商家订制产品，传世作品包括紫砂壶、茶具、茶杯、鼓暖杯、笔筒、笔洗、花瓶等。印款多为木质正楷印字、方印、圆印，如“大清乾隆年制”、“荆溪陈孟臣”、“王孟臣”等字样或茶庄店号之名款。高档的精品则有陈元明亲自签款或钤“陈鼎和造”方印、圆印，有的茶具则是为出口而制造的，则有英文 C.T.O.CO 字样。陈鼎和陶器厂的作坊设在川埠上袁村，当地农民百姓平日务农，农闲时则制壶，陈鼎和为他们提供壶样和印章，其陶刻名工有韩泰，其人来自安徽。

9. 汪裕泰与汪庄茶行

“汪裕泰”为清末上海十一个主要的经营茶业生意的茶栈之一，是安徽绩溪人汪锡纯于清道光二十七年（1847年）创办，其店址位于上海老北门外大街，该店后来称为“汪裕泰”老店。汪锡纯之后，由其子汪惕予接手，茶号发展到四家。汪惕予，号自新，秉性聪慧，富有才智，擅长书法，通晓音律，并对园林布局颇有研究。他在杭州南屏山之北营造汪庄，占地共计二十亩，背山面湖，风光秀丽，景色宜人，是当年西湖畔南山的一个旅游点，除了一般的园林设施外，还设有“饮茗室”、“茶叶供应部”。后来，由汪惕予之子汪振寰掌管此店，杭州的汪庄茶行又有发展，于1936年开设第八茶号，其间曾聘请紫砂名工冯桂林，至杭州汪庄茶行专门为其制壶，冯桂林为汪庄所制砂壶，壶式新颖，如四方竹段壶、四方折角壶等、

---

① 江苏省地方志编纂委员会：《江苏省志·陶瓷工业志》，第130-131页，江苏人民出版社，1994年。

龙头玉环壶、玉笠壶等，同时汪裕泰茶庄老板还请画家、画师到其店中，和冯桂林一起探讨壶艺，按其要求，绘制图样，三年间新品迭出，品种不下二百余个。

10. 毛顺兴陶器厂（1937-1954）

毛顺兴陶器厂为毛顺生（1901-1977）所开设，毛顺生自幼年即随父亲毛连根全家从常州迁居宜兴蜀山定居，从事烧窑、紫砂制作工作。父母兄弟妹妹六人自成一家庭作坊，随着勤恳工作，日渐积累，资金日益丰厚，渐渐成为永安窑股东，产品营销至山东济宁一带。在其家庭成员中，毛顺生以制作花盆著称，毛振声（1905-1984）以制作茗壶为主，毛顺兴陶器厂在二十世纪三十年代后期颇为兴盛，另雇用知名陶人朱可心、王寅春、吴云根、沈孝陆、陈宝生为其制壶，任淦庭、蒋永西等为其壶上作陶刻装饰，落款署“毛顺兴出品字样”。1954年进入宜兴蜀山陶业社。

11. 立新陶器厂

二十世纪三四十年代，由束金寿、束禄度兄弟二人共同兴办，南街设经销门面，北厂为陶艺作坊。

12. 威海卫同庆顺、新和成

清代甲午战争前，山东威海同庆顺、新和成等商家向宜兴定制紫砂大壶，将壶嘴截去换置铜流，器身镶锡，有的会在镶锡的各种纹饰中加上“TEA POT”英文字样。

附录 出土及传世宜兴紫砂器列表

表一 明代中期出土及传世紫砂器

序号	名称	尺寸（单位：厘米）	款识	收藏单位	资料来源	备注
1	提梁壶	高：17.7 口径：7	无	南京市博物馆	《宜兴紫砂》页44	嘉靖十二年（1533）
2	提梁壶	高：24.3 口径：8.2 底径：11.6	无	金坛市博物馆	《砂壶汇赏》	多件，金坛古井出土
3	盖罐	高：14.5 口径：2.8	盖顶阳文篆字“周氏俊造”	泰州市博物馆	《宜兴紫砂》页56	未说明是否为出土
4	鼓墩形四系壶	高：10.2 口径：7.3 肩径：4.2 底径：12.2	无	无锡市博物馆	《文物》2002年第4期	缺盖 无把
5	匜口罐	高：14.8 底径：13.2 口部通长：13	无	无锡市博物馆	《文物》2002年第4期	外表有灰白灰黑烟垢
6	匜口罐	高：15 口径：13-14 领高：4.3	无	金坛市博物馆	《砂壶汇赏》	金坛古井出土
7	匜口罐	高：14 口径：13.5-14.2	无	金坛市博物馆	《砂壶汇赏》	金坛古井出土
8	一粒珠壶	残高：12.8 口径：7.6	无	镇江市博物馆	《宜兴紫砂》页54	缺盖
9	平盖圆肩壶	高：10 宽：17	底草书印字“满怀风月尽付茶杯”	私人	《紫砂传承精艺》页26	
10	六方壶	高：13.9 口径：6.2 底径：6.2 腹径：10.9	无	泰州市博物馆	《文物》1993年第2期	
11	龙缸	不详	不详	宜兴陶瓷陈列馆	《江苏省志-陶瓷工业志》彩图126	
12	菱瓣沿花盆	高：17.8 口径：31.5 底径：20	无	金坛市博物馆	《砂壶汇赏》	金坛古井出土
13	羊角山残片			宜兴陶瓷陈列馆	《宜兴紫砂》页374，有彩图	

表二　明代晚期出土及传世紫砂器

序号	名称	尺寸（单位：厘米）	款识	收藏单位	资料来源	备注
1	山形笔架	高：4.8 长：13.7 宽：3.5	底刻楷书“万历乙未岁九月望日制于万玉山房，大彬”	故宫博物院	《故宫博物院藏宜兴紫砂》页45	万历二十三年（1595） 清宫旧藏
2	（提梁）长方壶	残高：8 口长：8　口宽：5 底长：10　底宽：6.5	底刻行楷“万历甲辰年大彬制”	四川三台县文物管理所	《宜兴紫砂鉴定与鉴赏》页114	万历三十二年（1604） 晚明窖藏
3	圆壶	高：10.2 口径：6	腹刻行书“乙巳大彬”	私人	私人	万历三十三年（1604）
4	圆壶	高：9.5 口径：5.7 足径：5.7	底刻楷书“丁未夏日时大彬制”	晋城博物馆	《宜兴紫砂鉴定与鉴赏》页114	万历三十五年（1607）
5	鼎足盖圆壶	高：11 口径：7.5	底单行竖排楷书“时大彬制”	福建漳浦县博物馆	《宜兴紫砂》页46	万历三十八年（1610）
6	六方壶	高：11 口径：5.7 底径：8.5	底楷书“大彬”	扬州市博物馆	《文物》1982年第6期	万历四十四年（1616）
7	圆盖大壶	高：13.5 宽：22.5	底楷书“崇祯戊辰年荆溪惠孟臣制”	私人	《紫砂传承精艺》页28	崇祯元年（1628）
8	三足圆壶	高：11.1 口径：8.4	柄下腹壁楷书“大彬”	无锡市博物馆	《文物》1989年第7期	崇祯二年（1629）
9	紫砂胎锡壶	不详	不详	无锡市博物馆	《文物》1989年第7期	崇祯二年（1629）
10	鼓腹圆壶	高：12.5 口径：6	腹刻行书“江上清风　山中明月　丁丑年　大彬”	私人	私人	崇祯十年（1637）
11	提梁壶	高：15.3 口径：5.1×6.8 底径：5.2×6.8 提梁高：8.5	腹刻行书“吟釬（或是“竹”）养浩然大彬”	陕西延安区文物管理会	《宜兴紫砂鉴定与鉴赏》页114	崇祯十二年（1639）
12	雕漆提梁壶	高：12 口径：4.7 足径：5.4	无	故宫博物院	《故宫博物院藏宜兴紫砂》页40	清寿康宫旧藏 提梁残
13	平盖圆壶	高：9 宽：17	底楷书“子畦”	私人	《紫砂传承精艺》页32	
14	平盖圆壶	高：8.5 宽：15	无	私人	《紫砂传承精艺》页38	
15	古莲子壶	高：9.5 宽：16	底楷书印字“味占先春香添诗兴”	私人	《紫砂传承精艺》页35	
16	仲芳壶	高：10 宽：16	无	私人	《紫砂传承精艺》页36	

续表

序号	名称	尺寸（单位：厘米）	款识	收藏单位	资料来源	备注
17	圆壶	残高：7.2 口径：7.6 底径：7.6	无	无锡市博物馆	《文物 2002 年第 4 期	缺盖，底、腹部残
18	圆壶	高：14.7 口径：8.5 底径：8.9	底葫芦形戳记“用□制”	镇江市博物馆	《宜兴紫砂》页 55	
19	高身圆壶	高：11.2 口径：6 底径：5 腹径：9.4	底刻楷书“陈用卿制”	正定县文物管理所	《文物天地》1994 年第 6 期	梁维本墓出土 应是崇祯时期
20	残圆壶	残高：14.4 口径：8 底径：13.9	无	淮阴市楚州区博物馆	《砂壶汇赏》	明井出土
21	鼓腹圆壶	高：12.5 口径：6	底阳文篆方印“陈用卿制”，腹刻行书“山水之中可作主人　用卿”	私人	私人	所刻“卿”字为双 S
22	钱钮如意壶	高：13.2 口径：5.2	底阳文篆书方印“陈用卿制”	私人	私人	
23	平盖扁圆壶	高：5.5 口径：7	底刻楷书“大彬”	淮安市博物馆	《宜兴紫砂》页 114	王光熙墓出土 原书定为清仿
24	平肩直颈圆壶	不详	底刻楷书“时大彬于茶香室制”		《宜兴紫砂鉴定与鉴赏》页 147	仅有图片 出处不详
25	曲把直壁圆壶	高：12 口径：6.7	底阳文篆方印“陈用卿制”，腹刻诗句行书后署“用卿”	私人	私人	所刻“卿”字为双 S
26	莲钵壶	高：9 宽：17	盖内阳文篆书小方印“用卿”	私人	《紫砂传承精艺》页 30	
27	环钮直壁圆壶	高：7.5 口径：8	底阳文篆方印“陈用卿制”，腹刻诗句行书后署“用卿”	私人	私人	所刻“卿”字为双 S
28	书扁壶	高：6.2 口径：9.8	底刻楷书“源远堂藏大彬制”	上海博物馆	《宜兴紫砂珍赏》页 44	
29	白泥朱砂小壶	高：4.8 口径：4.6 底径：5.5	底刻“清风徐来沁我心脾　大彬制”	故宫博物院	《故宫博物院藏宜兴紫砂》页 88	清宫旧藏
30	龙带壶	高：9.4 口径：5	底阳文篆书方印“陈子畦”	私人	私人	
31	锥钮三足圆壶	高：10 口径：6.5	底阳文篆书方印“陈子畦”	私人	私人	

续表

序号	名称	尺寸（单位：厘米）	款识	收藏单位	资料来源	备注
32	圆壶	高：10.3 口径：6.1 底径：6 腹径：8.9	腹刻楷书“茶附石鼎屯文火云巇品惠泉　大彬仿古”	绵阳市博物馆	《宜兴紫砂鉴定与鉴赏》页115	窖藏，无纪年
33	雕漆四方壶	高：13.2 口径：7.6	底刻楷书“时大彬制”	故宫博物院	《故宫博物院藏宜兴紫砂》页38	清宫旧藏
34	汉方壶	高：13.7 口纵：8.2 横：7.5 底纵：10.3 横：9.6	无	镇江市博物馆	《宜兴紫砂》页59	
35	狮球壶	高：9 口径：5.4	底阴文楷书印字“名壶鹤飞香孟臣”	私人	私人	
36	菊瓣壶	高：10.5 宽：16	无	私人	《紫砂传承精艺》页37	
37	石榴花圆壶	高：8 口径：5.4	腹刻楷书“□□玉质”	私人	私人	
38	四系壶	残高：14.7 口径：8.7 底径：12.3	无	镇江市博物馆	《宜兴紫砂》页60	缺盖
39	四系扁壶	残高：14.5 口径：3.3	壶身印楷书“独占鳌头”及鲤鱼孩童图案	无锡县文物管理会	《宜兴紫砂》页68	
40	穿心吊	高：9.2 口径：9.1 烟道直径：1.5	无	徐州市博物馆	《砂壶汇赏》	
41	缺盖穿心吊	高：9.5 口径：9.2 烟道直径：1.3	无	徐州市博物馆	《砂壶汇赏》	
42	盖罐	高：14 口径：6.7	盖顶阳文印记（似“汤”字）	泰州市博物馆	《宜兴紫砂》页62	
43	盖罐	高：10.8 口径：6.4	无	泰州市博物馆	《宜兴紫砂》页64	
44	盖罐	高：9.5 宽：12	无	私人	《紫砂传承精艺》页34	失盖
45	勺	残长：10.5 匙宽：4.5	无	无锡市博物馆	《宜兴紫砂》页65	
46	印花小碟（一组）	高：0.7 口径：7.5 底径：6.2	无	扬州市博物馆	《宜兴紫砂》页66	胎极薄

续表

序号	名称	尺寸（单位：厘米）	款识	收藏单位	资料来源	备注
47	桃形水注	不详	不详	故宫博物院	《故宫藏紫砂器》页2（彩图）	仅有图片
48	凫首瓶	高：24.5 口径：2.4 足径：7.6	无	故宫博物院	《故宫博物院藏宜兴紫砂》页41	清宫旧藏
49	四方瓶	高：19.4 口径：7.8×7.5 足径：8.8×8.5	无	故宫博物院	《故宫博物院藏宜兴紫砂》页47	清宫旧藏
50	莲花洗	高：9.3 口径：19.3 足径：10	无	故宫博物院	《故宫博物院藏宜兴紫砂》页44	清宫旧藏
51	树叶形花盆	高：4.7 长：21.8	不详	故宫博物院	《故宫博物院藏宜兴紫砂》页284	清宫旧藏
52	葫芦瓶	高：13.5 口径：1.6 足径：4.3	外口下向白釉楷书“祥符”	故宫博物院	《故宫博物院藏宜兴紫砂》页46	清宫旧藏
53	海螺洗（一对）	高：9.5 长：4.5	无	故宫博物院	《故宫博物院藏宜兴紫砂》页48	清宫旧藏
54	七孔花插	高：25.1 口径：8.1 足径：14.9	底刻篆书“宜兴内用”	故宫博物院	《故宫博物院藏宜兴紫砂》页42	清宫旧藏
55	花囊	高：15.2 口径：15.2 足径：15.4	无	故宫博物院	《故宫博物院藏宜兴紫砂》页43	清宫旧藏

表三　清代早期出土及传世紫砂器

序号	名称	尺寸（单位：厘米）	款识	收藏单位	资料来源	备注
1	双流兽钮六方壶	不详	不详	丹麦哥本哈根国立博物馆	《宜兴陶艺—茶具文物馆罗桂祥珍藏》页108	不晚于顺治十三年（1656）
2	双龙提梁六方壶	不详	不详	伦敦大英博物馆	《宜兴陶艺—茶具文物馆罗桂祥珍藏》页114	不晚于康熙四十九–五十一年（1710-1712）
3	珐琅彩圆壶	高：9.7 口径：8 足径：7.4	底刻“乙酉桂月臣僧实诚进，邵邦祐制”	故宫博物院	《故宫博物院藏宜兴紫砂》页52	康熙四十四年（1705） 清宫旧藏。流、把残
4	珐琅彩四方壶	高：11.2 口径：6.5 足径：7.1	底白地蓝料楷书方款“康熙御制”	台北故宫	《也可以清心—茶器.茶事.茶画》页105	清宫旧藏
5	珐琅彩瓜棱壶	高：9.7 口径：6	底黄料楷书圆款“康熙御制”	台北故宫	《也可以清心—茶器.茶事.茶画》页106	清宫旧藏
6	珐琅彩瓜棱壶	高：9.3 口径：6.5	底黄料楷书圆款“康熙御制”	台北故宫	《也可以清心—茶器.茶事.茶画》页107	清宫旧藏
7	珐琅彩盖钟	高：9.3 口径：11.2 足径：5.2	底黄料楷书方款“康熙御制”	台北故宫	《也可以清心—茶器.茶事.茶画》页108	清宫旧藏
8	珐琅彩盖碗	高：8.4 口径：11 足径：4.6	底黄料楷书方款“康熙御制”	台北故宫	《也可以清心—茶器.茶事.茶画》页109	清宫旧藏
9	珐琅彩茶碗	高：5.7 口径：11.2 足径：4.5	底黄料楷书“康熙御制”	台北故宫	《也可以清心—茶器.茶事.茶画》页110	清宫旧藏
10	珐琅彩茶碗	高：5.4 口径：11.3 足径：4.4	底黄料楷书方款“康熙御制”	台北故宫	《也可以清心—茶器.茶事.茶画》页111	清宫旧藏
11	圆壶	高：5.2 口径：5.6	底刻楷书“丙午仲夏鸣远仿古”，后钤圆、方篆印“鸣”“远”	福建漳浦县博物馆	《东南文化》1991年第3期	雍正四年（1726）已残
12	柿蒂纹扁圆壶	高：8.1 口径：8.3 足径：6.4	无	故宫博物院	《故宫博物院藏宜兴紫砂》页56	雍正时期

续表

序号	名称	尺寸（单位：厘米）	款识	收藏单位	资料来源	备注
13	柿蒂纹扁圆壶	高：7.5 口径：8 底径：9	无	故宫博物院	《故宫博物院藏宜兴紫砂》页87	雍正时期
14	扁腹圆壶	高：7.5 口径：7.6 足径：7.5	无	故宫博物院	《故宫博物院藏宜兴紫砂》页57	雍正时期
15	平盖圆壶	高：7.9 口径：7.6 足径：7.1	无	故宫博物院	《故宫博物院藏宜兴紫砂》页58	雍正时期
16	掺砂圆壶	高：8.5 口径：7 足径：7	无	故宫博物院	《故宫博物院藏宜兴紫砂》页59	雍正时期
17	圆壶	不详	无	不详	《宜兴紫砂鉴定与鉴赏》页115	
18	圆壶	高：6.2 口径：4.8 腹径：7.7	“壬子仲冬名人法古”，款后钤圆、方篆印“鸣”“远”	不详	《宜兴紫砂鉴定与鉴赏》页115	
19	黑漆描金长方壶	高：11.5 口径：12×9 足径：9×8	无	故宫博物院	《故宫博物院藏宜兴紫砂》页54	雍正时期清宫旧藏
20	圆壶	较二件出土鸣远款壶略小	钤圆、方篆印“时”“大彬”	不详	《宜兴紫砂鉴定与鉴赏》页115	清墓出土
21	梨形圆壶	不详	底刻行书“三山半落青天外 孟臣制”	不详	《宜兴紫砂鉴定与鉴赏》页116	
22	彩釉圆壶	高：15.4	底阳文篆书方印“方衡禄制”，腹署“丁卯年玉川”	香港茶具文物馆	《宜兴陶艺》页105	乾隆十二年（1747）
23	外销兽钮六方壶	高：13 宽：21	无	香港茶具文物馆	《宜兴陶艺—茶具文物馆罗桂祥珍藏》页217	约乾隆十五年（1750）沉船打捞
24	外销梨形圆壶	高：6 宽：11	底刻字“玉香斋”	香港茶具文物馆	《宜兴陶艺—茶具文物馆罗桂祥珍藏》页218	约乾隆十五年（1750）沉船打捞
25	秦钟壶	高：21.1 宽：20.7	底“宜兴紫砂”，腹刻草书，尾署“丁亥作”	私人	《紫砂传承精艺》页67	乾隆三十二年（1767）

续表

序号	名称	尺寸（单位：厘米）	款识	收藏单位	资料来源	备注
26	宜钧尊	高：33 口径：20	底刻乾隆御制诗纪年“乾隆戊子年御题”	天津博物馆	《历代紫砂瑰宝》页24	乾隆三十三年（1768）
27	黑漆描金掇只壶	高：10.4 口径：8.1 足径：7.8	底描金篆书“大清乾隆年制”	故宫博物院	《故宫博物院藏宜兴紫砂》页64	清宫旧藏
28	黑漆描金扁圆壶	高：9 口径：8 足径：7.5	底描金篆书“大清乾隆年制”	故宫博物院	《故宫博物院藏宜兴紫砂》页66	清宫旧藏
29	平盖堆泥圆壶	高：9 口径：8 足径：7.5	底篆书印“大清乾隆年制”	故宫博物院	《故宫博物院藏宜兴紫砂》页89	清宫旧藏，多孔
30	圆壶	高：95 口径：5.6 足径：6.6	腹刻乾隆御制诗	故宫博物院	《故宫博物院藏宜兴紫砂》页68	清宫旧藏
31	烹茶图圆壶	高：11 口径：5 足侄：5.5	腹刻乾隆七年御题诗，句末刻“乾”“隆”圆、方篆印	故宫博物院	《故宫博物院藏宜兴紫砂》页72	清宫旧藏
32	圆壶	高：11.3 口径：6.5	盖内阴文楷书印字“贡局”，底阳文篆书方印“大清乾隆年制”	私人	私人	
33	束颈阔底圆壶	高：12.5 口径：5 足侄：9.5	腹题乾隆七年御题诗	故宫博物院	《故宫博物院藏宜兴紫砂》页78	清宫旧藏
34	束颈阔底圆壶	高：14.3 口径：6.5 足侄：10.9	腹题乾隆七年御题诗	故宫博物院	《故宫博物院藏宜兴紫砂》页80	清宫旧藏
35	堆泥荷莲寿字壶	高：10.5 口径：7.3 足径：7.5	底阳文篆书方印“大清乾隆年制”	故宫博物院	《故宫博物院藏宜兴紫砂》页82	同式4件
36	堆泥寿字壶	高：8.4 口径：6.3	底阳文篆书方印“大清乾隆年制”	上海博物馆	《宜兴紫砂珍赏》页76、77	
37	泥绘寿字扁圆壶	不详	底阳文篆书方印“大清乾隆年制”	私人	《宜兴陶艺》页21，插图10	
38	描金三足圆壶	高：12.7 口径：6.2	（盖内）阳文楷书椭圆印“大方”，腹署“郎岑铭”	故宫博物院	《历代紫砂瑰宝》页32	
39	泥绘直壁圆壶	高：6 口径：6.2	底阳文篆书方印“大清乾隆年制”	私人	私人	
40	锥钮直腹圆壶	高：15.8 口径：5 足径：5.9	腹题乾隆御题诗	故宫博物院	《故宫博物院藏宜兴紫砂》页74	清宫旧藏，一对

续表

序号	名称	尺寸（单位：厘米）	款识	收藏单位	资料来源	备注
41	锥钮直腹圆壶	高：15.4 口径：5 足径：5.8	腹题乾隆御题诗	故宫博物院	《故宫博物院藏宜兴紫砂》页76	清宫旧藏，一对
42	嵌盖圆壶	高：6.7 口径：8.2 足径：8.2	底阳文篆书方印“邵亮生制”	故宫博物院	《故宫博物院藏宜兴紫砂》页93	清宫旧藏
43	象耳提梁壶	高：17.7 口径：5.5 足径：6.8	无款	故宫博物院	《故宫博物院藏宜兴紫砂》页86	清宫旧藏，一对
44	贴弥勒像础形圆壶	高：9.3 口径：7.5	底阳文篆书方印“大清乾隆年制”	私人	私人	
45	贴花福寿壶	高：10.3 口径：7.5	底阳文篆书方印“大清乾隆年制”	私人	私人	
46	描金山水方壶	高：9 口径：4.5 底径：10	底阳文篆方凸印“乾隆年制”	故宫博物院	《故宫博物院藏宜兴紫砂》页84	
47	贴花兽钮长方壶	高：10.5 口径：9	底阳文篆书方印“大清乾隆年制”	私人	私人	
48	堆泥篆字六方壶	不详	腹题乾隆御题诗	美国弗里尔美术馆	《宜兴陶艺》页20，插图9	
49	六方壶	高：15.3 口径：4.8	壶身刻“乾隆”圆、方章式款	故宫博物院	《宜兴紫砂》页80	清宫旧藏
50	六方壶	高：16.2 最长口径：4.2 最长足径：4.3	壶身刻“乾隆”圆、方章式款	故宫博物院	《故宫博物院藏宜兴紫砂》页85	清宫旧藏
51	彩釉鼓腹六方壶	高：14 宽：8	底阳文篆书方印“乾隆年制”	私人	私人	
52	珐琅彩描金菊瓣壶	高：11.2 口径：8 足径：8	底描金篆书“大清乾隆年制”	故宫博物院	《故宫博物院藏宜兴紫砂》页60	清宫旧藏
53	菱花式壶	高：10 口径：7 足径：6.8	底阳文篆书方印“陈殷尚制”	故宫博物院	《故宫博物院藏宜兴紫砂》页50	清宫旧藏
54	菱花式壶	高：13 口径：5.9 足径：6.5	底阳文篆书方印“陈殷尚制”	南京博物院	《砂壶汇赏》	
55	印梅花纹茶叶罐	高：13.6 口径：4.2	壶身刻“乾隆”圆、方章式款	故宫博物院	《宜兴紫砂》页82	
56	印竹纹茶叶罐	高：13.7 口径：3.6	壶身刻“乾隆”圆、方章式款	故宫博物院	《宜兴紫砂》页84	

续表

序号	名称	尺寸（单位：厘米）	款识	收藏单位	资料来源	备注
57	彩绘山水注壶	高：9.5	底印椭圆款（字迹模糊） 盖内壶底刻草书“王伦”	浙江省博物馆	《宜兴紫砂》页93	乾隆年间墓葬出土
58	百果盂	高：3.2	无	浙江省博物馆	《宜兴紫砂》页94	乾隆年间墓葬出土
59	海螺水盂	不详	无	浙江省博物馆	《砂壶汇赏》	乾隆年间墓葬出土
60	描金鼻烟壶	高：4.8 宽：4	底阳文篆书方印“乾隆”	私人	私人	
61	泥绘鼻烟壶	高：4.8 宽：4	底阳文篆书方印“乾隆”	私人	私人	
62	圆壶	高：11.6 口径：7.3 足径：7.3	底阳文篆书方印“王南林制”	淮安市楚州博物馆	《砂壶汇赏》	
63	圆盖大壶	高：14.5 宽：23.5	底阳文篆书方印“王南林制”	私人	《紫砂传承精艺》页60	乾隆晚期
64	泥绘山水圆壶	高：10.3 宽：10.8	底阳文篆书方印“杨履乾”	香港茶具文物馆	《茶具文物馆罗桂祥藏品下册》页59	
65	加彩圆盖大壶	高：13.3 口径：8.9	底阳文篆方款“邵春来制”，盖内及底墨书划记	私人	私人	
66	加彩圆盖大壶	高：12.5 口径：7.8	底阳文篆方款“顺时听天”，盖内、底有划记，腹白釉书“松风吟月”	私人	私人	
67	加彩山水圆盖大壶	高：12 口径：7.7	底阳文篆方印“顺时听天”	私人	私人	
68	加彩圆壶	高：10.3 口径：6.2	底阳文篆方款“徐波成制”	私人	私人	
69	加彩山水圆壶	高：11.1 口径：6.5	底阳文篆书方印“陈荫千□”	私人	私人	
70	加彩山水笠盖圆壶	高：12 口径：8	底阳文篆方印“王明瑞制”	私人	私人	乾隆早期
71	加彩山水平盖圆壶	高：11.1 口径：7.2	底阳文篆方印“邵茂林制”	私人	私人	
72	掇只壶	高：12.5 宽：19.5	底印“一片冰心在玉壶”	私人	《紫砂传承精艺》页68	乾隆早期
73	掇只壶	高：11.5 宽：17	底印篆字“刻薄成家以能久平”，旁草书“菊轩”	私人	《紫砂传承精艺》页70	乾隆晚期

续表

序号	名称	尺寸（单位：厘米）	款识	收藏单位	资料来源	备注
74	加彩掇只壶	高：12.5 口径：11.5	腹白釉书“一片冰心在玉壶”并画一方印	南京博物院	《宜兴紫砂》页270	乾隆早期，盖子非同时期原件
75	外销泰国圆壶	高：11 宽：17	底龙纹图形方印，壶盖内沿刻“贡局”	私人	《紫砂传承精艺》页72	乾隆晚期
76	高颈圆壶	高：12.5 口径：6.2	底阳文篆方印“静远斋继长制”	私人	私人	
77	高颈圆壶	高：9.7 口径：4.5	底阳文篆方印“澹然斋□”	私人	私人	
78	彩绘山水高颈圆壶	高：13.2 口径：6	底“徐飞龙”	私人	私人	
79	大一粒珠壶	高：21 宽：15	底圆形梅花印记	私人	《紫砂传承精艺》页52	乾隆早期
80	小一粒珠壶	高：15 宽：10	底“宜兴名壶”	私人	《紫砂传承精艺》页53	乾隆早期
81	一粒珠壶	高：12.5 口径：7	部分盖内篆方印“陈”，底刻行书鸣远、勾纹框长方印“五福堂监制”	私人	私人	一式多件，款及装饰略不同
82	蛋包壶	高：7.7 口径：5.8	盖上左右二椭圆印“鸣远”，底刻行书“鸣远”，勾纹框长方印“五福堂监制”	私人	私人	
83	高圈足圆壶	高：14 口径：8.5	底阳文篆方印“王南林制”	私人	私人	一式二件，胎色略有不同
84	圆肩素身壶	高：21.7 口径：12.6	底阳文篆书圆、方印“荆溪”、“邵元祥制”	南京文物商店	《宜兴紫砂》页70	乾隆早期
85	圆肩素身壶	高：18.8 口径：18.2	资料记载为邵元祥制，但无款识图片。	香港茶具文物馆	《茶具文物馆罗桂祥藏品下册》页134	
86	圆肩素身壶	高：22.3 宽：20.1	底阳文篆书圆、方印“荆溪”、“邵旭茂制”	香港茶具文物馆	《茶具文物馆罗桂祥藏品下册》页51	
87	平肩圆壶	高：10.7 宽：9.8	底阳文篆书圆方、方印“荆溪”、“邵旭茂制”	私人	私人	
88	鼓腹提梁扁壶	高：21.1 宽：20.7	底阳文篆书圆方、方印“荆溪”、“邵元祥制”	香港茶具文物馆	《茶具文物馆罗桂祥藏品下册》页47	
89	加彩鼓腹提梁扁壶	高：17 宽：24.5	腹白釉书“松风吟月”，底阳文圆、方印“荆溪”、“邵元祥制”	私人	《紫砂传承精艺》页50	乾隆早期

续表

序号	名称	尺寸（单位：厘米）	款识	收藏单位	资料来源	备注
90	鼓腹提梁扁壶	高：22.5	底阳文篆书圆、方印“荆溪”、“邵旭茂制”	香港茶具文物馆	《宜兴陶艺》页106	
91	鼓腹提梁扁壶	高：13.5 口径：7.3	底阳文篆书圆、方印“荆溪”、“邵旭茂制”	私人	私人	
92	象鼻壶	高：12.5 宽：18	底阳文楷书方印“雷仁记制”	私人	《紫砂传承精艺》页46	乾隆早期
93	加彩直壁圆壶	高：9.3 口径：6.4	底阳文篆书方印“荆溪华凤翔制”	私人	私人	
94	加彩圆肩大壶	高：13.8 口径：8.5	腹左上角白釉篆书“南□屏钟”，底墨书划记	私人	私人	乾隆早期
95	外销印花曲把圆壶	高：13.5 宽：17	底阳文篆书方印“篘石居”	香港茶具文物馆	《宜兴陶艺—茶具文物馆罗桂祥珍藏》页216	
96	西藏酒壶形壶	不详	不详	圣路易艺术馆	《宜兴陶艺》页21，插图11	
97	扁圆大壶	高：9.6 口径：8.8	底刻楷书“辰仲冬逸公制”	私人	私人	
98	泥绘山水扁圆壶	高：6.8 口径：6.3	底图形方印	私人	私人	
99	朱泥扁圆壶	高：6.5 宽：14	底楷书“孟臣”，把下楷书椭圆印“昌记”及楷书印字“复盛”	私人	《紫砂传承精艺》页74	乾隆晚期
100	鼓腹孟臣扁形小壶	高：5.5	底刻行书“□□留月夜评茶　孟臣制”	香港茶具文物馆	《宜兴陶艺》页97	乾隆晚期
101	朱泥小品壶	高：5.5 宽：10.5	底刻“冰心映玉壶君德”，把下长方印“菊轩”	私人	《紫砂传承精艺》页69	乾隆晚期
102	石瓢壶	高：9 宽：16.5	盖内款不清晰，底龙纹印腹刻“瓦壶天水菊花茶　少山”	私人	《紫砂传承精艺》页48	乾隆早期
103	环钮曲把鼓腹圆壶	高：9 口径：7.5	底阳文篆书方印“杨季初”	私人	私人	乾隆早期
104	盖碗壶	高：8.5 宽：18	无	私人	《紫砂传承精艺》页49	乾隆早期
105	桃形壶	高：11 宽：17.5	底、盖内方形印记（不识）	私人	《紫砂传承精艺》页66	乾隆早期
106	竹节提梁壶			南京博物院		

续表

序号	名称	尺寸（单位：厘米）	款识	收藏单位	资料来源	备注
107	竹节提梁壶	高：21 宽：20	底阳文篆书方印“陈荫千制”	私人	《紫砂传承精艺》页56	乾隆早期
108	四方大壶	高：15.7 口径：8	底阳文篆书方印“谈伯章”	私人	私人	
109	四方曲把大壶	高：18.5 口径：7.8	底阳文篆书方印“荆溪华凤翔制”	私人	私人	
110	四方提梁壶	高：15 宽：8	盖内阳文篆书长方印“青□堂”，底阳文楷书方印“徐飞龙制”	私人	《紫砂传承精艺》页62	乾隆早期
111	炉钧釉汉方壶	高：13.6 口径：5.7	底阳文篆书方印“邵茂林制”	私人	私人	
112	彩釉汉方壶	高：18.5 宽：20	底阳文篆书圆印“华凤翔□”，盖内及底有墨书划记	私人	《紫砂传承精艺》页42	乾隆早期
113	彩釉小汉方	高：12.2 口径：5.5	底阳文篆书方印“荆溪自省”	私人	私人	
114	炉钧釉传炉壶	高：10 口径：6.5	底阳文篆书方印“邵茂林制”	私人	私人	
115	彩釉六方壶	高：15 口径：8	底阳文篆书方印“徐恒茂制”	私人	私人	
116	六方大壶	高：？ 口径：6.5	底阳文篆书方印“荆溪蒋□玉制”	私人	私人	
117	炉钧釉六方壶	高：11.6 口径：6.5	底阳文篆书方印“徐恒茂制”	私人	私人	
118	兽钮六方壶	高：9.8 口径：7	底阳文篆方印“顺时听天”	私人	私人	
119	外销贴花六方壶	高：10 宽：8.5	无	香港茶具文物馆	《宜兴陶艺—茶具文物馆罗桂祥珍藏》页214	
120	合斗壶	高：9 口径：5.6×5.6 足径：6.6×6.6	无	故宫博物院	《故宫博物院藏宜兴紫砂》页104	清宫旧藏，或可早至明晚期
121	加彩半月壶	高：10 宽：17	腹白釉草书“石□□人　少山”	私人	《紫砂传承精艺》页54	乾隆早期
122	双联壶	高：11.5 宽：22	底图形方印	私人	《紫砂传承精艺》页65	乾隆早期 六方
123	加彩双联壶	高：10.8	无	香港茶具文物馆	《宜兴陶艺》页152	乾隆早期 五方

续表

序号	名称	尺寸（单位：厘米）	款识	收藏单位	资料来源	备注
124	狮球壶	高：9.7 口径：7.2	底阳文篆书方印“范章恩制”	私人	私人	
125	加彩菊瓣壶	不详	腹左上角白釉篆书四字	河南巩义康百万故居	私人	乾隆早期
126	莲瓣形壶	高：9.5 口径：7.1	无	南京博物院	《宜兴紫砂》页163	乾隆早期
127	梅花瓣形壶	高：10 口径：5.5	无	私人	私人	乾隆早期
128	模印菊瓣提梁壶	高：15.6 口径：5.9 底径：5.9	无	南京博物院	《宜兴紫砂》页105	乾隆早期
129	狮钮圆壶	高：12 宽：7	底阳文篆书方印“陈子畦”	私人	私人	清初，早于乾隆
130	狮钮圆壶	高：11.6 口径：10.4	底刻草书“逸公”	香港茶具文物馆	《茶具文物馆罗桂祥藏品下册》页50	
131	狮钮圆壶	高：13.7 口径：7	底阳文篆书方印“范章恩制”	私人	私人	
132	外销印花狮钮圆壶	高：11.1 宽：9.8	无	香港茶具文物馆	《宜兴陶艺—茶具文物馆罗桂祥珍藏》页215	
133	贴花夔龙狮钮圆壶	高：12.2 宽：8	底阳文篆书方印“陈子畦”	私人	私人	清初，早于乾隆
134	贴花夔龙圆壶	高：10.2 口径：6.2	底回纹框阳文篆书圆印“邵福□制”	私人	私人	
135	龙象三足圆壶	高：13 口径：7	底阳文篆书方印“陈子畦”	私人	私人	清初，早于乾隆
136	螭龙云雷纹壶	高：9 宽：18	底阴文篆书方印“清香竞媚”，盖内款不清晰	私人	《紫砂传承精艺》页138	
137	螭龙云雷纹壶	高：9.6 口径：8 足距：6.8	底龙纹图形方印，盖内阳文楷书长方印“绥馥”	故宫博物院	《故宫博物院藏宜兴紫砂》页95	
138	螭龙云雷纹壶	高：9.5	底凤纹图形方印，盖内阳文楷书长方印“绥馥”	私人	《宜兴紫砂》页110	
139	螭龙云雷纹壶	高：9.9 宽：13	底阳文篆回纹框方印“松亭□□”，盖内篆长方印“九龄”	香港茶具文物馆	《茶具文物馆罗桂祥藏品下册》页85	
140	螭龙云雷纹壶	高：10.5 口径：8.3	底阳文篆书回纹框方印“权寅敕记”	私人	《宜兴紫砂珍赏》页133	

续表

序号	名称	尺寸（单位：厘米）	款识	收藏单位	资料来源	备注
141	彩釉曲把蟾钮竹节壶	高：14.8 口径：12	底阳文篆书方印“陈荫千制”	私人	私人	
142	彩绘山水蟾钮竹节壶	高：15 宽：12.7	阴文篆书长方印“汉珍”	香港茶具文物馆	《茶具文物馆罗桂祥藏品下册》页58	
143	百果壶	高：14 口径：5 假托足径：2.2	无	故宫博物院	《故宫博物院藏宜兴紫砂》页83	
144	注壶	高：9.7 口径：8.7	底圆形戳印（字迹模糊）	镇江博物馆	《宜兴紫砂》页92	乾隆早期
145	绿釉菊瓣大罐	高：22.5 宽：28	款识不清晰	私人	《紫砂传承精艺》页40	乾隆早期
146	外销六方茶叶罐	高：23.9	长方款篆字“仲侯”（位置不详）	香港茶具文物馆	《宜兴陶艺》页175	乾隆早期
147	六方茶叶罐	高：23 宽：17	无	私人	《紫砂传承精艺》页64	乾隆早期，失盖
148	外销八宝如意盖罐	高：30.8	无	香港茶具文物馆	《宜兴陶艺》页174	
149	盖罐	高：9.2 口径：5.4	无	扬州文物商店	《宜兴紫砂》页195	至少乾隆早期
150	盖罐	尺寸不详	底阳文楷书方印“王南林造”	私人	《紫砂传承精艺》页58	乾隆早期
151	盖罐	高：16 口径：10.5 底径：11.5	底阴文篆印“王南林”	故宫博物院	《故宫藏紫砂器》页34	无图
152	盖罐	高：13.5 宽：16	底图形方印	私人	《紫砂传承精艺》页59	乾隆晚期，失盖
153	加彩盖罐	高：11.3 口径：5.4	无	南京市博物馆	《宜兴紫砂》页98	出土器，彩饰部分剥落
154	加彩盖罐	高：13.9 口径：10.7	盖孔两侧各一卍纹方印，底图形方印	南京博物院	《宜兴紫砂》页272	
155	加彩盖罐	高：13.2 口径：9.6	底图形方印，旁有浅蓝釉书划记	私人	私人	划记和彩釉圆肩大壶相似
156	泥绘山水笔筒	高：15.2 口径：18	底阳文篆方款“阳季初”	南京博物院	《宜兴紫砂》页88	
157	泥绘山水笔筒	高：15.3 口径：15.3	底阳文篆方款“阳季初”	苏州市博物馆	《宜兴紫砂》页90	
158	泥绘山水笔筒	高：15 口径：16.2	底阳文篆书方印“杨季初”	天津博物馆	《历代紫砂瑰宝》页36	
159	泥绘山水笔筒	高：15 口径：16.8	底阳文篆书方印“杨履乾”	天津博物馆	《历代紫砂瑰宝》页37	

续表

序号	名称	尺寸（单位：厘米）	款识	收藏单位	资料来源	备注
160	泥绘山水笔筒	高：15.4	底阳文篆书方印“杨季初”	私人	《宜兴陶艺》页133	
161	泥绘山水笔筒	高：16.5 口径：19 足径：18.5	无	故宫博物院	《故宫博物院藏宜兴紫砂》页174	清宫旧藏
162	泥绘山水笔筒	高：16 口径：19 足径：19	无	故宫博物院	《故宫博物院藏宜兴紫砂》页176	清宫旧藏
163	泥绘山水笔筒	高：16.5 口径：19 足径：18.5	无	故宫博物院	《故宫博物院藏宜兴紫砂》页178	清宫旧藏
164	泥绘山水笔筒	高：14 口径：15.5 足径：14.5	底阳文篆书方印“大清乾隆年制”	故宫博物院	《故宫博物院藏宜兴紫砂》页180	
165	泥绘山水笔筒	高：15 口径：15.5 足径：14.5	底阳文篆书方印“杨季初”	故宫博物院	《故宫博物院藏宜兴紫砂》页182	
166	泥绘山水笔筒	高：14 口径：15.5 足径：14.5	无	故宫博物院	《故宫博物院藏宜兴紫砂》页183	
167	泥绘四方笔筒	高：14.5 口径：13.5×13.5 足径：13.5×13.5	无	故宫博物院	《故宫博物院藏宜兴紫砂》页184	
168	彩绘四方委角笔筒	高：13.5 口径：12×12 足径：11×11	无	故宫博物院	《故宫博物院藏宜兴紫砂》页185	
169	梅桩式笔筒	高：13.1 口径：17.7×16.3 足径：17.7×16.3	无	故宫博物院	《故宫博物院藏宜兴紫砂》页186	
170	贴花夔龙菱花式盆	高：7.4 口径：6.6×6.6 足径：12×12	无	故宫博物院	《故宫博物院藏宜兴紫砂》页263	
171	双龙托珠福寿洗	高：5 口径：4.7 底径：3.6	无	故宫博物院	《故宫博物院藏宜兴紫砂》页207	
172	碗	高：5.9 口径：12	底阳文篆书方印“汤天如制”	天津博物馆	《历代紫砂瑰宝》页68	
173	贴花夔龙碗	高：4.3 宽：9	底阳文篆书圆印“慎亭”（或者亭慎）	香港茶具文物馆	《茶具文物馆罗桂祥藏品下册》页61	
174	大碗	尺寸不详	底阳文篆书方印“徐□□制”	天津博物馆	天津博物馆	

续表

序号	名称	尺寸（单位：厘米）	款识	收藏单位	资料来源	备注
175	桃形杯	高：5.8 横：11.2 纵：8.6	无	苏州市博物馆	《宜兴紫砂珍赏》页56	
176	鸳鸯式盒	高：6 长：9.5	无	故宫博物院	《故宫博物院藏宜兴紫砂》页222	
177	觚	高：15 口径：18.2 底径：9.2	腹部弦线下阳文篆书方印“陈觐侯制”	故宫博物院	《故宫博物院藏宜兴紫砂》页217	原有描金似脱落
178	钧釉梅瓶	高：27.2	底阳文楷书方印“葛明祥制”	私人	《宜兴陶艺》页103	
179	钧釉圆形大缸	高：34 口径：31	底阳文楷书方印“葛明祥制”	私人	私人	
180	钧釉六角形大缸	尺寸不详	底阳文楷书方印“葛明祥制”	私人	私人	

表四　清代中期出土及传世紫砂器

序号	名称	尺寸（单位：厘米）	款识	收藏单位	资料来源	备注
1	四方壶	高：10 宽：19	底阳文篆方印“恕行”，盖内方印“吉安”，腹署“丁巳年”	私人	《紫砂传承精艺》页88	嘉庆二年（1797）
2	一粒珠壶	不详	腹署“嘉庆四年秋日刻，徐展亭”，把下“壶痴”，底阳文篆书印“澹然斋”	故宫博物院	《故宫博物院藏宜兴紫砂》页108	嘉庆四年（1799）
3	描金直壁圆壶	高：9 口径：7.3 足径：9.9	腹署“乙未冬日，松岑先生大人清玩，介峰”，底阳文篆方印“杨彭年制”	故宫博物院	《故宫博物院藏宜兴紫砂》页111	嘉庆四年（1799）
4	彩绘山水高颈圆壶	高：12.4 口径：6.5 足径：7.7	底阳文篆方款“竞媚清香”，盖与底内墨书划记	不详	《文物》2002年第4期	嘉庆五年（1800）
5	井栏式提梁	高：14.1 宽：11.1	底阳文篆方印“阿曼陀室”，上刻“眉”字，腹刻“壬申之秋阿曼陀室铭提梁壶”，盖内“彭年”	香港艺术馆	《书画印壶：陈鸿寿的艺术》页257	嘉庆十七年（1812）
6	高肩扁圆壶	高：7.8 口径：7	底楷书“乙亥夏日曼生”，盖内楷长方印“维松”	私人	《宜兴紫砂珍赏》页106	嘉庆二十年（1815）
7	汉君壶	高：7 口径：11.8	底阳文篆方印“阿曼陀室”，腹刻“嘉庆乙亥秋九月，桑连理馆制。茗壶第一千三百七十九，频迦识”，把下“彭年”	香港艺术馆	《书画印壶：陈鸿寿的艺术》页259	嘉庆二十年（1815）
8	仿唐井栏壶	高：8.1 口径：7.7 足径：13.2	底阳文篆书方印“午庄”，把下“彭年”方印，腹刻“摹溧阳唐井文为午庄清玩，曼公记。嘉庆乙亥秋九月彭年船”	上海博物馆	《书画印壶：陈鸿寿的艺术》页261	嘉庆二十年（1815）
9	方壶	高：8.6 宽：13.3	底阳文篆书方印“阿曼陀室”，腹刻“曼生铭。嘉庆丙子秋七月，杨彭年造”，把下阳文篆书方印“彭年”	香港中文大学文物馆	《书画印壶：陈鸿寿的艺术》页263	嘉庆二十一年（1816）

续表

序号	名称	尺寸（单位：厘米）	款识	收藏单位	资料来源	备注
10	瓦当壶	高：8.5 腹径：16	把下阳文篆方印“彭年”，腹署“壶公戏题丙子二月”	天津博物馆	《历代紫砂瑰宝》页42	嘉庆二十一年（1816）
11	钵形壶	高：9 口径：8	底阳文篆书方印“杨彭年造”	私人	《宜兴紫砂》页117	嘉庆二十四年（1819）
12	朱泥小品	高：5.2 口径：3.4 足径：2.7	底阳文楷书方印“嘉庆年制”	故宫博物院	《故宫博物院藏宜兴紫砂》页107	清宫旧藏
13	笠式壶	高：8.7 宽：12.6	腹署“辛巳年”，底阳文篆书方印“阿曼陀室”	法兰高公司	《书画印壶：陈鸿寿的艺术》页263	道光元年（1821）
14	仿古井栏水盂	高：4.8 口径：6.7	底阳文篆书方印“杨彭年造”，腹署“道光壬午”	南京博物院	《宜兴紫砂》页120	道光二年（1822）
15	钱钮方壶	高：12 口径：4.5	底阳文篆方印“杨彭年造”，壶身署“癸未仲秋”，流下刻“名华十友斋清玩”	故宫博物院	《历代紫砂瑰宝》页49	道光三年（1822）
16	玉盖锡包方壶	高：10.5 宽：18	内底阳文篆方印“红珊馆制”，腹署“道光五年中秋 石楳”	私人	《紫砂传承精艺》页82	道光五年（1825）
17	笠式壶	高：6.5	底阳文篆方印“杨彭年制”，壶身铭文不清楚	香港茶具文物馆	《宜兴陶艺》页119	道光八年（1828）
18	仿国山碑花瓶	高：20.3 口径：9×10.5	器身近底处方印“彭年”，底刻楷书署“戊子仲秋阳羡路衮补之识”	南京博物院	《宜兴紫砂》页123	道光八年（1828）
19	锡包方壶	高：11.6	腹刻字署“道光己丑”、“步朗制”	香港茶具文物馆	《宜兴陶艺》页127	道光九年（1829）
20	锡包础方壶	高：8.4 口边长：4.5 底边长：5.9	内底阳文方印“杨彭年制”，腹书“己丑小春月石楳”	南京市博物馆	《宜兴紫砂》页140	道光九年（1829）
21	蛙钮圆壶	高：12.2 口径：7.6	底阴文楷书回纹框方印“权寅敕记”，腹署“庚寅九秋上沅瑞廷刻”	私人	私人	道光十年（1830）
22	掇只壶	高：11.6 口径：8.1	底刻楷书“岁在辛卯仲冬虔荣制时年七十六并书”	香港中文大学文物馆	《宜兴紫砂珍赏》页85	道光十一年（1831）
23	文具盘	高：3.5 口径：30.5×30.5	盘心题句末刻“道光甲午 杨彭年制”	故宫博物院	《故宫博物院藏宜兴紫砂》页254	道光十四年（1834）

续表

序号	名称	尺寸（单位：厘米）	款识	收藏单位	资料来源	备注
24	花浇	不详	腹署“岁在道光甲午谷雨前五日，香温茶熟，心轩主人自造”	故宫博物院	《故宫藏紫砂器》页38（图），28（文）	道光十四年（1834）
25	圆珠形壶	高：10 口径：7.2	底阳文篆书方印“杨彭年造”，腹署“甲辰九月子冶”	苏州文物商店	《宜兴紫砂》页144	道光二十四年（1844）
26	高圈足矮蛋包壶	高：9 口径：6	底刻“岁次甲辰孟秋之月”，盖上楷书瓜子形印“大亨”	私人	《宜兴紫砂珍赏》页90	道光二十四年（1844）
27	平盖莲子壶	高：8.8 口径：6.8	盖内阳文篆长方印“申锡”，腹署“道光丁未春行有恒堂主人制”	唐云旧藏	《宜兴紫砂珍赏》页123	道光二十七年（1847）
28	堆泥篆字直方壶	高：13.5 方口纵：6.5 横：6.5	把下阳文篆长方印“吉安”腹署“道光己酉春行有恒堂主人制”	南京博物院	《宜兴紫砂》页142	道光二十九年（1849）
29	合欢壶	高：6.9	底阳文篆书方印“阿曼陀室”盖内阳文篆书方印“竹溪”	香港茶具文物馆	《宜兴陶艺》页131	道光二十九年（1849）
30	暖座式孤棱壶	高：15	底阳文篆书方印“阿曼陀室”，盖内阳文篆方印“竹溪”，腹署“庚戌冬月竹溪”	私人	《宜兴紫砂》页162	道光三十年（1850）
31	平盖圆壶	高：7.2 口径：6.1 底径：6.1	腹刻楷书“咸丰壬子冬行有恒堂主人制”，把下小方印“吉安”	故宫博物院	《故宫博物院藏宜兴紫砂》页124	咸丰二年（1852）
32	汉钟壶	高：11.8 口径：6.1	盖内阳文篆书方印“万泉”，腹署“时同治八年夏日造”“周品珍书”	私人	《宜兴紫砂珍赏》页126	同治八年（1869）
33	肩线钵盂提梁壶	高：16.2	阳文篆书方印“万泉”，署“同治甲戌广陵花虎卿制”（位置不明）	香港茶具文物馆	《宜兴陶艺》页137	同治十三年（1874）
34	平盖竹节壶	高：8.8 腹径：12.2	盖内阳文篆书款“万泉”壶腹署“曼生”	上海博物馆	《文物》1985年第12期	
35	平盖竹段壶	高：7.8 口径：7.8	底阳文篆书方印“石某摹古”，盖内印“彭年”，腹署“石楳作”	上海博物馆	《宜兴紫砂珍赏》页111	

续表

序号	名称	尺寸（单位：厘米）	款识	收藏单位	资料来源	备注
36	平盖竹段壶	高：10.8 口径：8.1	底阳文篆书圆印“杨氏”	宜兴陶瓷陈列馆	《宜兴紫砂》页152	
37	三足直壁扁壶	高：3.7 口径：4.4	底阳文篆印“香蘅”，把下阳文篆印“彭年”，腹署“曼生作乳鼎铭”	上海博物馆	《宜兴紫砂》页113	嘉道年间王光熙墓出土
38	三足直壁扁壶	高：7 口径：4.4	底阳文篆印“香蘅”，把下阳文篆印“彭年”，腹署“曼生作乳鼎铭”	香港中文大学文物馆	《书画印壶：陈鸿寿的艺术》页289	
39	三足直壁扁壶	高：5.5 腹径：15	底阳文篆印“香蘅”，把下阳文篆印“彭年”，腹署“曼生作乳鼎铭”	天津博物馆	《历代紫砂瑰宝》页44	
40	描金三足扁壶	高：6.2 口径：6.5	底阳文篆书方印“阿曼陀室”，把下“彭年”方印	私人	私人	
41	仿唐井栏壶	高：8.9 口径：9.8	壶身署“曼生为寄沤清甿”，底阳文篆方印“阿曼陀室”，把下“彭年”方印	南京博物院	《宜兴紫砂》页119	
42	仿唐井栏水盂	高：3.8 口径：5	底阳文篆书方印“石某仿制”	唐云旧藏	《宜兴紫砂珍赏》页114	
43	井栏壶	高：6.6 口径：6.1 足径：10.1	壶身署“曼生记”，底阳文篆书方印“阿曼陀室”，把下“彭年”方印	上海博物馆	《书画印壶：陈鸿寿的艺术》页275	
44	井栏壶	高：6.6 口径：6 足径：10.4	壶身署“延年铭”，底阳文篆书方印“阿曼陀室”，把下“彭年”方印	上海博物馆	《书画印壶：陈鸿寿的艺术》页273	
45	井栏壶	高：8.6 宽：18.1	壶身署“曼生为七芗题”，底阳文篆书方印“阿曼陀室”，把下“彭年”方印	香港中文大学文物馆	《书画印壶：陈鸿寿的艺术》页279	
46	井栏壶	高：8.7	壶身署“曼生铭”，底阳文篆书方印“阿曼陀室”，把下“彭年”方印	唐云旧藏	《宜兴紫砂》页134	
47	井栏壶	高：5.5 口径：6.8	壶身署“曼生”，底阳文篆书方印“阿曼陀室”，把下“彭年”方印	南京博物院	《书画印壶：陈鸿寿的艺术》页281	

续表

序号	名称	尺寸（单位：厘米）	款识	收藏单位	资料来源	备注
48	井栏式提梁	高：15.8 宽：12.6	壶身署“曼生铭”，底阳文篆书方印“阿曼陀室”，上刻“午”字	法兰高公司	《书画印壶：陈鸿寿的艺术》页242	
49	鼓形壶	高：8.5 口径：6.5	底阳文篆书方印“杨彭年造”，腹署“子冶”	首都博物馆	《历代紫砂瑰宝》页50	
50	汲直壶	高：11 口径：6.5 足径：8.4	腹刻字署“竹坪”	故宫博物院	《故宫博物院藏宜兴紫砂》页83	
51	直壁圆筒壶	高：9.9 口径：9 底径：9.1	底阳文篆书回纹框圆印“阳羡邵友兰制”，盖内阳文篆书椭圆印“二泉”，腹署“二泉”	故宫博物院	《故宫博物院藏宜兴紫砂》页112	
52	直壁圆筒壶	高：16.2 宽：10.4	底阳文篆书回纹框圆印“阳羡蒋裕泰制”，盖内阳文楷书椭圆印“裕泰”	香港茶具文物馆	《茶具文物馆罗桂祥藏品下册》页86	
53	平盖扁圆壶	高：5.5 口径：8.4 足径：9.8	腹刻字署“曼生”，底阳文篆书方印“逸闲”	故宫博物院	《故宫博物院藏宜兴紫砂》页110	
54	平盖圆壶	高：10.2 口径：7	底阳文篆书方印“茶熟香温”	私人	私人	
55	锡包圆筒形壶	高：9.4 口径：5.8 足径：5.8	壶内底阳文篆方印“杨彭年造”，腹刻字署“竹坪”	故宫博物院	《故宫博物院藏宜兴紫砂》页118	
56	锡包圆壶	高：8	壶内底阳文篆方印“杨彭年造”，腹刻字署“石楳制”	香港茶具文物馆	《宜兴陶艺》页126	
57	高颈圆壶	高：13.2 口径：6	底阳文篆书回纹框方印“友兰秘制”，盖内阳文楷书椭圆印“友兰”，腹署“二泉”	私人	私人	
58	圆壶	高：12.4 宽：11.1	底阴文篆书回纹框方印“友兰秘制”，腹署“竹坪”	香港茶具文物馆	《茶具文物馆罗桂祥藏品下册》页78	
59	圆壶	高：11.4 口径：6.5	底楷书方印“邵景南制”，盖内阳文楷书椭圆印“景南”，腹署“二泉”	私人	私人	

续表

序号	名称	尺寸（单位：厘米）	款识	收藏单位	资料来源	备注
60	太极鼓形壶	高：9.5 宽：11.4	阳文楷书方印“邵景南制”	香港茶具文物馆	《宜兴陶艺》页 130	
61	掇球壶	高：10.9 口径：6.5	盖内阳文楷书瓜子形印“大亨”	宜兴陶瓷陈列馆	《宜兴紫砂珍赏》页 86	
62	仿古壶	高：8.6 口径：9.2	盖内楷书瓜子形印“大亨”	宜兴陶瓷陈列馆	《宜兴紫砂珍赏》页 91	
63	仿古壶	高：9.8 口径：9.4	底楷书方印“邵景南制”，盖内阳文楷书椭圆印“景南”，腹署“二泉”	私人	私人	
64	笠盖圆壶	高：11.6 口径：7	底楷书方印“邵景南制”，盖内阳文楷书椭圆印“景南”，腹署“二泉”	私人	私人	
65	笠盖圆壶	高：11.6 口径：7	底阳文篆书回纹框方印“友兰秘制”，盖内阳文楷书椭圆印“友兰”	私人	私人	
66	高蛋包壶	高：9.8 口径：6.6	底阳文回纹框篆方印“友兰秘制”，盖内阳文楷书椭圆印“友兰”，腹署“二泉”	私人	《宜兴紫砂珍赏》页 92	
67	矮蛋包壶	高：9 宽：17.5	底“裕泰秘制”，盖内阳文楷书椭圆印“裕泰”	私人	《紫砂传承精艺》页 89	
68	蓝釉彩绘矮蛋包壶	高：9	底阳文篆书回纹框方印“裕泰秘制”，盖内阳文楷书椭圆印“裕泰”	香港茶具文物馆	《宜兴陶艺》页 141	
69	钿合壶	高：6.5 口径：5.2	底阳文篆书方印“阿曼陀室”，把下“彭年”方印，腹署“笏山”	唐云旧藏	《宜兴紫砂珍赏》页 109	
70	克盖果圆壶	高：7.5 口径：6.2	底阳文篆书方印“阿曼陀室”，把下阳文篆书方印“彭年”，腹署“竹泉大兄先生雅玩，印泉监制”	唐云旧藏	《宜兴紫砂珍赏》页 105	
71	钵形壶	高：7.7 口径：10	底阳文篆书方印“陈父”，把下印“彭年”	上海博物馆	《宜兴紫砂珍赏》页 116	
72	权形壶	高：11 口径：8.5 足径：12.3	壶身署“曼生为止侯铭”，盖内印“彭年”	故宫博物院	《故宫博物院藏宜兴紫砂》页 109	

续表

序号	名称	尺寸（单位：厘米）	款识	收藏单位	资料来源	备注
73	权形壶	高：8.9 口径：8.5 足径：11.4	壶身署“曼生铭”，盖内“彭年”方印	上海博物馆	《书画印壶：陈鸿寿的艺术》页 271	
74	权形壶	高：7.2 口径：5.8 足径：9.6	底阳文篆书方印“阿曼陀室”，盖内“彭年”，腹署“曼公督船茗壶，第四千六百十四，为犀泉清玩”	上海博物馆	《书画印壶：陈鸿寿的艺术》页 291	
75	权形壶	高：7.2 口径：6.1	底阳文篆方印“陈曼生制”，盖内“彭年”腹署“曼生”	南京博物院	《书画印壶：陈鸿寿的艺术》页 293	
76	钟式壶	高：8.5 口径：5.9 足径：11.2	底阳文篆书方印“阿曼陀室”，把下阳文篆方印“彭年”，腹署“曼生铭”	上海博物馆	《书画印壶：陈鸿寿的艺术》页 295	
77	梅花钟形壶	高：12.5 口径：6.4	底阳文篆方印“茶熟香温”，把底楷书方印“申锡”，腹署“石楳”	南京博物院	《宜兴紫砂》页 174	
78	钟形壶	高：11.8 口径：9.3	盖内阳文篆书方印“万泉”	南京博物院	《宜兴紫砂》页 256	
79	汉钟壶	高：11.2 口径：6.1	腹署“子冶”	私人	《宜兴紫砂珍赏》页 119	盖残
80	腰线钟形壶	高：13.3 宽：8.8	底阳文篆书回纹框圆印“友兰秘制”，阳文楷书，椭圆印“友兰”	香港茶具文物馆	《茶具文物馆罗桂祥藏品下册》页 79	
81	泥绘钟式壶	高：15.3 口径：6.2	底阳文篆书回纹框圆印“志茂秘制”	扬州文物商店	《宜兴紫砂》页 190	
82	腰线圆壶	高：9 宽：11.3	底阳文篆书回纹框圆印“阳羡潘志茂制”，阳文篆书椭圆印“志茂”	香港茶具文物馆	《宜兴陶艺》页 132	
83	汉铎壶	高：10.5 宽：16	底阳文篆书回纹框圆印“阳羡蒋裕泰制”，盖内阳文楷书椭圆印“裕泰”	私人	《紫砂传承精艺》页 90	
84	折肩圆壶	高：8.5 口径：5.9 足径：11.2	底阳文篆书方印“阿曼陀室”，把下阳文篆方印“彭年”，腹署“冰蟾女史疋赏”	上海博物馆	《书画印壶：陈鸿寿的艺术》页 297	

续表

序号	名称	尺寸（单位：厘米）	款识	收藏单位	资料来源	备注
85	汉君壶	高：5 宽：17.7	底刻“桑连理馆仿大彬制”，把下“彭年”方印	法兰高公司	《书画印壶：陈鸿寿的艺术》页243	只有俯向照
86	汉君壶	高：6.7	底阳文篆方印“阿曼陀室”，把下阳文篆方印“彭年”，腹署“曼公”	唐云旧藏	《宜兴紫砂》页130	
87	汉君壶	高：7	底阳文篆方印“阿曼陀室”，腹署“频迦”	香港茶具文物馆	《宜兴陶艺》页114	
88	汉扁壶	高：9.5 口径：9.4	把底阳文篆书方印“万泉”	宜兴陶瓷陈列馆	《宜兴紫砂珍赏》页124	
89	扁圆壶	高：6.6 宽：11.6	底葫芦形印“吉壶”，另一印“宜园”位置不明，把下“彭年”印	香港茶具文物馆	《宜兴陶艺—茶具文物馆罗桂祥珍藏》p158	
90	柱础壶	高：13.5 宽：16	底阳文篆书方印“阿曼陀室”	私人	私人	
91	柱础壶	高：7.4	底阳文篆书方印“杨葆年”，腹署“曼生为一进铭”	香港茶具文物馆	《宜兴陶艺》页120	
92	合欢壶	高：8.5	壶身署“曼生铭”，底阳文篆书方印“阿曼陀室”，把下“彭年”方印	唐云旧藏	《宜兴紫砂》页128	
93	合欢壶	高：7.9	壶身署“曼生铭”，底阳文篆书方印“曼生”，把下“彭年”方印	唐云旧藏	《宜兴紫砂》页129	
94	合欢壶	高：8 宽：17	把底阳文篆书方印“彭年”，腹刻字署“曼生”	私人	《紫砂传承精艺》页78	
95	合欢圆壶	高：8.5 宽：16	底阳文篆书方印“阿曼陀室”，把下“彭年”方印，肩署“曼生作铭”	天津博物馆	《历代紫砂瑰宝》页45	
96	平盖合欢壶	高：8.5 口径：7	壶身刻“竹里半炉火活 曼生”	南京博物院	《宜兴紫砂》页295	
97	折肩扁壶	高：6.1 口径：8	壶肩刻行书“壶天日月长在 曼生”	江苏文物商店	《宜兴紫砂》页253	
98	葫芦形壶	高：8.9 宽：13.3	底阳文篆书方印“阿曼陀室”，把下“彭年”方印，腹刻行书署“曼生铭”	旧金山亚洲艺术博物馆	《书画印壶：陈鸿寿的艺术》页241	

续表

序号	名称	尺寸（单位：厘米）	款识	收藏单位	资料来源	备注
99	葫芦形壶	高：9.5 口径：6	底方印“阿曼陀室”，把下“彭年”，腹署“花潭先生玩 旭台”	私人	私人	口径大
100	葫芦形壶	高：10.5 口径：4.5	底方印“阿曼陀室”，把下“彭年”，腹署“花潭先生玩 旭台”	私人	私人	口径小
101	葫芦形壶	高：10.5	底方印“阿曼陀室”，把下“彭年”，方印腹署“曼生铭”	天津博物馆	《历代紫砂瑰宝》页43	
102	匏瓜壶	高：9.3 宽：15.4	底方印“阿曼陀室”把下“彭年”方印，腹署“曼生铭”	天津博物馆	《历代紫砂瑰宝》页46	
103	匏瓜壶	高：9.7	壶身署“曼生铭”，底阳文篆书方印“阿曼陀室”，把下“彭年”方印	唐云旧藏	《宜兴紫砂》页133	
104	匏瓜壶	高：7.9 宽：10.8	底阳文篆方印“吉壶”，把下“彭年”，腹刻行书署“小谷仁兄过余濑阳，适余倩彭年制壶。作此奉赠，聊志翰墨缘耳。曼生”	香港艺术馆	《书画印壶：陈鸿寿的艺术》页283	
105	瓜形提梁壶	高：18.3 口径：6	腹署“曼铭，频迦书”	上海博物馆	《书画印壶：陈鸿寿的艺术》页285	
106	锥钮三足圆壶	高：12 口径：6.5	底方印“阿曼陀室”，把下“彭年”方印，腹署“曼生铭”	私人	私人	
107	镶玉槟榔木圆壶	高：9 口径：6.5 底径：12	底阳文篆书方印“石楳摹古”	故宫博物院	《故宫博物院藏宜兴紫砂》页121	
108	乳瓯壶	高：8 口径：5.6	壶身署“祥伯为曼公詺并书”，底阳文篆书方印“阿曼陀室”，把下印“彭年”	南京博物院	《宜兴紫砂》页225	
109	石瓢壶	高：7.5	底阳文篆书方印“阿曼陀室”，把下篆书方印“彭年”	唐云旧藏	《宜兴紫砂》页138	
110	石瓢壶	高：6.6 口径：6.5	壶盖铭“宜园”，底葫芦形印“吉壶”，把下印“彭年”，壶身署“子冶”	上海博物馆	《宜兴紫砂珍赏》页118	

续表

序号	名称	尺寸（单位：厘米）	款识	收藏单位	资料来源	备注
111	石瓢壶	高：7.3 宽：12.9	底阳文篆书方印“壶公冶父”，把下篆书方印“彭年”，腹署“小谷制”	香港茶具文物馆	《宜兴陶艺—茶具文物馆罗桂祥珍藏》页158	
112	石瓢壶	高：6.8	底阳文篆书方印“壶公冶父”	私人	《宜兴陶艺》页122	
113	石瓢壶	高：6.7 口径：5.7 底径：11.5	底阳文篆印“壶公冶父”，把下“彭年”腹署“子冶”	苏州文物商店	《宜兴紫砂》页146	
114	石瓢壶	高：8.8 口径：6.8	底阳文篆书方印“乐陶陶室”，把下方印“彭年”，腹署“子冶”	唐云旧藏	《宜兴紫砂珍赏》页121	
115	石瓢壶	高：8 宽：16.5	底阳文篆书方印“壶公冶父”，腹署“子冶”	私人	《紫砂传承精艺》页80	
116	瓢形提梁	高：13 宽：13.5	底阳文篆书方印“阿曼陀室”，把下“彭年”方印，腹刻行书署“曼生铭”	东亚艺术博物馆	《书画印壶：陈鸿寿的艺术》页244	
117	瓢形提梁	高：12.8	壶身署“曼铭”，底阳文篆书方印“阿曼陀室”	唐云旧藏	《宜兴紫砂》页137	
118	瓢形提梁	高：12.8	底阳文篆书方印“阿曼陀室”，把下“彭年”方印，腹刻行书署“曼生铭”	私人	《宜兴陶艺》页116	
119	瓢形提梁	高：16 口径：6	底阳文篆方印“阿曼陀室”，把下“彭年”方印，腹署“曼生铭”	私人	私人	
120	铫形提梁	高：12.2 口径：5.9	底阳文篆书方印“彭年”，腹署“听香铭”	唐云旧藏	《宜兴紫砂珍赏》页109	
121	湖石钮提梁壶	高：12.6 口径：6.8 足径：7.3	腹署“子冶”	故宫博物院	《故宫博物院藏宜兴紫砂》页123	
122	半瓜壶	高：7.2 口径：6.1	底阳文篆书方印“陈曼生制”，盖内阳文篆方印“彭年”，腹署“曼生”	南京博物院	《宜兴紫砂珍赏》页98	
123	笠式壶	高：7.5	壶身署“曼生铭”，底阳文篆书方印“阿曼陀室”	唐云旧藏	《宜兴紫砂》页135	

续表

序号	名称	尺寸（单位：厘米）	款识	收藏单位	资料来源	备注
124	笠式壶	高：8.1 口径：3.2	底阳文篆方印“石某摹古”，把下阳文篆方印“彭年”腹署“石楳”	私人	私人	
125	平肩朱泥小品	高：5.9	底阳文篆书方印“彩霞监制”	香港茶具文物馆	《宜兴陶艺》页 99	
126	笔洗	高：5 宽：10	底阳文篆方印“阿曼陀室”，腹署“曼生”	私人	《紫砂传承精艺》页 75	
127	泥绘方壶	高：7 口径：6.6	腹署“曼生”	苏州文物商店	《宜兴紫砂珍赏》页 104	
128	彩釉四方提梁壶	高：18 口径：8.2	无款	私人	《宜兴紫砂珍赏》页 145	
129	砖方壶	不详	腹署“曼生”	法国汤玛士·杜比博物馆	*Yixing: Teapots for Europe* P. 187	
130	包锡四方壶	高：7.9 口径：6.6 足径：8.6×8.6	壶内底阳文篆方印“杨彭年制”，腹刻字署“竹庵”	故宫博物院	《故宫博物院藏宜兴紫砂》页 120	
131	仿晋砖扁方壶	高：4.1	底葫芦形印“吉壶”，另一印“宜园”位置不明	香港茶具文物馆	《宜兴陶艺》页 118	
132	锡包方斗壶	高：6.9 宽：10	壶内底为杨彭年款，腹署“博雅居制”	香港茶具文物馆	《茶具文物馆罗桂祥藏品下册》页 73	
133	合斗壶	不详	腹署“曼生”	法国汤玛士·杜比博物馆	*Yixing : Teapots for Europe* P.187	
134	扁方合斗壶	高：6.5 宽：16.5	腹署“曼生”	私人	《紫砂传承精艺》页 76	
135	银锭壶	不详	腹署“曼生”	法国汤玛士·杜比博物馆	*Yixing : Teapots for Europe* P.187	
136	孤棱壶	高：7.4 宽：14.3	底阳文篆书方印“阿曼陀室”，把下“彭年”方印，腹刻行书署“祥伯铭”	芝加哥艺术馆	《书画印壶：陈鸿寿的艺术》页 242	
137	柿形方壶	高：8	底阳文篆书方印“石楳仿制”，把下阳文篆书方印“彭年”，壶身署“石楳制”	唐云旧藏	《宜兴紫砂》页 139	
138	印方包袱壶	高：8.2 口径：7.1×5.3 底径：5×5	底阳文篆书方印“壶痴”，盖内椭圆印“瑞祥”	故宫博物院	《故宫博物院藏宜兴紫砂》页 114	

续表

序号	名称	尺寸（单位：厘米）	款识	收藏单位	资料来源	备注
139	加彩印方包袱壶	高：12 宽：10.5	阳文篆书方印“壶痴”	香港茶具文物馆	《茶具文物馆罗桂祥藏品下册》页83	
140	方钟壶	高：12.5 宽：16.5	底“宜兴紫砂名壶”，盖内印“吉安”	私人	《紫砂传承精艺》页86	
141	竹节六方壶	高：9.7 口径：6.3	底阳文篆书方印“杨彭年造”	扬州文物商店	《宜兴紫砂》页178	
142	六方壶	高：9.5 口径：7.1	盖内阳文篆书方印“万泉”	南京博物院	《历代紫砂瑰宝》页62	
143	捆竹八卦壶	高：8.5 口径：9.6	盖内瓜子形阳文楷书印“大亨”	南京博物院	《宜兴紫砂》页156	
144	瓦当壶	高：7.4 口径：4.3 底纵：11.5 横：6.9	底阳文篆书方印“阿曼陀室”，盖内阳文篆方印“彭年”，腹署“曼生铭”	上海博物馆	《书画印壶：陈鸿寿的艺术》页267	
145	瓦当壶	高：8.5 口纵：5.7 横：5.1 底纵：16.2 横：7.5	底阳文篆书方印“阿曼陀室”，盖内阳文篆方印“彭年”，腹署“春萝清玩，曼生铭第二千六百十一壶”	上海博物馆	《书画印壶：陈鸿寿的艺术》页269	
146	瓦当壶	高：8.5 宽：16.3	底阳文篆书方印“阿曼陀室”，盖内阳文篆方印“彭年”，腹署“曼生为幼鱼铭”	加拿大皇家安省博物馆	《书画印壶：陈鸿寿的艺术》页244	
147	瓦当壶	高：8.1 口径：4	底阳文篆方印“阿曼陀室”，把下“彭年”方印，腹署“曼生铭”	私人	私人	
148	瓦当壶	高：9.2 宽：4.5	底阳文篆方印“阿曼陀室”，把下“彭年”方印，腹署“曼生铭”	私人	私人	
149	瓦当壶	高：9.5 宽：18.5	盖内印“吉安”，腹署“石为氏刻”	私人	《紫砂传承精艺》页87	
150	却月壶	高：11.5 口径：6	底阳文篆方印“阿曼陀室”，把下“彭年”方印，腹署“曼公铭”	私人	私人	
151	金涂塔壶	高：12.6 口纵：4 横：5.1	底阳文篆书方印“符生邓奎监造”，腹署“符生铭”	上海博物馆	《宜兴紫砂珍赏》页117	
152	蕉叶壶	高：9	阳文篆书方印“壶痴”	香港茶具文物馆	《宜兴陶艺》页135	

续表

序号	名称	尺寸（单位：厘米）	款识	收藏单位	资料来源	备注
153	六瓣梅形壶	高：8.8 口径：6.5	底阳文篆书方印“茶熟香温”，把下方印“申锡”	私人	私人	
154	南瓜提梁壶	高：17.5 宽：13.5	底阳文篆书方印“茶熟香温”，盖内楷书方印“申锡”	私人	《紫砂传承精艺》页84	
155	梅桩壶	高：10.2 口径纵：6.2 横：9	底阳文篆书圆印“杨氏”	南京博物院	《宜兴紫砂》页150	
156	风卷葵壶	高：10.6 口径：6.7	把下阳文篆书圆印“杨氏”	宜兴陶瓷陈列馆	《宜兴紫砂珍赏》页110	
157	腰线竹节圆壶	高：13.8 口径：9.6	底阳文篆书方印“邵维新制”	私人	《宜兴紫砂珍赏》页132	年代或可溯至乾隆晚期
158	蟾钮竹节壶	高：14.2 口径：8	底阳文篆书方印“邵维新制”	私人	私人	同式二件
159	梅桩花插	高：23 口径：11.6	底“彭年”方印，腹署行书“彭年”	天津博物馆	《历代紫砂瑰宝》页51	
160	葡萄花插（一对）	高：18.9 口径：6.5	器身篆书款“彭年”方印	南京博物院	《历代紫砂瑰宝》页51	
161	竹根盒	高：4.5 宽：5.7	盖面外缘刻“彭年”	故宫博物院	《故宫博物院藏宜兴紫砂》页224	
162	四方花盆（一对）	高：6.8 长：24	底部“彭年”方印	天津博物馆	《历代紫砂瑰宝》页52	
163	菱花茶洗	高：6.9 宽：11.3	腹署“二泉”	香港茶具文物馆	《茶具文物馆罗桂祥藏品下册》页163	
164	人物骑象摆件	高：9.7 口径：6.3	底阳文篆书方印“杨彭年造”	扬州文物商店	《宜兴紫砂》页181	

表五　清末民初紫砂器

序号	名称	尺寸（单位：厘米）	款识	收藏单位	资料来源	备注
1	草菊壶	高：11 宽：19	腹署草书“戊寅年”	私人	《紫砂传承精艺》页114	光绪四年（1878）
2	瓢壶	高：9.9 口径：8	把底阳文篆方印“东石”，腹署“光绪己卯仲冬之吉，横云铭、伯年书、香畦刻、东石制”	上海博物馆	《宜兴紫砂珍赏》页142	光绪五年（1879）
3	鼓形壶	高：10.3 口径：4.8	底篆书“仁昌监制”，腹署草书“庚辰秋月”	镇江文物商店	《宜兴紫砂》页226	光绪六年（1880）
4	竹节壶	高：8.1 口径：6.7	底阳文篆书方印“宜兴松亭自造”，腹署“竹溪”、“辛巳秋”	私人	《宜兴紫砂》页228	光绪七年（1881）
5	肩线钵盂提梁壶	高：15	底刻楷书“光绪甲申年阳羡柴窑制”	首都博物馆	《历代紫砂瑰宝》页88	光绪十年（1884）
6	绿传炉壶	高：10.5 宽：18	底阳文篆书方印“李宝珍制”，腹署草书“丁亥春友竹刻”	私人	《紫砂传承精艺》页149	光绪十三年（1887）
7	波浪扁壶	高：5	底阳文篆书方印“王胜长制”，腹署“庚寅冬月”	香港茶具文物馆	《宜兴陶艺》页138	光绪十六年（1890）
8	莲缽壶	高：8.3	底阳文篆书方印“芷亭”，腹署“辛卯□东溪作”	香港茶具文物馆	《宜兴陶艺》页139	光绪十七年（1891）
9	竹节提梁壶	高：8.5 口径：8.7	盖内楷书长方印“陶山”，腹署“壬辰中秋为升平仁兄大人清品泽民制贴东溪刊”	南京博物院	《宜兴紫砂》页218	光绪十八年（1892）
10	汉君壶	高：7.3	底阳文篆书方印“悫斋”，腹署“癸巳仲冬东溪仿古”	南京博物院	《宜兴紫砂》页208	光绪十九年（1893）
11	仿古壶	高：9.5 口径：8.7	底阳文篆方印“悫斋”，盖内“支泉”，腹署“甲午东溪生书刻”	香港中文大学文物馆	《宜兴紫砂珍赏》页148	光绪二十年（1894）
12	狮球壶	高：10 宽：19.5	底印“宜兴紫砂”，腹署草书“乙未夏”	私人	《紫砂传承精艺》页127	光绪二十一年（1895）
13	鼓形暖酒壶	高：12.5 宽：15	底阳文篆书方印“冰心道人”，盖上阳文篆方印“盘根”，腹署草书“丁酉冬”	私人	《紫砂传承精艺》页135	光绪二十三年（1897）

续表

序号	名称	尺寸（单位：厘米）	款识	收藏单位	资料来源	备注
14	腰线钟形壶	高：16.1 宽：15.5	底阳文篆书方印“符生邓奎监造”，腹署“丁酉年初秋符生品定”	南京博物院	《历代紫砂瑰宝》页56	光绪二十三年（1897）
15	孤棱壶	高：8.9 口径：5.8	底阳文篆书方印“黄玉麟作”，盖内阳文篆书方印“玉麟”，腹署“庚子九秋 昌硕”	宜兴紫砂工艺厂	《宜兴紫砂珍赏》页138	光绪二十六年（1900）嘴残
16	松鼠葡萄挂屏	纵：34 横：41	画面左上角署“岁次壬寅冬月朔日阳羡跂陶刻”	苏州文物商店	《宜兴紫砂》页243	光绪二十八年（1902）
17	平盖鼓腹圆壶	高：8 口径：6.5	底阳文篆书方印“悫斋”，盖内阳文篆书方印“玉麟”，腹署“癸卯夏昌硕铭”	私人	私人	光绪二十九年（1903）
18	四方平盖壶	高：9 宽：16.5	盖内阳文篆书方印“玉麟”，腹署“癸卯夏俊卿铭 玉麟作”	私人	《紫砂传承精艺》页102	光绪二十九年（1903）
19	竹节壶	高：8.3 宽：12	底阳文篆书方印“范庄农家”，盖内阳文篆方印“静安”，腹署“癸卯跂陶刻”	香港茶具文物馆	《茶具文物馆罗桂祥藏品下册》页96	光绪二十九年（1903）
20	竹节壶	高：9 口径：7	底阳文篆书方印“范章恩制”，盖内阳文篆方印“章恩”，腹署“癸卯跂陶刻”	私人	私人	光绪二十九年（1903）
21	家羽后身款仿古紫砂组	高：13.2至25	底阳文篆书方印“家羽后身”，腹署“戊申秋月”	南京博物院	《历代紫砂瑰宝》页77至87	光绪三十四年（1908） 成套，共11件
22	瓢形壶	高：6.8 口径：4.5 足径：10.4	底阳文篆书长方印“宣统元年月正元日”，盖内阳文篆书方印“陶”、“斋”、“宝华庵”	故宫博物院	《故宫博物院藏宜兴紫砂》页133	宣统元年（1909）
23	瓜形壶	高：10.3 口径：5.5 足径：5	底阳文篆书长方印“宣统元年月正元日”，盖内阳文篆书方印“陶”、“斋”、“宝华庵”	故宫博物院	《故宫博物院藏宜兴紫砂》页134	宣统元年（1909）
24	井栏壶	高：6 口径：5.3 底径：9.4	底阳文篆书长方印“宣统元年月正元日”，盖内阳文篆书方印“陶”、“斋”、“宝华庵”	故宫博物院	《故宫博物院藏宜兴紫砂》页135	宣统元年（1909）

续表

序号	名称	尺寸（单位：厘米）	款识	收藏单位	资料来源	备注
25	石瓢提梁壶	高：12.5 口径：5	底阳文篆书长方印“宣统元年月正元日”，盖内阳文篆书方印“陶”、“斋”、“宝华庵”	故宫博物院	《历代紫砂瑰宝》页 92	宣统元年（1909）
26	井栏提梁壶	高：10 口径：4	底长方印“宣统元年月正元日”，盖内方印“陶”、“斋”、“宝华龛”，把下“裕林”	首都博物馆	《历代紫砂瑰宝》页 93	宣统元年（1909）
27	掇球小壶	高：8.9	底阳文篆书长方印“宣统元年月正元日”，盖内阳文篆书方印“陶”、“斋”、“宝华龛”	香港茶具文物馆	《宜兴陶艺》页 156	宣统元年（1909）
28	传炉壶	高：7.5 口径：5.5×5.5 足径：6×6	底阳文篆书长方印“宣统元年月正元日”，盖内阳文篆书方印“陶”、“斋”、“宝华龛”	故宫博物院	《故宫博物院藏宜兴紫砂》页 136	宣统元年（1909）
29	传炉壶	高：7.6 宽：8.9	底阳文篆书长方印“宣统元年月正元日”，盖内阳文篆书方印“陶”、“斋”、“宝华龛”	香港茶具文物馆	《茶具文物馆罗桂祥藏品下册》页 102	宣统元年（1909）
30	圆肩线壶	不详	底阳文楷书回纹框方印“宜兴紫砂”，腹署“颂九庚戌年刻”	私人	私人	宣统二年（1910）
31	圆肩线大壶	高：11	“光裕”款（位置不明），腹署“庚戌颂九刻”	香港茶具文物馆	《宜兴陶艺》页 155	宣统二年（1910）
32	传炉壶	高：8.8	二阳文篆书方印“国良”、“悫斋”	香港茶具文物馆	《宜兴陶艺》页 159	1919 年
33	团泥大方壶	高：11.5 宽：17	底圆印“OTC MADE IN CHINA”，盖内款不清楚，腹署草书“自汲香泉带落花 壬戌”	私人	《紫砂传承精艺》页 179	1922 年外销器
34	直方壶	高：15.5 宽：7.1	底阳文篆方印“吴德盛制”，盖内阴文楷书印“耀庭”，腹署“壬戌亥月跂陶刻”“漱石作”	香港茶具文物馆	《宜兴陶艺》页 160	1922 年
35	仿古壶	高：10.4 宽：13.8	（原书载程寿珍制）	香港茶具文物馆	《茶具文物馆罗桂祥藏品下册》页 180	1922 年
36	孤棱壶	高：10 宽：23.5	底“吴德盛制”，“淦生”，腹署“写在癸亥仲夏 跂陶”	私人	《紫砂传承精艺》页 160	1923 年

续表

序号	名称	尺寸（单位：厘米）	款识	收藏单位	资料来源	备注
37	汉方壶	高：15.8 口纵：6.1 横：5.7	底阳文篆书方印“铁画轩制”，盖内阴文楷书印“耀庭”，腹署“甲子秋月”	私人	《宜兴紫砂》页286	1924年
38	东坡提梁壶	高：21.2	阳文楷书长方印“淦生”，腹署“甲子企陶氏刻”	香港茶具文物馆	《宜兴陶艺》页161	1924年
39	鼓形围棋罐	高：9.4 口径：9.4	底阳文篆书方印“龙山名砂”，腹署“乙丑秋”	姚世英	《宜兴紫砂》页202	1925年
40	鼓形暖酒壶	高：13.1 宽：14.5	“盘根”款，腹署“乙丑秋”	香港茶具文物馆	《茶具文物馆罗桂祥藏品下册》页181	1925年
41	仿古壶	高：10.1 宽：13.9	腹署“丁卯亥月”（原书载程寿珍制）	香港茶具文物馆	《茶具文物馆罗桂祥藏品下册》页180	1927年
42	腰线钟形壶	高：12 宽：14.2	底阳文篆方印“吴德盛制”，盖内阳文篆方印“岩如”，腹署“民国十七年”、“歧陶”	香港茶具文物馆	《宜兴陶艺》页162	1928年
43	外销俄国圆壶	高：10.5 宽：23	底阳文楷书方印“德丰陶器”，腹署草书“戊辰秋月”	私人	《紫砂传承精艺》页111	1928年
44	圆肩线大壶	高：13 宽：21.5	底阳文篆书方印“强义海造”，把底“义海”，壶肩署“己巳年秋月”	私人	《紫砂传承精艺》页170	1929年
45	圆肩线大壶	高：13.5 宽：22	底阳文篆书方印“强义海造”，把底“义海”，壶肩署“庚午年秋月”	私人	《紫砂传承精艺》页171	1930年
46	掇球壶	不详	底阳文篆书方印“阳羡名壶”，盖内款“岩如”，腹署“庚午春月翌日跂陶氏刻”	私人	《紫砂传承精艺》页165	1930年
47	福寿壶	高：10 宽：20	底“铁画轩”，腹署草书“辛未　福清只为饮茶多　泉石刻”	私人	《紫砂传承精艺》页203	1931年
48	平盖汉君壶	高：10 宽：21	底阳文楷书方印“毛顺兴制”，盖内款“振声”“壬申秋月　泉石刻”	私人	《紫砂传承精艺》页221	1932年
49	四方壶	高：10 宽：18	底阳文篆书方印“耀庭”，盖内“耀庭”，腹署“甲戌年秋月”	私人	《紫砂传承精艺》页174	1934年

续表

序号	名称	尺寸（单位：厘米）	款识	收藏单位	资料来源	备注
50	六瓣梅形壶	高：8.4 口径：8	底阳文楷方印“江苏全省物品展览会特等奖状俞国良”“民国念五年时年六十三”，盖内篆方印“国良”	宜兴紫砂工艺厂	《宜兴紫砂珍赏》页156	1936年
51	传炉壶	高：10.5	底阳文楷方印“江苏全省物品展览会特等奖状俞国良”“民国念六年时年六十四”，盖内篆方印“国良”	宜兴紫砂工艺厂	《宜兴紫砂珍赏》页155	1937年
52	矮蛋包壶	高：13.3 口径：8.8	盖内阳文楷书椭圆印“友廷”	宜兴紫砂工艺厂	《宜兴紫砂珍赏》页130	
53	一粒珠壶	高：10.5 口径：5.8	盖内阳文楷书椭圆印“友廷”，把下阳文楷书圆、方印“福”“□”	宜兴陶瓷陈列馆	《宜兴紫砂珍赏》页131	
54	圆盖大壶	高：12.6 口径：7.8	底阳文篆书回纹框圆印“邵顺昌制”，盖内阳文楷书椭圆印“顺昌”	私人	私人	
55	掇球壶	高：12.1 口径：7.3	盖内阳文楷书椭圆印“友廷”	宜兴陶瓷陈列馆	《宜兴紫砂珍赏》页129	
56	黑掇球壶	高：11.5 宽：14.5	底阳文篆方印“盘奎”，盖内篆书方印“盘魁”	私人	《紫砂传承精艺》页98	
57	掇球壶	高：14.2 口径：8 足径：6.5	底阳文篆方印“冰心道人”，盖内阳文篆方印“寿珍”，腹署“右兄光毅铭歧陶摹古并镌”	故宫博物院	《故宫博物院藏宜兴紫砂》页129	
58	掇球壶	高：14 宽：18.5	底阳文篆书方印“龙山名砂”，盖内阳文篆书方印“寿珍”，把底阴文楷书印“真记”	私人	《紫砂传承精艺》页130	
59	大掇球壶	高：14.5 宽：19.5	底阳文篆书方印“冰心道人”，盖内阳文篆书方印“寿珍”，把底阴文楷书印“真记”	私人	《紫砂传承精艺》页134	
60	大掇球壶	高：14.5 口径：7.9	底阳文篆书方印“冰心道人”，盖内阳文篆书方印“寿珍”	宜兴紫砂工艺厂	《宜兴紫砂珍赏》页151	
61	掇球壶	高：13.4 口径：7	底不规则印隶书“八十二老人作此茗壶巴拿马…曾得优奖”，盖内及内底篆书“寿珍”，把底楷书印“真记”	常州文物商店	《宜兴紫砂》页302	

续表

序号	名称	尺寸（单位：厘米）	款识	收藏单位	资料来源	备注
62	掇球壶	高：13.5 宽：12.6	底阳文不规则印“八十二老人作此茗壶巴拿马…曾得优奖”，阳文篆方印“寿珍”	香港茶具文物馆	《茶具文物馆罗桂祥藏品下册》页103	
63	掇球壶	高：11.6 口径：7.2	底阳文篆书方印“锡山俞制”	宜兴陶瓷陈列馆	《宜兴紫砂珍赏》页154	
64	掇球壶	高：14 宽：18	底阳文楷书回纹框方印“强义海造”	私人	《紫砂传承精艺》页173	
65	仿古壶	高：10.5 宽：20	盖内楷书椭圆印“友廷”，把底小印“为记”“自制”	私人	《紫砂传承精艺》页96	
66	仿古壶	高：9.4 口径：8.4 足径：7.1	底阳文篆方印“悫斋”，盖内阳文篆书方印“国良”，腹署“东溪”	故宫博物院	《故宫博物院藏宜兴紫砂》页126	
67	仿古壶	高：9.5 宽：19.5	底阳文篆书方印“陶厂出品”，盖内阳文篆方印“寿珍”，把底阴文楷书印“真记”	私人	《紫砂传承精艺》页131	
68	仿古壶	高：9 宽：20	底阳文篆书方印“冰心道人”，盖内阳文篆书方印“寿珍”，把底阴文楷书印“真记”	私人	《紫砂传承精艺》页132	
69	仿古壶	高：9.7 口径：10	底阳文篆书方印“冰心道人”，盖内阳文篆方印“寿珍”，把底阴文楷书印“真记”	私人	《宜兴紫砂珍赏》页152	
70	仿古壶	高：10.5 宽：19	盖内阳文篆书方印“寿珍”，把底阴文楷书印“真记”，腹署“东溪刻”	私人	《紫砂传承精艺》页133	
71	仿古壶	高：9.8 口径：9.4 底径：8	底不规则印隶书“八十二老人作此茗壶巴拿马…曾得优奖”，盖内及内底篆书“寿珍”，把底楷书印“真记”	南京博物院	《宜兴紫砂》页304	
72	葵仿古壶	高：10 宽：20	底阴文篆书方印“旭斋”，盖内阳文篆方印“宝根”	私人	《紫砂传承精艺》页181	
73	葵仿古壶	高：10.4 口径：9.5	底阳文篆书方印“李宝珍制”，盖内阳文楷书长方印“宝珍”	宜兴紫砂工艺厂	《宜兴紫砂珍赏》页168	
74	葵仿古壶	高：10.5 宽：20.5	底图案圆印“金鼎商标”，盖内阳文篆方印“桂林”，腹署“跂陶”	私人	《紫砂传承精艺》页187	

续表

序号	名称	尺寸（单位：厘米）	款识	收藏单位	资料来源	备注
75	白泥梨形壶	高：8.5 宽：14	底阳文篆书方印“曼陀华馆”，盖内篆方印“心舟”，腹署“心舟刻”	私人	《紫砂传承精艺》页100	
76	窑变圆壶	高：12 宽：21	底“蜀山名壶”，腹署“岩如刻”	私人	《紫砂传承精艺》页166	
77	鼓腹壶	高：10.5 宽：17	盖内阳文篆书方印“宝根”，腹一面署“少山刻”，一面署“云生作”	私人	《紫砂传承精艺》页182	
78	克盖果圆壶	高：10 宽：19.5	底阴文楷书方印“陈盘根制”，腹署“泉石刻”	私人	《紫砂传承精艺》页193	
79	圆盖壶	高：10 宽：19	底篆长方印“德根自造陶器”，盖内篆方印“德根”，腹一面署“泉石刻”，一面署“仿金石索拓本陈鼎和作”	私人	《紫砂传承精艺》页200	
80	清言壶	高：9 宽：20	底“利永公司制”，盖内“鸿记”，腹署“士清”	私人	《紫砂传承精艺》页204	利永公司1911年后
81	团泥圆壶	高：8 口径：7.2	底篆书圆印	南京博物院	《历代紫砂瑰宝》页97	纪念寿珍得奖作品
82	线圆壶	高：6.5 宽：19	底阴文篆书方印“旭斋”，盖内“宝根”	私人	《紫砂传承精艺》页180	
83	线圆壶	高：6.8 口径：8	底阳文篆书方印“旭斋”，盖内阳文篆书方印“汪”、“宝根”	私人	《宜兴紫砂珍赏》页162	
84	肩线钵盂提梁壶	高：14 宽：15.5	阳文篆书圆、方印“陈”、“光明”	香港茶具文物馆	《茶具文物馆罗桂祥藏品下册》页87	
85	肩线钵盂壶	高：10.5 宽：20.5	底阴文篆书方印“彭年”，盖内阳文篆书长方印“莲生”，腹署“莲生氏仿古刻”	私人	《紫砂传承精艺》页201	
86	圆肩线壶	高：12.5 宽：19	底阳文楷书回纹框方印“强义海造”	私人	《紫砂传承精艺》页172	
87	斗笠壶	高：10.2 宽：19	底“宜兴紫砂”	私人	《紫砂传承精艺》页121	
88	平盖俄国壶	高：11 宽：21	底阳文篆书方印“陈宝生印”，盖内“宝生”，腹署“顺兴作”	私人	《紫砂传承精艺》页220	
89	芹壶	高：13 宽：17	底阳文楷书圆印“宜兴蒋记”	私人	《紫砂传承精艺》页108	
90	吉直壶	高：11.5 宽：18.5	腹署“岩如”	私人	《紫砂传承精艺》页113	

续表

序号	名称	尺寸（单位：厘米）	款识	收藏单位	资料来源	备注
91	直筒圆壶	高：17	阳文篆书方印“桂林”	香港茶具文物馆	《宜兴陶艺》页164	
92	汉钟壶	高：10 宽：16.5	底“裴石民”，盖内“裴石民”	私人	《紫砂传承精艺》页206	裴石民 1892-1979
93	井栏壶	高：8.6 口径：6 底径：11.4	盖内阳文篆方印“芝亭”，腹署“筠氏题，东溪书”	故宫博物院	《故宫博物院藏宜兴紫砂》页141	
94	汉铎壶	高：9.2	底阳文篆书方印“日岭山馆”，腹署“赧翁”	唐云旧藏	《宜兴紫砂》页292	
95	高柱础壶	高：8 口径：5.8	底阳文篆方印“曼陀华馆”，把底阳文篆书方印“韵石”，腹署“赧翁”	唐云旧藏	《宜兴紫砂珍赏》页142	
96	柱础壶	高：7.4 口径：6.7	底阳文篆书方印“范庄农家”，盖内“静安”	扬州文物商店	《宜兴紫砂》页246	
97	提梁柱础壶	高：14.5 口径：6.4	底阳文篆书方印“南林监制，”腹署“东溪渔隐”	南京博物院	《历代紫砂瑰宝》页76	
98	提梁柱础壶	高：14.6 宽：11.9	阳文篆书方印“东溪监制”	香港茶具文物馆	《茶具文物馆罗桂祥藏品下册》页91	原书载“友廷制”
99	台式壶	高：5.3 口径：7.1	底阳文篆书方印“黄玉麟作”	南京博物院	《历代紫砂瑰宝》页73	
100	台式壶	高：8 宽：19	盖内阳文篆书方印“柏亭”	私人	《紫砂传承精艺》页140	
101	台式壶	高：7.3 口径：12.2	腹署“东溪”	香港茶具文物馆	《茶具文物馆罗桂祥藏品下册》页181	原书载程寿珍制
102	桥钮直壁扁壶	高：6.5 口径：7 底径：11.4	底阳文篆书方印“悫斋”，腹署“东溪”	故宫博物院	《故宫博物院藏宜兴紫砂》页127	
103	白泥波浪直壁扁壶	高：6.5 宽：17	底阳文篆书方印“白岭山馆”，腹署“东石制”	私人	《紫砂传承精艺》页99	
104	直壁扁壶	高：8 口径：13.7 足径：15.5	底阳文篆书方印“裴石民”	故宫博物院	《故宫博物院藏宜兴紫砂》页139	
105	直壁扁壶	高：5.6 宽：11.3	阳文篆书方印“阳羡□□”“贤明”，腹署“石如刻”	香港茶具文物馆	《茶具文物馆罗桂祥藏品下册》页92	
106	龙头玉环壶	高：6.2 口径：9.2	冯桂林作，款识位置不明	宜兴紫砂工艺厂	《宜兴紫砂》页321	
107	石瓢壶	高：9.5 宽：13.7	阳文篆书长方印“莲生”，阳文篆方印“彭年”	香港茶具文物馆	《茶具文物馆罗桂祥藏品下册》页101	

续表

序号	名称	尺寸（单位：厘米）	款识	收藏单位	资料来源	备注
108	石瓢壶	高：7.2 宽：11.6	底“范庄农家”，盖内“静安”	香港茶具文物馆	《茶具文物馆罗桂祥藏品下册》页 172	
109	石瓢壶	不详	底“范庄农家”，腹署“北岩氏刻”	私人	私人	
110	腰线钟形壶	高：14.4 宽：11	底阳文篆书方印“万丰顺记”	香港茶具文物馆	《茶具文物馆罗桂祥藏品下册》页 89	
111	秦钟壶	高：10.6	阳文篆书方印“憙斋”，腹署“东溪作”	香港茶具文物馆	《宜兴陶艺》页 149	
112	秦钟壶	高：12.5 宽：17.5	底阳文篆书方印“阳羡名壶”，盖内阳文篆书方印“岩如”，腹署“跂陶刻”	私人	《紫砂传承精艺》页 164	
113	秦钟壶	高：13 宽：18.5	盖内阴文篆书长方印“挺芝”，腹署“泉石刻”	私人	《紫砂传承精艺》页 217	
114	汉扁壶	高：9.5 口径：8.9	盖内楷书椭圆印“友廷”	宜兴陶瓷陈列馆	《宜兴紫砂珍赏》页 131	
115	汉扁壶	高：5.5 口径：7.4 底径：8.5	底款阳文篆书方印“艺古斋”，盖内阳文篆书方印“寿珍”，肩署“宾如刻”	南京博物院		
116	汉扁壶	高：8.1 口径：8.4	底阳文篆书方印“冰心道人”，盖内及内底阳文篆书方印“寿珍”，把底阴文楷书印“真记”	镇江文物商店	《宜兴紫砂》页 300	可能是盘根所作
117	汉扁壶	高：8.4 口径：8.8	底阳文篆书方印“冰心道人”	不详	《宜兴紫砂珍赏》页 152	
118	汉扁壶	高：10 宽：21.5	底阳文篆书方印“阳羡名壶”，盖内阳文篆书方印“岩如”，把底“贞记”，腹署“琢如”	私人	《紫砂传承精艺》页 162	
119	汉扁壶	高：7.5	阳文篆书长方印“莲生”，阳文篆方印“彭年”	香港茶具文物馆	《宜兴陶艺》页 144	
120	瓜形壶	高：9.2 口径：7.5	底阳文篆书方印“冰心道人”，腹署“畊云”	私人	私人	
121	瓜形提梁壶	高：20 宽：17.5	底阳文楷书图案圆印“金鼎商标”，盖内“熙臣”，腹一面署“跂陶刻”，一面署“幹亭作”	私人	《紫砂传承精艺》页 152	

续表

序号	名称	尺寸（单位：厘米）	款识	收藏单位	资料来源	备注
122	笠形壶	高：6.9 口径：5 足径：12.7	盖内阳文篆书方印“玉麟”，壶腹上半署“爱棠仁义大人雅玩，阳羡东溪生选”，下半署“香夜袭，玉露汲，雨前采，茗为笠”	故宫博物院	《故宫博物院藏宜兴紫砂》页140	
123	锁片壶	高：9.5 宽：18.5	无款	私人	《紫砂传承精艺》页112	
124	海棠壶	高：7.5 宽：17.5	盖内阳文篆书方印“国良”	私人	《紫砂传承精艺》页128	
125	合欢壶	高：7.8 口径：7	底阳文篆书方印“万丰顺记”，盖内“支泉”，腹署字内填白“东溪”	南京博物院	《宜兴紫砂》页216	
126	合欢壶	高：7 宽：12.4	底阳文篆书方印“阿曼陀室”，盖内阳文篆方印“竹溪”，腹署“己酉”	香港茶具文物馆	《宜兴陶艺》页131	
127	合欢壶	高：8 宽：12.8	二阳文篆书方印“师蠡阁”“友泉”	香港茶具文物馆	《茶具文物馆罗桂祥藏品下册》页82	
128	碟形圆壶	高：7.5 口径：6.3	底“艺古斋”，盖内阳文篆方印“寿珍”	私人	私人	
129	半瓜壶	高：6 口径：5.5	底阳文篆书方印“艺古斋”，盖内阳文篆方印“寿珍”，腹署“东溪”	首都博物馆	《历代紫砂瑰宝》页95	
130	半瓜壶	高：8 口径：7.2	盖内阳文篆书方印“储铭”	私人	私人	
131	汉君壶	高：8.1 口径：6.6	（原书记载邵陆大制，于右任书）	宜兴紫砂工艺厂	《宜兴紫砂》页322	
132	平盖扁壶	高：8.5	底阳文篆书方印“窓斋”盖内阳文篆书方印“余生”，腹署“东溪”	私人	《宜兴紫砂》页210	
133	扁圆壶	高：10.7 口径：8.5 足径：8.2	盖内阳文篆书方印“玉麟”	故宫博物院	《故宫博物院藏宜兴紫砂》页138	
134	扁圆壶	高：10.7 口径：8.5 足径：8.2	底阳文篆书方印“阳羡茗壶”，腹署“少林刻”	故宫博物院	《故宫博物院藏宜兴紫砂》页142	
135	扁圆壶	高：9.5 口径：5.4	底阳文篆书方印“自怡轩”，腹署“东溪”	扬州文物商店	《宜兴紫砂》页316	
136	提梁扁圆壶	高：11.6	盖内阳文篆书方印“光明”	香港茶具文物馆	《宜兴陶艺》页143	

续表

序号	名称	尺寸（单位：厘米）	款识	收藏单位	资料来源	备注
137	竹节壶	高：14 宽：23.5	底阳文篆书方印"吴云根制"	私人	《紫砂传承精艺》页 211	
138	福竹壶	高：11.5 宽：21.5	盖内阳文篆书方印"金寿"	私人	《紫砂传承精艺》页 158	
139	矮竹鼓壶	高：8 宽：19	盖内阳文篆书方印"柏亭"	私人	《紫砂传承精艺》页 139	
140	矮竹鼓壶	高：9.5 宽：19.5	盖内阳文篆书方印"闻记"	私人	《紫砂传承精艺》页 142	
141	高竹节壶	高：12.5 宽：21.5	底"金鼎商标"，盖内"主民"，腹署"跂陶氏刻"	私人	《紫砂传承精艺》页 155	
142	高竹节壶	高：15 宽：21.5	底"宝根"，腹署"瘦石生刻"	私人	《紫砂传承精艺》页 183	
143	竹鼎壶	高：12 宽：18	底"万贡珍"，盖内"生义"，腹署"跂陶刻"	私人	《紫砂传承精艺》页 136	
144	雪桃壶	高：12 宽：20	盖内"芝莱"	私人	《紫砂传承精艺》页 209	
145	锥钮三足圆壶	高：14 腹高：10.5 嘴：2.5 足高：4.5	底阳文篆书方印"[illegible]斋"，盖内阳文方印"金培"，腹署"竹溪"	天津博物馆	《历代紫砂瑰宝》页 71	
146	三足鼎壶	高：14.7 口径：10.4 底径：11	底阳文篆书圆印"裴石民"，盖内阳文篆书方印"石民"	南京博物院		
147	三足鼎壶	高：15.5	位置不清	宜兴紫砂工艺厂	《宜兴紫砂》页 310	裴石民作
148	鼓形暖酒壶	不详	底阳文篆书方印"吴云根制"，腹署"立信刻"	私人	《紫砂传承精艺》页 212	
149	铺砂提梁壶	高：18.8	底阳文篆书方印"窸斋"，盖内阳文楷书椭圆印"玉麟"	南京博物院	《宜兴紫砂》页 206	
150	提梁壶	高：15 口径：5.9	把下有二阳文楷书印，一方形印"权寅"，一树叶形印"为记"，盖内有相同"为记"印	淮安市博物馆	《宜兴紫砂》页 198	
151	湖石钮提梁壶	高：14.5 口径：8.2 底径：7.3	无	故宫博物院	《故宫博物院藏宜兴紫砂》页 106	清宫旧藏
152	提梁壶	高：16.5	内底有落印痕迹，但不见字样	南京博物院	《宜兴紫砂》页 236	
153	提梁壶	高：14.7 口径：5.7	腹署"东溪"	扬州文物商店	《宜兴紫砂》页 220	
154	东坡提梁壶	高：21 宽：20	盖内阳文篆书方印"金寿"，腹署"利永"	私人	《紫砂传承精艺》页 156	

续表

序号	名称	尺寸（单位：厘米）	款识	收藏单位	资料来源	备注
155	东坡提梁壶	高：17.5 宽：17	底阳文楷书图案圆印“金鼎商标”，盖内阳文篆书方印“桂林”，腹署“跂陶氏”	私人	《紫砂传承精艺》页 184	
156	东坡提梁壶	高：21.3 宽：9	底篆书扇形印“郭记”、长方印“宜兴紫砂”，腹一署“仿金石索本陈昇和制”，一署“阳羡泉石并作”	南京博物院	《宜兴紫砂》页 264	
157	牛盖洋桶壶	高：14.5 宽：18	底方形龙纹印，盖内“春记”，腹署“生年作”	私人	《紫砂传承精艺》页 117	
158	寿星壶	高：21.5 宽：14.5	底“上袁翰文制”	私人	《紫砂传承精艺》页 125	
159	方壶	高：8 宽：18	盖内阳文楷书长方印“裕廷”	私人	《紫砂传承精艺》页 137	
160	暖座式方壶	高：20.2	阴文楷书印字“耀庭”，腹署“潜陶题”	香港茶具文物馆	《宜兴陶艺》页 153	
161	长方壶	高：15 口纵：4.8 横：7.4	底阴文篆书方印“耀庭”，盖内阴文篆书长方印“耀庭”，腹署“岩如氏作”	南京博物院	《宜兴紫砂》页 290	
162	砖方壶	高：7.1 宽：11.1	底阳文篆书方印“许立成造”	香港茶具文物馆	《茶具文物馆罗桂祥藏品下册》页 93	
163	铺砂方斗壶	高：7	底阳文篆书方印“搴斋”	宜兴陶瓷陈列馆	《宜兴紫砂》页 212	
164	方斗壶	高：6.2 口径：4	底搴斋”盖内阳文篆方印“玉麟”	私人	私人	
165	四方鹅蛋壶	高：13.9 口径：6.2	盖内阳文楷书长方印“铭远”	宜兴陶瓷陈列馆	《宜兴紫砂珍赏》页 135	
166	四方桥顶壶	高：9.7 口径：6	盖内阳文楷书长方印“铭远”	宜兴陶瓷陈列馆	《宜兴紫砂珍赏》页 134	
167	四方桥顶壶	高：11 宽：17.5	底图形方印楷书“宜兴”，盖内“祥元”	私人	《紫砂传承精艺》页 106	
168	方钟壶	高：12.5 宽：17.5	底“宜兴紫砂”，盖内阳文篆书方印“闻记”	私人	《紫砂传承精艺》页 143	
169	方钟壶	高：12.2	不详	宜兴紫砂工艺厂	《宜兴紫砂》页 240	
170	大方壶	高：11.5 宽：16.5	底“宜兴紫砂”，盖内篆书长方印“耀庭”	私人	《紫砂传承精艺》页 178	
171	升式壶	高：15.5 宽：17	底阳文篆书方印“谈相周制”	私人	《紫砂传承精艺》页 108	

续表

序号	名称	尺寸（单位：厘米）	款识	收藏单位	资料来源	备注
172	四方锡包壶	高：10 宽：16	内底款不慎除去	私人	《紫砂传承精艺》页 104	
173	孤棱壶	高：8.3 口径：5.7	底阳文篆方印“玉麟”，盖内篆书方印“玉麟”	故宫博物院	《历代紫砂瑰宝》页 72	
174	孤棱壶	高：8.5 宽：16.5	底阳文篆书方印“宜兴利用公司”，盖内阳文篆书方印“宝真”	私人	《紫砂传承精艺》页 159	1912-1920
175	孤棱壶	高：8.7 口径：7	底阳文篆方印“冰心道人”，盖内阳文篆方印“寿珍”，腹署“利永”	私人	私人	1920 之后
176	孤棱壶	高：9.5 宽：18	底“吴芝莱造”，盖内“芝莱”，腹“东溪氏仿古刻”	私人	《紫砂传承精艺》页 208	吴云根 1892-1969
177	孤棱提梁壶	高：13.5 口径：6.5 底径：10.9	底阳文篆方印“悫斋”，盖内阳文方印“国良”	故宫博物院	《故宫博物院藏宜兴紫砂》页 132	
178	孤棱提梁壶	高：14.5	位置不清	宜兴陶瓷陈列馆	《宜兴紫砂》页 312	吴云根作
179	孤棱壶	高：7.1	底刻楷书“仲芳”	香港茶具文物馆	《宜兴陶艺》页 70	
180	大传炉壶	高：13.5 宽：24	盖内阳文楷书长方印“宝珍”	私人	《紫砂传承精艺》页 146	
181	大传炉壶	高：11.8 宽：20.5	盖内阳文楷书长方印“宝珍”，腹署“泉石刻”	私人	《紫砂传承精艺》页 148	
182	传炉壶	高：10.5 宽：18	底阳文篆方印“李宝珍制”，盖内阳文楷书长方印“宝珍”，腹署“据画之石索本泉石刻”	私人	《紫砂传承精艺》页 150	
183	小传炉壶	高：7.7 宽：13	底阳文篆方印“李宝珍制”，盖内阳文楷书长方印“宝珍”，腹署“立信出品”	私人	《紫砂传承精艺》页 151	
184	小传炉壶	高：10.2 口径：7	底圆印“金鼎商标”，盖内阳文楷书长方印“宝珍”，腹署“东溪”	私人	私人	
185	传炉壶	高：11 宽：19.5	底“金鼎商标”，盖内“主民”，腹署“歧陶”	私人	《紫砂传承精艺》页 154	
186	传炉壶	高：8.5 宽：16	底“耀文”，盖内“文记”，腹署“鼎和”	私人	《紫砂传承精艺》页 205	
187	大传炉壶	高：12.5 宽：21	底阳文篆方印“宜兴芝莱”，盖内阳文篆书长方印“芝莱”，腹署“云轩”	私人	《紫砂传承精艺》页 213	

续表

序号	名称	尺寸（单位：厘米）	款识	收藏单位	资料来源	备注
188	六方掇球壶	高：13.7 口径：8.1	盖内阳文楷书长方印“铭远”	宜兴陶瓷陈列馆	《宜兴紫砂珍赏》页134	
189	竹节六方壶	高：10 口径：7.2	底阳文篆书圆印“耀庭”	私人	私人	
190	三友六方壶	高：9 宽：16	无款	私人	《紫砂传承精艺》页110	
191	六方竹顶壶	高：12.8 口径：7.2	底阳文篆书方印“大生”，盖内阳文楷书长方印“大生”	宜兴紫砂工艺厂	《宜兴紫砂珍赏》页160	
192	六角形暖酒壶	高：10.7 口径：4.7	底朱文楷书印“宜兴紫砂宏廷”	江苏文物商店	《宜兴紫砂》页262	
193	六角形暖酒壶	高：11.9 宽：10.3	无款	香港茶具文物馆	《茶具文物馆罗桂祥藏品下册》页182	
194	矮八方壶	高：9 宽：17	底阳文篆书方印“吴云根制”，腹署“立信刻”	私人	《紫砂传承精艺》页210	
195	高八方壶	高：16 宽：20.5	底“福记”	私人	《紫砂传承精艺》页215	上有不识字
196	瓦当壶	高：10 宽：18.5	盖内阳文篆书方印“闻记”	私人	《紫砂传承精艺》页141	
197	瓦当壶	高：10 宽：18	盖内篆书长方印“耀庭”	私人	《紫砂传承精艺》页175	
198	瓦当壶	高：9.2	无款	常州文物商店	《宜兴紫砂》页284	
199	印方包袱壶	高：11.5 宽：17	底“铁画轩制”，盖内篆书长方印“耀庭”	私人	《紫砂传承精艺》页176	
200	印方包袱壶	高：10.3 口径：6.2	底阳文篆书方印“陈光明制”、盖内阳文篆书圆、方印“陈”、“光明”	宜兴紫砂工艺厂	《宜兴紫砂珍赏》页149	较黄玉麟略晚
201	菊瓣壶	高：11 口径：7.5 足径：6.5	无	故宫博物院	《故宫博物院藏宜兴紫砂》页128	
202	四方隐角竹顶壶	高：12.6 口径：6.7	盖内阳文楷书长方印“大生”	宜兴紫砂工艺厂	《宜兴紫砂珍赏》页159	原书载：陈少亭刻
203	六瓣合菱壶	高：10.5 宽：13	盖内阳文楷书长方印“大生”	香港茶具文物馆	《茶具文物馆罗桂祥藏品下册》页97	
204	瓜形壶	高：10 口径：5	盖内二方印“陶”、“斋”	私人	私人	
205	瓜形壶	高：8.4	盖内阳文篆书方印“储铭”	香港艺术馆	《宜兴陶艺》页166	

续表

序号	名称	尺寸（单位：厘米）	款识	收藏单位	资料来源	备注
206	瓜形壶	高：8.9 宽：12.2	阴文篆书方印“储铭”	香港茶具文物馆	《茶具文物馆罗桂祥藏品下册》页 94	
207	南瓜壶	高：7.7 口径：3.7	底阳文篆书方印“林园”，把底阳文篆书方印“韵石”，腹署“赧翁铭”	唐云旧藏	《宜兴紫砂珍赏》页 140	
208	木瓜壶	高：14.5 宽：21	底阳文楷书圆印“金鼎商标”，盖内阳文篆方印“桂林”，腹一面署“跂陶刻”，一面署“任漱石画”	私人	《紫砂传承精艺》页 188	
209	木瓜壶	高：10.5 宽：16	盖内阳文篆书椭圆印“燕亭”，腹署“泉石刻”	私人	《紫砂传承精艺》页 198	
210	大柿子壶	高：12 宽：23	盖内阳文篆书长方印“玉良”，腹署“泉石”	私人	《紫砂传承精艺》页 218	
211	双色柿子壶	高：8.5 宽：20	腹署“岩如刻”	私人	《紫砂传承精艺》页 167	
212	四瓣海棠壶	高：8.5 口径：7	盖内阳文篆书方印“国良”	私人	私人	
213	合桃壶	高：11 口径：7.8	盖内阳文篆书方印“汪”“宝根”，腹署“铁画轩主人制”	宜兴陶瓷陈列馆	《宜兴紫砂珍赏》页 161	
214	合桃壶	高：11.5 口径：8	腹署“于陵子”（原书载汪宝根制，陈少亭刻）	宜兴紫砂工艺厂	《宜兴紫砂珍赏》页 161	
215	合桃壶	高：10 口径：6	底圆印“铁画轩制”，盖内阳文篆书方印“宝根”	私人	私人	
216	合桃壶	高：10 宽：20.5	盖内“淦生”，腹一面署“企陶刻”，一面署“幹亭刻”	私人	《紫砂传承精艺》页 161	任淦庭 1889-1968
217	合桃壶	高：11 宽：21	盖内阳文篆书方印“桂林”	私人	《紫砂传承精艺》页 186	
218	黑合桃壶	高：9 宽：18	盖内阳文篆书长方印“玉良”	私人	《紫砂传承精艺》页 216	
219	高狮球壶	高：12 宽：21.5	底“宜兴紫砂”，盖内阴文楷书印“炳荣”	私人	《紫砂传承精艺》页 115	
220	狮球壶	高：11 宽：19.5	底“圆满菩提”	私人	《紫砂传承精艺》页 123	
221	狮球壶	高：11 宽：22	底“潘润根制”	私人	《紫砂传承精艺》页 126	

续表

序号	名称	尺寸（单位：厘米）	款识	收藏单位	资料来源	备注
222	狮球壶	高：9.5 宽：19	底阳文篆方印“沈孝陆”，盖内阳文篆方印“孝陆”，腹署“立新主人出品”	私人	《紫砂传承精艺》页199	
223	松鼠竹段壶	高：9.7	阳文篆书方印“宝根”，椭圆印“宝根”	私人	《宜兴陶艺》页165	
224	四方竹段壶	高：8 宽：17.5	盖内阳文篆书方印“桂林”	私人	《紫砂传承精艺》页192	另附二同型茶杯
225	五竹壶	高：10 口径：6.1	盖内阳文篆书方印“桂林”	宜兴紫砂工艺厂	《宜兴紫砂》页320	
226	福寿壶	高：7 口径：5	底图形方印	私人	私人	
227	竹春壶	高：10.5 宽：19.5	底龙纹方印，盖内“陆大”	私人	《紫砂传承精艺》页214	
228	树瘿壶	高：10 宽：18	盖内阳文篆书方印“案卿”	私人	《紫砂传承精艺》页118	胎薄，附一对带把杯
229	树瘿壶	高：11.3	盖内阳文篆书方印“案卿”	私人	《宜兴陶艺》页62	
230	树瘿壶	高：25 口径：6.5×5.1 底径：10	盖内阳文篆书方印“玉麟”	故宫博物院	《故宫博物院藏宜兴紫砂》页143	
231	树瘿壶	高：11.5 口径纵：4.3；横：6	盖内阳文篆书方印“玉麟”	宜兴紫砂工艺厂	《宜兴紫砂珍赏》页139	
232	梅桩壶	高：9.5 宽：19.5	底方形梅花印记，盖内楷书葫芦形印“友廷”	私人	《紫砂传承精艺》页92	过渡性质明显
233	松鼠葡萄桩壶	高：10.5 宽：18	盖内印不清晰	私人	《紫砂传承精艺》页97	
234	松鼠树桩壶	高：11 口径：8.2×5.7 底径：9×6.5	不详	无锡市博物馆	《宜兴紫砂》页242	1979年无锡市清墓出土
235	梅桩壶	高：9.5 宽：19.5	底“桂林”，盖内阳文篆书方印“桂林”	私人	《紫砂传承精艺》页190	
236	松段壶	高：10.6 口径：6×8.2 底径：11.5×9.8	底阳文篆书方印“裴石民”，盖内阳文篆书方印“石民”	南京博物院		
237	贴花桃形壶			南京博物院		
238	贴花桃形壶	高：9.2 宽：10.9		香港茶具文物馆	《茶具文物馆罗桂祥藏品下册》页172	原书载范大生制
239	鱼化龙壶	高：11 口径：7.8	盖内阳文篆书印“玉麟”	宜兴陶瓷陈列馆	《宜兴紫砂》页213	

续表

序号	名称	尺寸（单位：厘米）	款识	收藏单位	资料来源	备注
240	鱼化龙壶	高：10.1 口径：7.5	底印“玉麟”	宜兴紫砂工艺厂	《宜兴紫砂珍赏》页136	俞国良配盖
241	鱼化龙壶	高：10.6 口径：7.6	盖内阳文篆书方印“国良”	宜兴紫砂工艺厂	《宜兴紫砂珍赏》页153	
242	鱼化龙壶	高：11 宽：20	盖内阳文楷书长方印“大生”	私人	《紫砂传承精艺》页144	
243	佛手壶	高：8.5	款识不清	常州文物商店	《宜兴紫砂》页285	
244	佛手壶	高：9.2	盖内阳文楷书长方印“锦甫”	香港茶具文物馆	《宜兴陶艺》页150	
245	佛手壶	高：3.6 口径纵：4.6；横：5.5	不详	宜兴紫砂工艺厂	《宜兴紫砂珍赏》页168	
246	梨形朱泥小品	高：7.5 宽：11	底刻行书“玉楼人临杏花衫　孟臣制”	私人	《紫砂传承精艺》页120	
247	梨形朱泥小品	高：6.5 宽：10	底刻楷书“山水之主人孟臣”	私人	《紫砂传承精艺》页124	
248	梨形朱泥小品	高：6.2	底刻草书“□心□□秀孟臣”	香港茶具文物馆	《宜兴陶艺》页98	
249	抛光束腰孟臣小壶	高：6 宽：7.7	底刻楷书“雍正二年甲辰”（刻字较拙劣），后刻圆、方“惠”“孟臣”，把下阴文楷书印字“元茂”	香港茶具文物馆	《茶具文物馆罗桂祥藏品下册》页62	
250	孟臣小壶	高：7.6 口径：2.9	底刻楷书“乾隆十三年制”，后阳文篆书圆、方印“惠”“孟臣”	香港中文大学文物馆	《宜兴紫砂珍赏》页62	待考（刻字较拙）
251	天鸡壶	高：10 腹径：8.3	腹署行楷“廉让书,鹤邨仿古 壬午重九前二日”，后有二阳文篆书方印“陈鸣远”、“鹤邨”	天津博物馆	《历代紫砂瑰宝》页21	
252	加彩掇只壶	高：14 宽：22	无款	私人	《紫砂传承精艺》页122	
253	加彩圆壶	高：7.8 宽：10.8	阳文篆书方印“少峰”，腹白釉书“瑞记”并画三方印	香港茶具文物馆	《宜兴陶艺》页129	
254	加彩井栏壶	高：7.3 宽：10.7	底“大清雍正年制”，腹署白釉字“曼生”	香港茶具文物馆	《茶具文物馆罗桂祥藏品下册》页157	
255	加彩壶	高：8 口径：7	无款	泰州市博物馆	《宜兴紫砂》页95	

续表

序号	名称	尺寸（单位：厘米）	款识	收藏单位	资料来源	备注
256	加彩方盘	高：4.2 宽：20 长：29.6	无款	常州文物商店	《宜兴紫砂》页186	待考
257	绞胎加彩盖碗	高：6.7 口径：11.3	无款	常州文物商店	《宜兴紫砂》页188	待考
258	加彩盖碗	高：8.2 口径：10.7	无款	南京博物院	《历代紫砂瑰宝》页94	造型纹饰仿乾隆官窑
259	彩釉小罐	高：12 口径：4.3	无款	南京博物院	《宜兴紫砂》页274	
260	威海镶锡扁壶	高：11.2 宽：20	底阳文楷书方印"威海新和成" "teapot"	私人	《紫砂传承精艺》页116	外销器
261	镶锡扁壶	高：12.1 宽：18.4	阳文楷书回纹框方印"友兰图记"	香港茶具文物馆	《茶具文物馆罗桂祥藏品下册》页90	原书载"友廷制"
262	镶锡寿星壶	高：17.6 宽：17.8	盖上阳文楷书葫芦形印"豫丰"	香港茶具文物馆	《茶具文物馆罗桂祥藏品下册》页167	
263	镶锡洋筒壶	高：15.3 宽：14.2	"时大彬"款	香港茶具文物馆	《茶具文物馆罗桂祥藏品下册》页167	
264	梨形壶	高：12.4 宽：9.1	"贡局"	香港茶具文物馆	《茶具文物馆罗桂祥藏品下册》页197	款识位置不清
265	抛光圆壶	高：10.6 宽：9.3	阴文楷书印字"贡局"	香港茶具文物馆	《茶具文物馆罗桂祥藏品下册》页113	
266	抛光圆壶	高：16.3	阴文楷书长方印"贡局"	私人	《宜兴陶艺》页179	外销器
267	抛光圆壶	高：12.5 宽：18	阳文楷书印字"利兴"	香港茶具文物馆	《茶具文物馆罗桂祥藏品下册》页114	外销器
268	抛光圆壶	高：8.4 宽：7.8	"贡局"	香港茶具文物馆	《茶具文物馆罗桂祥藏品下册》页197	外销器，款识位置不清
269	抛光直筒壶	高：19.4 口径：7.2	底楷书印"荷净纳凉时少山"	南京博物院	《宜兴紫砂》页166	外销器
270	抛光直筒壶	高：17.4	阴文楷书印字"贡局"凤纹图形印记	香港茶具文物馆	《宜兴陶艺》页178	外销器
271	觚	高：19 口径：11.3 底径：6.5	底印字"CHINA 65"	南京博物院	《宜兴紫砂》页296	外销器

续表

序号	名称	尺寸（单位：厘米）	款识	收藏单位	资料来源	备注
272	八角杯	高：4	器身署“彭年”	私人	《宜兴紫砂》页148	
273	菱花杯	高：4	器身署“彭年”	私人	《宜兴紫砂》页149	
274	圆角四方杯	高：5	器身署“松亭”	私人	《宜兴紫砂》页230	
275	带釉把杯	高：4.5 口偯：9	外壁刻行书“彭年”	天津博物馆	《历代紫砂瑰宝》页53	
276	荷叶形酒令杯	高：5.5 口径：12	无款	南京博物院	《宜兴紫砂》页222	
277	荷叶形酒令杯	高：6 口径：12	无款	香港茶具文物馆	《茶具文物馆罗桂祥藏品下册》页165	
278	竹节方形笔筒	高：12 边长：7.4	底阳文篆书方印“耀庭”	扬州文物商店	《宜兴紫砂》页288	
279	笔筒	高：31 宽：11.5	底阳文篆书方印“吴德盛制”，腹一面署“跂陶刻”，一面署“漱石作”	私人	《紫砂传承精艺》页194	
280	笔洗	高：4.2 宽：10	底阳文篆书方印“锦祥特制”，腹署“云石作”	私人	《紫砂传承精艺》页202	
281	水洗	高：3.6 宽：7.1	腹署“心舟刻”	香港茶具文物馆	《茶具文物馆罗桂祥藏品下册》页150	
282	石瓢形水洗	高：5.2	阳文篆书方印“墨壶”，腹署“衺海书”	丰乐主人	《宜兴陶艺》页146	
283	水盂	高：3 宽：7.6 长：9.6	器身署“彭年”	泰州市博物馆	《宜兴紫砂》页126	
284	方形调色盒	高：5.1 宽：10.8	原书载铁画轩出品，夔庭制，访雪刻	香港茶具文物馆	《茶具文物馆罗桂祥藏品下册》页184	
285	蟋蟀罐	高：5.6 宽：7.5 长：8.7	无款	淮安市博物馆	《宜兴紫砂》页258	
286	花瓶	高：21.1	腹署“阳羡怡庭主人”	香港茶具文物馆	《宜兴陶艺》页154	
287	松鼠葡萄花插	高：18.9 口径：6.5	腹阳文篆书方印“彭年”	南京博物院	《历代紫砂瑰宝》页54	
288	花盆	高：26.3 宽：20	腹署“跂陶刻”	私人	《紫砂传承精艺》页196	

续表

序号	名称	尺寸（单位：厘米）	款识	收藏单位	资料来源	备注
289	暖砚	高：9.4 宽：8.5 长：11	无款	泰州市博物馆	《宜兴紫砂》页254	1986年文物普查征集
290	金鱼水滴	高：5.5	阳文楷书长方印“闻记”	私人	《宜兴陶艺》页151	
291	灵芝	（黑）长：15 宽：14 （红）长：15 宽：11	黑：阳文篆方印“光明” 红：阳文篆书圆、方印“陈”“光明”	宜兴紫砂工艺厂	《宜兴紫砂珍赏》页149	
292	三足鼎	高：24.5 宽：18.6 口径：12	底阳文楷书方印“江苏全省物品展览会特等奖状俞国良”	南京博物院	《历代紫砂瑰宝》页101	
293	枕	高：11 宽：14.8	枕侧署“东溪制”	香港茶具文物馆	《宜兴陶艺》页140	一对

参考书目

1. 桑行之编:《说陶》，上海科技教育出版社，1993 年。

2. 高英姿选注:《紫砂名陶典籍》，浙江摄影出版社，2000 年。

3. 中国硅酸盐学会编:《中国陶瓷史》，文物出版社，1997 再版。

4. 江苏省地方志编纂委员会:《江苏省志·陶瓷工业志》，江苏人民出版社，1994 年。

5. 《中国古代窑址调查发掘报告集》，文物出版社，1984 年。

6. 梁白泉主编:《宜兴紫砂》，文物出版社，1990 年。

7. 王健华主编:《故宫博物院藏宜兴紫砂》，紫禁城出版社，2007 年。

8. 傅英书主编:《紫砂传承精艺》，集玉有限公司，1997 年。

9. 香港艺术馆编:《宜兴陶艺》，香港市政局，1981 年。

10. 香港艺术馆编:《茶具文物馆罗桂祥藏品 下册》，香港市政局，1982 年。

11. 潘春芳主编:《砂壶集》，海洋紫砂陶艺公司，1986 年。

12. 香港艺术馆编:《宜兴陶艺—茶具文物馆罗桂祥珍藏》，香港市政局，1990 年。

13. 顾景舟主编:《宜兴紫砂珍赏》，远东图书公司，1992 年。

14. 高玉珍、黄明堂主编:《历代紫砂瑰宝》，盈记唐人工艺出版社，1995 年。

15. 黎淑仪、谢瑞华编:《紫泥清韵——陈鸣远陶艺研究》，上海博物馆、香港中文大学文物馆，1997 年。

16. 徐秀棠:《中国紫砂》，上海古籍出版社，1998 年。

17. 徐湖平主编:《南京博物院珍藏系列——紫砂》，上海古籍出版社，1998 年。

18. 刘汝礼、吴山:《宜兴紫砂文化史》，浙江摄影出版社，2000 年。

19. 张浦生、王健华:《宜兴紫砂鉴定与鉴赏》，江西美术出版社，2000 年。

20. 韩其楼编著:《紫砂壶全书》，韬略出版有限公司，1996 年。

21. 韩其楼、夏俊伟主编:《中国紫砂茗壶珍赏》，上海科学技术出版社，2001 年。

22. 《书·画·印·壶：陈鸿寿的艺术》，上海博物馆、南京博物院、香港中文大学文物馆，2005 年。

23. Patrice Valfre, *Yixing: Teapots for Europe.* Poligny : Exotic Line, 200